"道路交通安全智能化管控关键技术与集成示范"项目技术丛书

课题二　高速公路网运行状态智能监测与安全服务保障
关键技术研发及系统集成

U0649435

跨部门跨区域路网监测
与服务保障集成技术

孙　丹　沈湘萍　李　丁　卢晓煜　王　霄　等　编著

人民交通出版社

北京

内 容 提 要

本书以数据抽象层、统一服务层、融合应用层三层体系为基础,通过路网监测与感知技术、多源异构系统接入与互操作技术、路网支撑服务、交通大数据分析与云计算平台构建技术、路网监测与服务保障系统集成、综合交通运输衔接技术、典型案例等章节对跨部门跨区域路网监测与服务保障集成技术进行整体阐述。

本书可供智能交通领域信息化系统集成方面的科研工作者及相关研究人员、项目实施团队等参考。

图书在版编目(CIP)数据

跨部门跨区域路网监测与服务保障集成技术/孙丹
等编著. —北京:人民交通出版社股份有限公司,
2024.12

ISBN 978-7-114-13928-4

Ⅰ.①跨…　Ⅱ.①孙…　Ⅲ.①公路网—监测系统—研
究　Ⅳ.①U491

中国版本图书馆 CIP 数据核字(2017)第 134100 号

Kuabumen Kuaquyu Luwang Jiance yu Fuwu Baozhang Jicheng Jishu

书　　名:**跨部门跨区域路网监测与服务保障集成技术**
著 作 者:孙　丹　沈湘萍　李　丁　卢晓煜　王　霄　等
责任编辑:姚　旭　钟　伟
责任校对:赵媛媛　魏佳宁
责任印制:刘高彤
出版发行:人民交通出版社
地　　址:(100011)北京市朝阳区安定门外外馆斜街 3 号
网　　址:http://www.ccpcl.com.cn
销售电话:(010)85285857
总 经 销:人民交通出版社发行部
经　　销:各地新华书店
印　　刷:北京科印技术咨询服务有限公司数码印刷分部
开　　本:787×1092　1/16
印　　张:15.25
字　　数:352 千
版　　次:2024 年 12 月　第 1 版
印　　次:2024 年 12 月　第 1 次印刷
书　　号:ISBN 978-7-114-13928-4
定　　价:88.00 元

(有印刷、装订质量问题的图书,由本社负责调换)

丛书编委会名单

丛 书 前 言

自人类进入汽车社会以来,道路交通安全问题已经成为当今世界一个严重的社会问题。为了遏制道路交通事故的发生,降低道路交通事故的危害,人类做出了不懈的努力。进入 21 世纪,国际社会对道路交通安全问题愈发重视,在全球范围内掀起了提高道路交通安全性的新高潮。但是,遏制道路交通事故发生、缓解道路交通安全压力仍是一项长期和艰巨的任务。

高速公路是公路交通运输系统的"大动脉",承担了我国 70% 以上的公路运输交通量,已成为我国综合交通运输系统的重要组成部分。然而,随着高速公路的快速发展,高速公路交通安全状况不容乐观。特别是随着我国机动化进程的不断加快,机动车数量和居民人均出行量进一步快速增长,改善道路交通安全的压力和难度仍在增大。

交通安全是道路交通研究永恒的主题,科技进步和新技术应用则是解决道路交通安全问题的重要手段。由科技部、公安部、交通运输部三个部委联合组织实施的"国家道路交通安全科技行动计划"一期项目"重特大道路交通事故综合预防与处置集成技术开发与示范应用"已于 2012 年正式通过验收。项目形成了大量具有先进性和实用性的研究成果,示范效果明显,示范路网内事故数平均下降了 20.1%,重特大事故数降幅为 21.4%,死亡人数平均降幅为 27%。正是基于此,2014 年国家又启动了"国家道路交通安全科技行动计划"二期项目"道路交通安全智能化管控关键技术与集成示范",其目标是在一期项目的基础上,利用传感网、大数据研判等先进信息技术,围绕道路交通安全的主要矛盾和突出问题,打造安全、有序的高速公路交通行车环境,实现交通行为全方位有效监管,促进重点驾驶人安全驾驶行为和习惯养成、交通秩序根本性好转,全面提升重特大交通事故的主动防控能力。

课题二"高速公路网运行状态智能监测与安全服务保障关键技术研发及系统集成"是"道路交通安全智能化管控关键技术与集成示范"项目的重要组成部分,面向国家公路网可视、可测、可控、可服务的战略需求,重点攻克并集成应用高速公路网运行状态感知与态势分析、路网运行预警与交通流组织、信息推送服务等关键技术，研发高速公路运行状态综合感知、路网运行态势分析、路网监测与安全服务保障平台等系统，研制公路传感网自组织节点设备、定向交通信息推送设备、异构系统间专用安全互操作设备等，建成协同高效的部省两级路网监测与安全服务保障平台，实现高速公路网运行状态的全时空监测，多尺度态势分析、研判、预警，跨区域协同管理和跨部门联动预警及安全信息主动推送服务。依托交通运输部公路网运行监测与服务系统工程和典型省（自治区、直辖市）公路网运行监测与服务系统工程开展示范应用，形成公路网运行监测与服务相关标准规范。

在科技部、公安部和交通运输部三个部委的高度重视和组织下，在各相关方向有专长的科研单位、大学、企业及行业管理单位等20余家单位的300余位研究人员，共同参加课题研究、示范工程建设及标准规范编制修订工作，取得了丰硕的研究成果，并通过"产、学、研、用"相结合的方式，保证研究成果达到"实际、实用、实效"的要求。本丛书是对"高速公路网运行状态智能监测与安全服务保障关键技术研发及系统集成"课题部分成果的总结，是"国家道路交通安全科技行动计划"项目的重要成果之一，涉及公路桥梁安全状态监管、路网结构分析评估、路网运行状态分析与态势推演、高速公路网交通流调度、跨区域大范围路网协同运行控制、高速公路信息服务、跨部门跨区域路网监测与服务保障平台等方面内容。本丛书可为公路行业的运营管理及交通安全改善工作提供指导，有助于进一步提升高速公路网的监测与安全服务保障能力，具有重要的指导意义和实用价值。

本丛书在编写过程中得到了交通运输部总工程师周伟，交通运输部公路局李华，交通运输部科教司庞松，交通运输部公路科学研究院王笑京、何勇、牛开民、傅宇方等领导的鼎力支持，得到了陈国靖、马林、关积珍、张明月、王辉、左海波等专家的悉心指导，交通运输部路网监测与应急处置中心、交通运输部公路科学研究院等20余家课题参加单位领导、同人给予了大力配合，在此表示衷心感谢！书中参阅大量国内外文献，引述文献的已尽量予以标注，但难免存在疏漏，在此对各文献作者一并致谢！

交通运输部公路科学研究院
交通运输部路网监测与应急处置中心
2023 年 1 月

前　言

随着高速公路通车里程的不断增加,我国高速公路网已基本成形,网络化运行特征日趋明显,行政区域之间的概念越来越弱化,跨区域出行的需求越来越明显,大区域网络化管理与协同的需求越来越迫切。在进一步发挥整体路网效应的同时,路网智能化管理能力的不足,已成为高速公路运输效率提升的瓶颈。这就要求对高速公路基础设施、交通流、环境和车辆状态等进行全方位的监测,结合交通事故处置、气象预警信息、公安管制措施的实施等跨部门信息,对监测到的各类数据及各应用系统数据进行接入与整合,通过云计算支持的大数据处理技术等进行业务分析,为联网收费、联网监控、路网运行分析、应急保障及出行信息服务等业务领域提供技术支撑,从而实现高速公路网的协同有效管理,进一步提高交通管理效能,保障高速公路畅通、安全、高效、有序运行。

本书依托"十二五"国家科技支撑计划课题"高速公路网运行状态智能监测与安全服务保障关键技术研发及系统集成"(课题编号:2014BAG01B02)的主要研究成果进行编写,着眼于跨部门跨区域路网监测与服务保障平台的体系建设和相关系统平台功能的开展,总结"十一五"及"十二五"等重点科研项目中有关路网管理领域的关键技术成果,系统阐述该平台体系建设的各层级建设内容及集成技术,形成跨部门跨区域路网监测与服务保障平台建设过程中的一整套关键技术。通过本书所涉及各个关键技术的研究,拟解决由于日常管理造成的出行效率降低等问题,从网络管理和疏导角度提升应急情况下的管理效率,扩展和延伸高速公路的服务属性,提升高速公路服务民生的能力。

跨部门跨区域路网监测与服务保障集成技术主要分为数据集成、服务集成和应用集成三类,对应的宏观通用概念分为数据抽象层、统一服务层、融合应用层三层。本书基于以上三层体系,通过路网监测与感知技术、多源异构系统接入与互操作技术、路网支撑服务、交通大数据分析与云计算平台构建技术、路网监测与服务保障系统集成、综合交通运输衔接技术、典型案例等章节对跨部门跨区域路网监测与服务保障集成技术进行整体阐述。

本书除署名作者外,张治参与撰写了第 2 章;苏鹏参与撰写了第 3 章;贾淼、郝正参与撰写了第 4 章;欧阳海参与撰写了第 5 章;刘逸霏参与撰写了第 7 章。在此谨向以上参与编写的人员表示感谢!

　　由于作者水平有限,加上相关技术持续快速更新发展,书中难免有疏漏和不足之处,敬请读者批评指正。

著作者

2023 年 5 月

目　　录

第1章 绪 论

1.1 跨部门跨区域路网监测与服务保障集成概述

随着智能交通领域信息化水平的发展,路网管理信息系统的种类、规模和专业化程度不断提高,交通信息化领域往往存在数以千计的异构设备、数据和信息系统,且这些数据与系统分散在交通、公安、气象等多个不同部门,标准不统一,部门之间缺乏有效的沟通,阻碍了交通信息化的整体发展进程。随着交通信息资源的可理解性、内在含义与相互关系的呼应,交通信息完整性的"短板效应"凸显出来,其基本表现形式就是多年来各分散开发或引进的信息系统,互相之间不能信息共享,业务不能顺畅执行和有效控制,形成了许多"信息孤岛",影响了现有系统的继续运行。此外,各种交通应用系统的功能也在不断完善中,但在完善的同时却出现了各系统之间的功能差异界限模糊化和部分重叠的现象。大量数据信息是已被采集并存在于数据库中的,但是由于传统软件特定功能的限制,使得这些信息并不能根据用户的真正服务需求达到有效利用。为满足智能交通整体信息化需求,一方面必须整合来源于各类设备和信息系统的数据信息,为各类系统服务提供信息支撑,另一方面须在异构的信息系统之间实现互操作和工作协同,建立整体路网管理协同环境,提高路网服务的效率和质量。为实现该目的,进行各类异构设备、数据和信息系统之间的集成是关键,但是当前缺乏数据交换与互操作标准、应用系统集成环境、即插即用的应用软件系统和容纳不同系统所需的大数据平台等一系列问题一直制约着集成的进程。随着面向服务架构(SOA)、企业服务总线(ESB)和微服务架构技术的日渐落地,云计算、大数据、人工智能等新兴技术应用也日趋成熟,伴随着路网规模的日益扩展,组织架构改革如火如荼展开,交通运输部路网运行监测与应急处置中心及各省级路网管理中心等新机构的出现,使得各级平台间的交通信息资源整合也已提上日程,集成需求更加迫切,集成问题也更加复杂。

跨部门跨区域路网监测与服务保障集成主要解决以下几方面问题:

(1)交通、公安、气象等多源、异构的各类系统所引发的信息孤岛问题。

(2)多个应用系统间服务功能繁杂且冗余导致的系统间沟通与整合问题。

(3)交通数据的指数增长引发的应用系统运行效率问题。

(4)交通信息与应用的有效集成问题。

跨部门跨区域路网监测与服务保障集成所实现的目标包括:

(1)消除交通领域信息孤岛:实现多源异构平台的数据共享机制,包括异构系统、异构数据库和异构操作应用系统等异构集成与互操作。

（2）集成体系需保证用户及时、准确、跨职能部门、跨组织边界地实现应用系统资源和信息的最优配置，实现各服务功能的有效集成。

（3）整合现有信息系统，构建统一标准、可灵活配置的跨部门跨区域路网监测与服务保障集成平台，支持部级路网管理平台、省级路网管理平台等不同粒度的多层级管理模式。

（4）构建交通云计算与大数据平台，实现高性能的信息输入输出与分析处理，提升新计算机技术高速发展形势下智能交通的信息化程度。

（5）扩展集成至综合交通衔接领域，初步研究综合交通的衔接技术。

跨部门跨区域路网监测与服务保障集成的实现主要以现有先进系统集成技术作为主要技术支撑，包括云计算与大数据技术、中间件技术、三层体系逻辑划分理论（即数据层、服务层和应用系统层），以及面向服务架构（SOA）、Web API 等。

1.2 背景与现状

1.2.1 国外交通信息化应用现状

20 世纪 80 年代以前，大部分国家主要是依靠扩大路网规模来应对日益增长的交通需求；自 20 世纪 80 年代后，美国、欧洲和日本等发达国家和地区开始采用高新技术来改造道路运输体系及其管理方式，从而达到提高路网通行能力和服务质量、提高环保质量、提高能源利用率的目的，高速公路的信息化、智能化建设正是在这种条件下产生和发展起来的。

1）美国交通信息化发展现状

美国交通系统的智能化研究是最早的。1967 年，美国公路局进行了电子路径导向系统（Electronic Route Guidance System，ERGS）试验，该系统是一种短距离的无线路径引导能力导航系统。20 世纪 80 年代中后期，美国加利福尼亚州运输部门成功开发了驾驶员寻路系统，继而在全美开展"智能车辆-高速公路系统"（Intelligent Vehicle Highway System，IVHS）的研究。20 世纪 90 年代初，美国以加利福尼亚州的先进技术高速公路项目（Program on Advanced Technology for the Highway，PATH）为样板，开始在全美大规模地实施 IVHS 建设。

目前，美国高速公路的信息化、智能化建设应用较为广泛，多数高速公路配备包括匝道控制、事件检测、事件管理、主线速度控制、气象交通管理等管理系统，并通过 E-mail、"511" 交通热线、短信、交通广播频道以及信息服务提供商提供的发布方式等进行出行前或在途交通信息发布。

在美国，高速公路约 25% 的延误是由天气原因造成的。为此，美国 SAFETEA-LU 法案第 5308 部分提出建立道路气象研发组，每年投入不少于 500 万美元，并持续 4 年，用以提升技术转化和产业拓展。联邦公路管理局（FHWA）道路气象研发组根据国家海洋和大气局（NOAA）提供的路面气象预报信息，开发了包括 MDSS（维护决策支持系统）和 Clarus（国家地面交通天气观测和预报系统）等系统，使美国的基于气象响应的交通管理系统走在了世界前列。

2009 年 12 月,美国运输部(Department of Transport,DOT)发布了《智能交通系统战略研究计划:2010—2014》,目标是利用无线通信建立一个全国性的、多模式的地面交通系统,形成一个车辆、道路基础设施、乘客的便携设备直接相互连接的交通环境。2014 年,美国运输部与美国智能交通系统(Intelligent Transport System,ITS)联合项目办公室共同提出《ITS 战略研究计划:2015—2019》,为美国未来 5 年的在智能交通领域的发展明确了方向,汽车的智能化、网联化成为该战略计划的核心,成为美国解决交通系统问题的关键技术手段。该战略计划主要致力于解决目前交通系统存在的安全性、机动性、环境友好性等社会问题。

美国 ITS 战略计划的愿景是"改变社会的移动方式",使命是"通过研究、开发和教育活动促进技术和信息的交流,创建更安全、更智能的交通系统";旨在发现通往建设智能交通系统的途径,同时形成一个新的工业形式和经济增长点。

在此基础上,美国提出了未来交通系统的发展思路:通过研究、开发、教育等手段促进信息和通信技术实用化,确保社会向智能化方向发展,即部署智能交通设备,开发智能交通技术。同时,美国提出了使车辆和道路更安全、加强机动性、降低环境影响、促进改革创新、支持交通系统信息共享 5 项发展战略目标:

第一,使车辆和道路更安全:开发更好的防撞保护措施,碰撞预警机制,商用汽车安全机制,基于基础设施和协同式安全系统。

第二,加强机动性:改进交通管理、事故管理、运输管理、货源组织管理、道路气候管理等管理系统。

第三,降低环境影响:更好地控制交通流、车辆速度和交通堵塞以及运用其他先进的技术手段管理车辆行为。

第四,促进改革创新:通过 ITS 项目,培养先进技术和持续促进创新,调整、收集并部署技术开发路线满足未来交通发展的需求。

第五,支持交通系统信息共享:通过建立系统构架和标准,应用先进的无线通信技术实现汽车与各种基础设施、便携式设备的通信交互,促进信息共享。

2)欧洲交通信息化发展现状

欧洲由于地域广大、国家众多,且各国交通运输环境不同,早期多是各国分散进行智能交通系统研究。直至 1991 年,欧洲各国政府单位、交通运输产业、电信与金融产业组成了"欧洲智慧运输系统协会"(European Road Transport Telematics Implementation Coordination Organization,ERTICO,又称"ITS Europe"),成为欧洲推动 ITS 的主要组织。

欧洲的 ITS 开发与应用是与欧盟的交通运输一体化建设进程紧密联系在一起的。

2008 年 5 月 19 日,欧盟委员会制定了有关安全应用智能交通系统的决策,这项决策的目的是提升应用的安全性,并在次年(2009 年)委托欧洲标准化机构 CEN、CENELEC 和 ETSI 制订一套欧盟层面统一的标准、规格和指南来支持合作性 ITS 体系的实施和部署。CEN 和 ETSI 正式接受该委托,但 CENELEC 没有接受委托,因此没有参加相关标准的制订。2010/40 号指令要求加快了 ITS 部署,而车辆与交通基础设施的连接是优先领域。2013 年,ETSI 和 CEN/ISO 完成首版标准制订。第 2 版标准包已经进入微调阶段,主要是处理更为复杂的应用。欧盟与美国和日本紧密合作确保该系统在全球兼容。

2011年3月推出的欧盟2020智能交通系统确定的三大目标为：交通可持续、竞争力和节能减排。为配合这个目标，欧盟委员会于2011年积极制定配套措施和出台行动计划，在欧盟范围内全面部署和督促落实智能交通系统技术的研发及应用。2012年6月，欧盟提出《智能交通等领域快速发展2020实施方案》，由相关欧盟政府官员、行业协会及企业代表共同参与的磋商机制（CAR21）发表了终期报告，报告在电动汽车、道路安全、智能交通系统、市场准入以及CO_2排放等领域提出了快速发展的2020年战略实施方案，从而提高欧盟汽车产业国际竞争力，为欧盟经济增长注入动力，并有效解决就业问题。2013年9月，由欧盟研究区交通科研（ERA-T）科学理事会提出，欧盟计划加强交通科研领域的国际科技合作。2014年2月，欧盟标准化机构ETSI和CEN确认，已经根据欧盟委员会要求完成车辆信息互联基本标准的制订，该标准将确保不同企业生产的交通工具之间能够相互沟通，并能与道路基础设施沟通。该标准预计2015年在欧洲道路上实现。据悉，欧盟投资1.8亿欧元用于合作交通系统（Cooperative Transport Systems）的研究项目，并成功研发出该标准。

目前，欧洲各国正在进行Telemetric的全面应用开发工作，计划在全欧洲范围内建立专门的交通无线数据通信网。欧洲的智能交通处于国际领先水平，至今已有相当一部分的研究成果投入实际的应用当中。欧盟智能交通系统技术的研发及应用主要是根据欧盟交通的现状特点和发展目标，充分利用已有的信息通信技术（ICT）、计算机及互联网技术、卫星导航技术、电子及传感器技术，以及节能减排和新型推进器技术。对各项技术进行交叉整合、优化配置，从而实现旅客和货物运输的各种交通方式（公路、铁路、航空、航运和城市交通）更有效、更安全、更清洁和更准时。欧盟委员会于2011年积极制定配套措施和出台行动计划，在欧盟范围内全面部署和督促落实智能交通系统技术的研发及应用。

基于在过去信息基础设施的建设，EasyWay计划进一步发展相关的应用服务，并进行必要的硬件部署与升级，并期望至2020年，能够大幅解决交通事故、道路拥堵、降低CO_2排放量等问题，提供一个欧洲共通的ITS，进而维持交通运输系统长久的效益与便利。

以上介绍了欧洲智能交通系统发展的整体规划，下面重点介绍欧洲智能交通系统在相关技术层面的主要成就。

在交通管理服务方面，欧洲高速公路的智能化管理以"主动交通管理"为核心，重点关注交通出行者的需求，提供信息给出行者，用以提高出行时间的可靠性，并建立出行者和管理者之间的信息交互。欧洲高速公路有一个完整的关于运营策略的方案包，包括交通流检测设备、面向车道的速度指示门架、硬路肩的分时段使用设备、匝道控制设备、可变信息标志（Variable Message Signal，VMS）、7×24h运转的控制中心、事件响应团队、监控摄像头、应急避险车道等，并通过采取速度协调、线、网、交叉口的控制（使用VMS）、动态路线选择、排队警告、出行者信息提供、临时硬路肩使用、节点控制（将进入节点的交通流移向左侧，便于入匝道车辆平滑汇入）、限制大货车行驶车道等策略实现对高速公路的交通管理。

在交通信息系统建设方面，欧洲开发了如SOCRATES、EURO SCOUT、Traffic-Master及RDS-TMC等具有代表性的交通信息系统。其中，RDS-TMC能将连续的交通流信息与地图导航有机结合，提高了车辆导航对前方路况预测的准确性，是应用最成功、使用范围最广的交通信息系统。

在交通管理的气象响应方面,欧盟科技领域合作项目开展了"恶劣气象条件下道路网络的实时交通监控"项目,其主要目标是:在交通管理控制中整合气象信息,更好地理解气象(雪、雨、雾)对交通流运行状态的影响,开展并推动减轻该影响的策略、工具的研发。

在未来几年中,除了在车间通信技术[如专用短程通信(DSRC)技术等]、主动安全技术等应用技术上持续开发外,欧盟还十分注重对交通服务需求的了解与设计,如交通资讯、运输管理、道路安全等信息服务,尝试基于目前可行的技术,设计出符合使用者需求的服务,以加速 ITS 运用的普及。期望在欧盟的框架下,建立一致性的道路交通信息服务内容。

3)日本交通信息化发展现状

日本是当今世界上智能交通系统应用最为广泛的国家之一,其高速公路的信息化、智能化发展也具有较高的水准。高速公路的智能化在日本的发展始于 20 世纪 70 年代。1973—1978 年,日本成功组织了一个"动态路径诱导系统"试验,并于 20 世纪 80 年代中期至 90 年代中期的 10 年时间内,相继完成了路-车通信系统(RACS)、交通信息通信系统(TICS)、宽区域旅行信息系统等方面的研究。1991 年,日本建立了道路交通信息通信系统(Vehicle Information and Communication System,VICS),这是当今世界上相当成功的一个交通信息和通信服务系统。VICS 通过运用全球定位系统(Global Positioning System,GPS)设备、远红外信标、短波信标或调频广播副载波等作为传输介质,将由交警部门和高速公路管理部门(日本高速公路的交通控制由高速公路管理部门负责)提供的交通堵塞、旅行时间、交通事故、道路施工、车速及路线限制、停车场空位等信息及时发布给交通出行者。该系统已覆盖日本全国 80% 的地区,几乎所有高速公路及主干道均能收到 VICS 的信息报道。

日本的电子不停车收费(Electronic Toll Collection,ETC)收费效率很高,其最常用的 ETC 收费站采取 3 个门桥的样式,这 3 个门桥分别用于识别车型、识别入口和收费信息传输,其栏杆采用新材料制成,里边为碳素纤维,外边为发泡纤维。在车的时速不低于 80km 的情况下,门桥可迅速向上打开,万一打不开,也可向前推出,外层的发泡纤维对车体不会造成损害。现在日本收费道路的通过车辆中,70% 以上的车辆是安装了电子收费系统的车辆。以前人工收费时收费站前车辆排成长龙的景象基本消失,一驶而过的快感成为很多人选择安装 ETC 的理由之一。当有 ETC 装置的车辆进入自动收费口时,双向大容量通信系统马上就可以将车牌号、信用卡持有人、进入地点和时间等信息双向留存,当车辆驶出收费路口时,出口通信系统便可以依据留存信息,瞬间结算费用。ETC 装置可以如此快地在日本推广,还有一个原因就是政府的价格优惠政策,无论开始推广,还是已经安装此装置后,都有打折优惠。

在安全行车方面,日本推出安全行车支持系统(Advanced Safety Vehicle,ASV),这主要是指预防安全技术。和前期日本各小汽车生产厂家积极在车上配置被动安全装置不同,预防安全技术主要是通过各种辅助装置,提高安全行车系数,这些技术作为选装件已经在各小汽车厂商的高级车上采用。比如瞌睡监视装置,通过监视器监视驾驶员的眼皮,发现驾驶员瞌睡时,及时报警提醒;比如防追尾装置,用雷达不断监测同前车的距离,一旦距离缩短到可能追尾时,汽车就会发出警报;如果驾驶员还不及时制动,汽车就会自动紧急制动,避免或减轻事故。安全行车其实是一个相当复杂的系统,从道路方面看,安全行车支持道路系统

(Advanced Cruise-Assist Highway Systems, AHS) 也是 ITS 的一个重要组成部分。其内容由 7 个方面组成,比如弯道减速、车道监控、行人保护、预防追尾和撞车等,因为 VICS 和 DSRC 的存在,把路面上的信息及时告知驾驶员成为轻而易举的事情。在当下日本,只要装备了高性能车载导航仪的车辆,得到这些信息,提高安全行车系数已经是非常现实的事情。

此外,日本在 ITS 的其他子系统的建设方面,比如交通管理智能化、道路管理效率化、公共交通支持系统、商用车效率化、步行者支持系统及紧急车辆运行支持系统,也都取得了相当大的进展。

4)澳大利亚交通智能化发展现状

澳大利亚拥有先进的智能交通运输系统和交通控制系统,主要包括:

(1)最优自动适应交通控制系统(Sydney Coordinated Adaptive Traffic System,SCATS): SCATS 在澳大利亚几乎所有的城市都有使用,目前我国上海、深圳等城市也采用了这一系统。SCATS 的优点是其自动适应交通条件变化的能力,通过大量设在路上的传感器以及视频摄像机随时获取道路车流信息。ANTTS 是其重要子系统,该系统通过几千辆出租汽车装有的 ANTTS 电子标签与设在约 200 个交叉口处的询问器通话,通过对出租汽车的识别,SCATS 能够计算旅行时间并对交通网的运行情况进行判断。

(2)远程信号控制系统(Vic Roads):交通控制与通信中心(Traffic and Communication Center,TCCC)能够连接到 50 个偏远的受控交通灯,可以监测这些信号灯的状态改变它们的参数,为偏远路口的信号控制提供便利。

(3)微型计算机交通控制系统:该系统最主要的优点是运行于普通微型计算机上,并可控制 63 个交通信号灯,目前在布里斯班已有超过 500 个交通信号灯采用了 BLISS 进行控制。

(4)道路信号系统:是交通控制中心与机动车通信的基础。该系统使用 900MHz 的频率,通过路旁询问器与车内电子标签进行通信,电子标签通常是简单的异频雷达收发机,当被询问时可返回一个可被识别的信号。该系统最普通的应用是车辆的不停车收费。

(5)视频数据获取系统:运用视频摄像机监测、识别和计算交通量。通过自动辨识车牌号码来对重型车辆监测、分类、识别,数据可被送到重型车辆监测站,与数据进行对照,该系统能监测到超速车辆、强制停运的车辆。

(6)实时旅行信息系统:通过车载的定位器,计算机软件可以估计每辆车的到达时间,并通过显示屏显示给正在等候的旅客。另外,该系统还可以用于向驾驶员通报突发事件。

从美国、日本和欧洲等国家的智能交通系统建设情况可知,其建设和推进主要是由政府部门负责组织,与企业、研究机构公私合作,共同推进国家智能交通的建设。以现代信息通信和控制技术来改造高速公路运营体系和公众服务模式,建立智能、高效、便捷、精确的高速公路综合运营管理系统是未来智慧高速公路建设和发展的必然趋势。

1.2.2　国内交通信息化应用现状

目前,我国已形成较为完善的高速公路网。近年来,越来越多的人选择机动车出行。在这种形势下,高速公路以其良好的通行环境,备受人们的青睐。然而,在庞大的出行需求与交通压力下,出行者对道路提供的服务需求越来越迫切,高速公路管理者对道路运营管理效率的需求越来越高,高速公路的传统智能交通系统功能已经不能完全满足出行者与管理者的需求,交通供需矛盾变得更加严峻。

随着科技技术水平的发展,高速公路信息化建设被认为是能够提高交通安全、服务、管理等性能的最有效方法。近30年来,国外发达国家投入了巨大的人力、物力、财力进行高速公路智能交通建设,并形成了高速公路智能交通体系框架,有效缓解了高速公路交通压力。为进行有效的高速公路交通管理,大幅提高速公路网通行能力和服务质量,我国许多城市也开展了高速公路信息化的建设,并取得了较明显的效果,然而我国的高速公路信息化建设多局限在单项技术的智能化,针对高速公路具体路况与环境解决特定的问题,未能从全局意义上统筹智能交通的各个设备、文件、数据、管理,并不能解决我国高速公路交通的供需矛盾。

受国家相关信息化政策指导,我国高速公路系统的探索与实践历经多年,信息化建设初见成效,基础工作做得极为扎实,为今后的信息化发展做好了充分的准备。但当前经济社会发展迅速,伴随着人民群众生活水平的提高,其交通运输需求处于日益增长状态,而纵观高速公路信息化建设总体情况,却仍相对滞后,目前存在的问题主要包括:没有完善健全的管理体系,信息建设不具备较高的层次;存在的严重的信息孤岛现象;缺乏服务公众手段;缺乏系统的设计等几个方面。我国高速公路管理信息化建设要想加快推进,必须具备清晰的思路、得力的措施。具体为:我国高速公路要搭建路网综合管理平台,整合信息资源决策调度;使高速公路联网收费实现全面覆盖,促进通行效率提高;注重联网监控的加强,全程实时监控重点路段;把高速公路通信骨干环网建成,并推进实施应用;把信息化管理贯穿于路政执法之中,高效服务公众;促进养护管理信息化系统的完善,为道路畅通无阻提供保障。

2012年,交通运输部设立了路网运行监测与应急处置中心,在此之前,多个省(区、市)已经设立了路网管理机构对辖内路网进行智能化管理。2012年2月,为提高高速公路监控、通信、应急等现代信息技术水平,指导和规范公路网运行监测与服务系统建设,交通运输部发布了《高速公路监控技术要求》《高速公路通信技术要求》《公路网运行监测与服务技术要求》等行业规范。

2014年,交通运输部提出加快推进"四个交通"建设,其中智慧交通是关键。智慧交通是推进交通运输管理创新的重要抓手,是推动交通运输转型发展的重要支撑,能够全面提升交通运输供给能力、运行效率、安全性能和服务质量,实现交通运输持续创新发展。智慧交通也被工业和信息化部列入我国十大物联网示范工程之中。"智慧"和"智能"存在着实质性的区别:智慧交通旨在利用现代化的科学技术,主要包括物联网、云计算等关键技术,满足人、车、路和环境统一协调的关系处理需求,使交通发展更具有现代形势,能够更好地节约能源、减少环境污染,使我国的交通秩序与交通环境具备全新的交通发展形态;它集成了多种智能交通系统。

在智慧交通的背景之下,我国多个省(区、市)启动了智慧高速公路管理系统的建设。智慧高速公路管理系统是经多年实践检验证实行之有效地改进目前道路空间使用效率的方法,该系统已在世界许多国家或地区投入使用,其使用对实现高速联网收费、动态监视与信息服务,最大限度提高道路运行效率、提高道路运行的安全性方面起着重要的作用。智慧高速公路的建设目标是整合资源、交通诱导、信息共享、方便管理、智慧服务。

1）交通运输部路网监测与应急处置中心设立

2012年7月18日，交通运输部路网监测与应急处置中心（简称"路网中心"）经中央编办批复正式挂牌运行，是隶属于交通运输部的事业单位，专职从事路网运行监测、应急处置调度和出行信息服务工作。路网中心的主要职能包括运行监测、应急处置、出行服务；对全国主要干线公路运行情况进行实时监测；积极推进部省两级国公路网管理与应急处置平台系统建设；全面开展全国干线公路网运行监测、突发事件应急处置与出行信息服务工作。

作为服务型中心，路网中心一直以来积极推进部省两级公路网管理与应急处置平台系统建设。目前基本建立了覆盖重要干线通道、易堵路段、特大桥梁、长大隧道、重要服务区和治超站的路网运行监测网络，掌握了全国干线路网路况运行信息。按照"平时服务，突发应急"的原则，充分利用网络、广播、电视等多种媒体资源开展出行信息服务工作，路网中心开通了"中国公路信息服务网"，发布公路出行服务信息；与中国气象局合作，通过央视新闻频道及中国气象频道等媒体，及时发布干线公路路况信息；与中央人民广播电台合作，开通《公路服务站》直播栏目，并于2012年6月26日在京津塘高速公路开播了中国高速公路交通广播（FM99.6）；每年春运等重大时期，路网中心都及时通过新闻媒体发布路况信息，为公路出行者提供及时、便捷、有效的信息服务，为北京奥运会、上海世博会、广州亚运会等重大活动提供了交通运输保障，在青海玉树地震、甘肃舟曲泥石流等重大自然灾害的应对工作中发挥了突出作用。

作为研究型中心，路网中心先后承担和参与了国家干线公路网监测体系研究、公路网运行监测与服务系列标准规范编制、路网管理、应急与服务平台设计咨询、全国ETC联网、广东省高速公路"一张网"联网收费等科研工作，建成了一支专业基础扎实、业务工作熟练、创新能力突出的科研队伍。

2）北京交通智能化发展现状

北京的智能交通建设起步于1998年。2011年4月，为着力推进交通信息化建设和交通技术创新与产业化发展，中关村一些企业倡导成立了中关村智能交通产业联盟，旨在利用3～5年的时间，推动实施若干批北京市智能交通应用示范工程，发布若干批智能交通示范重大需求，推动承担若干批北京市及国家部委重大项目，突破行业共性关键技术，形成若干批自主知识产权产品和集成应用解决方案，筹建智能交通产业园，搭建智能交通研发合作平台和产业技术中心，建成智能交通产业投融资平台，为相关政府部门提供行业专家建议，适时筹建北京智能交通协会，组织召开相关行业论坛，参与制定相关智能交通技术标准，提供中关村自主创新的技术、设备和服务支持。

北京已建成交通运行协调指挥中心（Traffic Operation and Control Center，TOCC）和路网运行、运输监管、公交安保三个分中心，形成一体化、智能化综合交通指挥支撑体系，成为数据共享交换中枢、综合运输协调运转中枢、信息发布中心，紧急情况下为交通安全应急指挥中心。这意味着，市民将可以通过网站、热线、手机、车载导航等多种形式，实时掌握路况信息，提前安排出行。

目前，北京市智能交通已初步建成十大系统，包括现代化的交通指挥调度系统、交通事件的自动检测报警系统、自动识别"单双号"的交通综合监测系统、数字高清的综合监测系统、闭环管理的数字化交通执法系统、智能化的区域交通信号系统、灵活管控的快速路交通控制系统、公交优先的交通信号控制系统、连续诱导的大型路侧可变信息标志和交通实时路况预测预报系统,实现了实时掌握道路交通状况、动态调整警力投入、科学预测路网流量变化、第一时间处置各种交通意外事件,为保证道路的通畅、创造良好的交通环境提供了强有力的技术支撑。

北京构建了全市城市智能交通管理指挥控制系统。该系统利用遍布全市快速路、主干路网的上万个检测线圈、视频、超声波、微波设备,24 小时自动采集路面交通流量、流速、占有率等运行数据,一方面服务于城市交通管理决策,另一方面通过将采集到的交通流信息进行整合、分析、处理,以图形方式显示出实时动态路况信息,并自动与前四周的相关数据进行对比,如超出历史常量值,系统将给出警告提示,为路况信息对外发布和路面交通控制提供了可靠依据。同时,安装在二环、三环和四环路上等的交通事件自动检测系统,通过视频图像识别技术自动检测出交通事故、拥堵等交通事件,并进行报警、录像,极大地提高了对交通意外事件的快速反应能力和指挥调度效率。

2012 年,北京市提出城市安全运行和应急管理领域物联网应用"1 + 1 + N"总体框架,北京市交通委员会牵头负责"极端天气条件下道路交通保畅物联网应用示范工程""轨道交通安全防范物联网应用示范工程"。"极端天气条件下道路交通保畅物联网应用示范工程"项目投资 6850.58 万元。"轨道交通安全防范物联网应用示范工程"在 19 个重点换乘车站和大客流车站安装 178 套客流感知和图像监控设备,实现从"人工数人头"向"设备智能检测"的方法过渡,可对示范车站的客流量和密度进行实时监测及预警预报。

3)上海交通智能化发展现状

上海针对不同路网交通特征,应用线圈、出租汽车 GPS 信息、手机信令、牌照识别、微波等多种技术手段,分别采集快速路、地面道路和干线公路等道路交通实时信息,通过对这些动态数据进行处理,实现了交通实时运行状态的发布;建设了图形和文字可变信息标志设施,发布以红、黄、绿颜色标示的道路交通实时运行状态图形以及车辆行程时间等文字信息,提供了实时的道路路况信息和相关交通信息;建成并运行高速公路 ETC 不停车收费系统,提高了高速公路收费口收费效率和通行能力,也方便了出行者跨省高速公路收费结算。

建成了"危险品运输车辆监控系统"。全市危险品运输车辆纳入该监控系统,危险品运输车辆全部安装了 GPS 设备,部分示范车辆安装了北斗定位导航系统,车辆型号、车载物品、目的地、驾驶员和押运员信息等信息全部录入系统,有效提高了危险品运输车辆行驶的安全性。

建成了上海市交通综合信息平台。该平台是全面、实时整合及处理全市道路交通、公共交通、对外交通领域车流、客流、交通设施等多源异构基础信息数据资源,实现跨行业交通信息资源整合、共享和交换的信息集成系统。平台共整合了市政、交警、城市公共交通、机场、铁路、码头等不同交通管理行业,包括道路交通、公共交通、对外交通领域在内的各类交通信息数据;建成了交通信息服务应用平台,通过网站、电台电视台、手机、车载导航、查询终端等多种方式,向公众提供三张路网实时交通状态信息、热点区域交通状态信息、事故事件信息、公交线路与换乘信息等交通信息服务,初步形成了面向社会公众的交通信息服务能力。

4)浙江智慧高速公路建设

2013年2月,由浙江省交通投资集团控股,省内高速公路管理、投资单位出资的浙江智慧高速公路服务有限公司正式组建,该公司主要承担开发建设、系统集成、运营维护、完善提升一体化职能,为政府部门、科研机构、增值服务商和社会公众等提供专业化服务运营。

依托自建平台,智慧高速公路已形成由省级相关部门和各高速公路业主共同参与的浙江高速公路运行服务指挥中心,作为省政府应急指挥体系和综合交通指挥平台的重要支点,通过实时数据处理、监控动态管理、体系常态运行,实现参与各方统一指挥与联动协同,及时开展突出事件、突发状况等应急处置和协调调度,在重大节假日、危化品突发事故、恶劣天气灾害期间,在高速公路应急技术支撑、交通疏导协同、畅通安全保障等方面起到了重要作用,发挥了关键效果。

聚焦用户体验,智慧高速公路已建立包含"12122"一号通、"两微一端"(智慧高速公路微信、微博、手机App)等多项应用在内的全省公众出行信息服务体系,实现了咨询、投诉、导航、求助、救援、报警等多种功能的一体化集成应用,已形成与浙江在线、FM93、FM91.8、浙江日报、钱江晚报、交通旅游导报等省内主流媒体之间的信息合作渠道,通过24小时不间断提供发布高速公路公共信息服务,主动发出智慧声音,提前预告出行指南,在诱导出行、服务咨询、商业运营等方面发挥了专业作用,树立了品牌形象。其中,"智慧高速"App获评"全国十佳交通信息服务手机软件"。

为了强化"智慧高速公路"项目实施推动,加速推进智慧高速公路应用成果在全省路网中的应用落地,浙江省交通投资集团于2015年进一步决定,将智慧高速公路服务公司与高速公路信息公司、智慧高速公路云研究院等相关联业务单元深度整合,成立交通信息产业板块,并列入集团"十三五"期间"一主五辅"上市平台中的DT板块,予以重点培育和扶植。

5)云南智慧高速公路建设

2014年,云南省交通运输厅出台《云南交通运输行业核心价值体系建设实施意见》,建设"综合交通、智慧交通、绿色交通、平安交通"成了全省交通运输行业的目标,并确立"服务至上、美在交通"这一行业的使命。云南省交通运输厅明确提出智慧高速公路围绕"对内管理、对外服务、应急决策"三大目标,形成面向管理者、决策者和社会公众的总体框架。

云南省智慧高速公路建设的总体思路为充分利用已有资源,降低建设成本,在充分利用已有设施和设备的基础上,科学规划和整合高速公路相关信息资源,形成统一平台,打破信息孤岛和资源分割。统一区域分中心监控管理软件平台,同步建设技术和业务流程高度融合的标准体系,标准规范协同管理、智慧应用,预留好与高速公路路政、交警、医疗、消防、气象单位、相邻省(区、市)的业主协同合作机制,实现高速公路网关联信息、相邻省(区、市)相关信息的共享。

结合已有"智慧高速公路"建设和研究发展经验,结合云南省高速公路管理现状,云南省"智慧高速公路"建设从硬件和软件方面分为两大类,从管理和应用需求上可分为移动应急监控平台建设(包含机电设备运维管理)、监控设备改造、大数据中心建设(包括云计算系统)、提升收费管理(包含云通卡空中充值和ETC管理系统)、监控管理系统改造、通信系统改造、地理信息系统(Geographic Information System,GIS)应用、信息化服务平台建设八个子工程,但是这八个子工程之间既相互独立又相互关联,所有子工程都是智慧高速公路的一个模块,整个建设各模块组成一个大平台系统。

1.2.3 相关课题研究

本书总结了国家科技支撑计划(一期、二期)的相关成果,其中主要依托国家科技支撑计划二期课题"高速公路网运行状态智能监测与安全服务保障关键技术研发及系统集成(课题编号:2014BAG01B02)"。

1)国家道路交通安全科技行动计划(一期)

道路交通安全事关人民群众的安居乐业,事关社会的和谐稳定,建立健全道路交通安全保障体系是保障与改善国计民生的重大社会工程。为贯彻落实党的十七大关于"更加注重社会建设,着力保障和改善民生"的重大战略部署以及党中央关于"高度重视改善民生,切实解决人民最关心、最直接、最现实的利益问题"的总体要求,落实《国家中长期科学和技术发展规划纲要(2006—2020年)》,努力构建安全和谐的道路交通环境,充分发挥科技创新对交通安全保障的重要支撑作用,建立符合国情的道路交通安全保障技术、标准、措施和可持续发展能力体系,2008年,公安部、交通运输部、科技部三部委联合签署了"国家道路交通安全科技行动计划",并启动了一期项目"重特大道路交通事故综合预防与处置集成技术开发与示范应用"。在努力改善全国道路交通安全环境的前提下,从当前人民群众最需要的内容出发、从当前管理和工程最需要的工作出发、从当前工作与长期的交通安全体系建设结合出发,选择部分能够解决突出矛盾以及社会和经济可承受的方面开展工作,并为下一步的工作打好基础。确定道路交通安全科技行动计划一期项目"重特大道路交通事故综合预防与处置集成技术开发与示范应用"的主要任务是以保障人车路本质安全为基础,通过监控预警、保障控制、应急救援等现代化科技管理手段,引进吸收国外先进理念,将"关键技术创新"和"集成创新"相结合,重点实现:①交通安全信息集成、分析及平台构建;②山区公路网安全保障技术体系研究与示范;③国家高速公路安全和服务技术开发与工程应用示范;④营运车辆与客运安全保障技术开发及大范围集成应用;⑤全民交通行为安全性提升综合技术及示范;⑥区域公路网交通安全态势监测、评估及应急指挥;⑦道路交通安全执法技术及大范围应用。一期项目相应设置了7个课题。其中,由交通运输部承担,交通运输部公路局和道路运输司负责组织实施的课题有三项:课题二"山区公路网安全保障技术体系研究与示范工程"、课题三"国家高速公路安全和服务技术开发与工程应用示范"和课题四"营运车辆安全保障技术开发及大范围集成应用",共包含18项重点任务和65项研发专题。通过以上课题和示范工程的实施,拟提高我国道路交通安全水平,提高相关标准的水平,为全国范围的大面积应用打下基础。

在高速公路方面设立了课题三"国家高速公路安全和服务技术开发与工程应用示范",以安全为主线,针对高速公路通道和路段的主动安全、安全设计、防护设施安全、安全管理与控制技术以及安全信息服务等方面开展了系统的研究和示范,取得了一定的研究成果,示范效果良好。前期研究和示范主要集中在高速公路路段及通道的安全成套技术及装备的研发等方面,随着全国高速公路建设,网络化运行特征明显,基于网络层面的综合感知、运行状态分析以及路网的协同运行管理、区域化交通信息服务等方面的研究和成套技术装备的开发还有待开展,与美国、日本、欧洲等发达国家和地区存在较大差距,无法确保现有高速公路网的安全高效运转和高质量服务。特别是在重大自然灾害及高速公路运输高峰时段表现尤为突出,国家公路网的运行监测、路网调度、事件处置、出行服务面临着严峻挑战。基于此,该课题从跨区域路网监测、态势分析、协同调度和信息服务需求考虑,开展路网综合感知技术及装备研究,多渠道、多方式获取动态交通信息,重点研究区域路网运行态势分析技术及系统,研究路网交通协同管理技术、交通信息主动推送技术及系统,形成区域高速公路网运行状态智能监测与安全服务保障成套技术及装备,通过区域路网的集中示范,验证相关研究成果。

2)国家道路交通安全科技行动计划(二期)

在"十一五"项目的基础上,针对道路交通安全中存在的行车秩序不良、重特大事故发生率偏高的问题,"十二五"期间,科技部、公安部和交通运输部联合组织实施"道路交通安全智能化管控关键技术与集成示范"项目,重点利用传感网、大数据分析等技术,采用综合感知、智能研判、主动管控的实现途径,建设具有示范效应的智慧安全高速公路样板路和安全、可持续发展的低等级样板路,大幅降低该样板路的事故发生率和死亡率。并在将来以该样板路为基础,根据各地、各路段不同的特点形成符合特殊需求的多种高速公路和低等级公路智慧管控模式,在全国范围内进行推广,从而有效改善我国的行车秩序,降低事故率和死亡率。该项目共包括六个课题,其中在高速公路方面设立了课题二"高速公路网运行状态智能监测与安全服务保障关键技术研发及系统集成"。该课题面向国家公路网可视、可测、可控、可服务的战略需求,重点攻克并集成应用高速公路网运行状态感知与态势分析、路网运行预警与交通流组织、信息推送服务等关键技术,研发高速公路运行状态综合感知、路网运行态势分析、路网监测与安全服务保障平台等系统,研制公路传感网自组织节点设备、定向交通信息推送设备、异构系统间专用安全互操作设备等,建成协同高效的部省两级路网监测与安全服务保障平台,实现高速公路网运行状态的全时空监测、多尺度态势分析、研判、预警,跨区域协同管理和跨部门联动预警及安全信息主动推送服务。依托交通运输部公路网运行监测与服务系统工程和典型省(区、市)公路网运行监测与服务系统工程开展示范应用,形成公路网运行监测与服务相关标准规范。

该课题拟达到的目标包括:

(1)研发并集成应用重点公路基础设施运营安全状态、交通设施状态、交通流运行状态、公路沿线气象环境状态的综合感知系统或设备,研制具有局部数据管理和传输能力的自组织节点设备,建立高速公路网关键监测点辨识方法和体系。

(2)提出路网运行状态评估指标体系和评估方法,构建研究基于模态转移的路网运行态势研判模型,开发公路网运行状态评估与态势分析系统。

(3)提出跨部门跨区域的路网协同管控机制及策略,开发跨区域大范围路网协同运行控制系统。

(4)提出高速公路全网可定制交通信息服务体系,开发公路交通服务信息管理系统、公路交通广播应急服务信息发布管理系统,研制具备应急和出行服务接收功能的交通广播综合终端、基于智能终端的交通安全信息推送设备。

(5)提出路网监测与安全服务体系框架,研制异构系统接入和互联互通的专用安全互操作设备,研发路网监测与安全服务保障平台、路网运行监测与安全服务检测认证系统。

(6)依托示范路网,开展相关技术、软硬件设备的示范应用,增强高速公路网运行过程的综合感知、主动管控和服务能力,通过示范验证,制定有关标准规范。

以保证技术体系的完整性、规范化和系统化为前提,围绕该课题总体目标、研发重点,根据课题体系化要求和实施的可行性,将课题划分为六大专题:高速公路网运行状态综合感知技术及系统研发、基于大数据的多尺度公路网运行态势分析技术及系统研发、大范围路网交通协同管理技术及系统研发、交通信息主动推送技术与系统研发、跨部门跨区域的路网监测与安全服务保障平台集成和高速公路网运行状态智能监测与安全服务应用示范。以上六大专题之间的关系如图 1-1 所示。

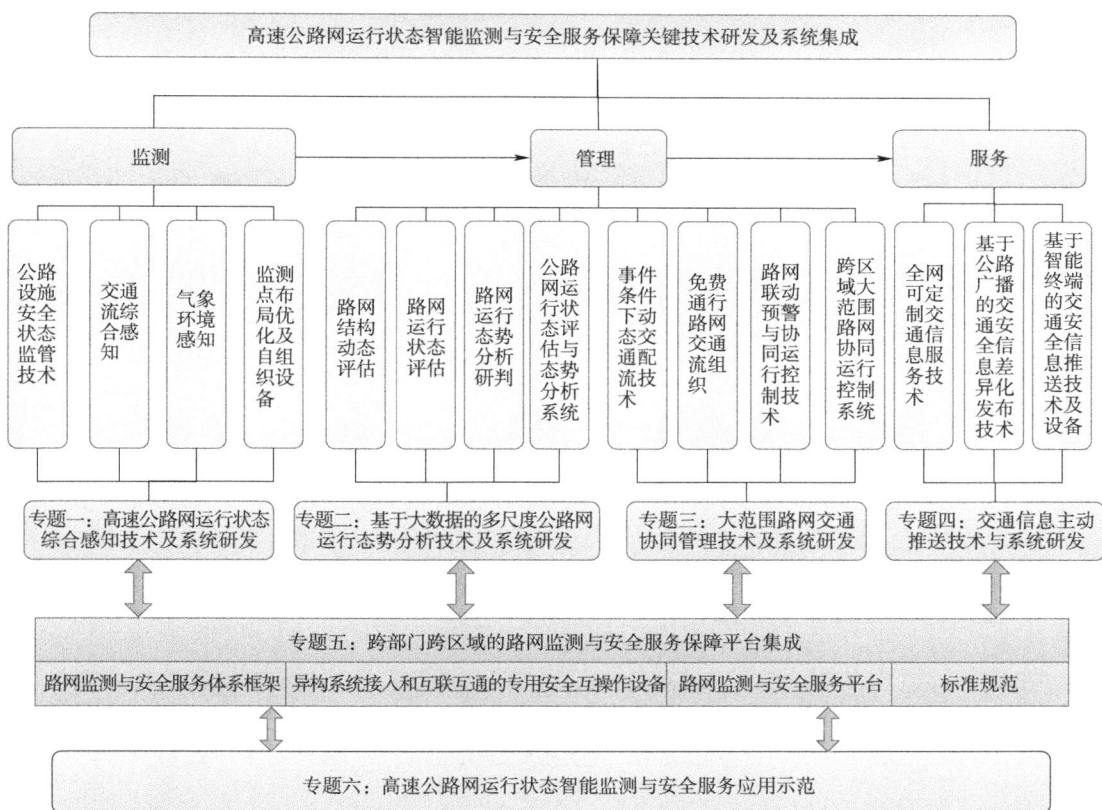

图 1-1　高速公路网运行状态智能监测与安全服务保障关键技术研发及系统集成课题内容

目前,"国家道路交通安全科技行动计划"二期已实施完毕,本书的编制主要依托了课题二"高速公路网运行状态智能监测与安全服务保障关键技术研发及系统集成"中专题五的主要研究内容。专题五"跨部门跨区域的路网监测与安全服务保障平台集成"将构建路网监测与安全服务体系框架,通过异构系统接入和互联互通的专用安全互操作设备接入路网监测与安全服务数据,并通过路网监测与安全服务检测技术与标准规范对其进行检测,并将专题一、专题二、专题三、专题四的研究成果在跨部门跨区域的路网监测与安全服务保障平台中进行统一集成,实现示范区域路网的多方位感知、多尺度态势分析、跨区域联动预警和主动高效服务,实现为高速公路网状态智能监测与安全服务提供技术支撑和组织保障。本专题在整个课题中担负着统一集成的重要角色。

1.3 相关技术发展趋势

跨部门跨区域路网监测与服务保障系统集成涉及高速公路信息化的方方面面,我国高速公路交通信息化相关技术主要涵盖收费技术、监控技术、路网应急保障技术、路网出行信息服务技术、分析与决策支持技术等。相关技术发展趋势如图 1-2 所示。

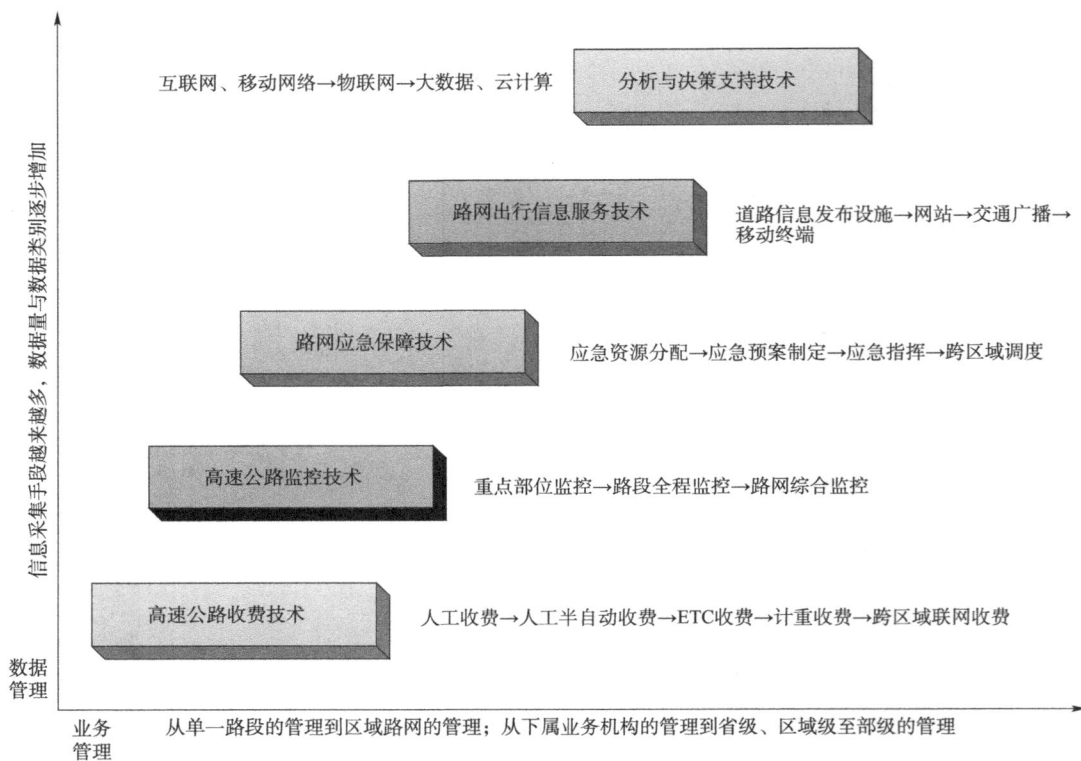

图 1-2　相关技术发展趋势

1.3.1 高速公路收费技术

随着我国经济的飞速发展,人们生活水平的逐步提高,越来越多的高速公路投入建设使用,我国的高速公路实行"以路养路"的基本政策,使用高速公路需要收费成为一种常态,而代表着高速公路事业发展的一个重要参考标志是高速公路收费系统的建设及运行质量,所以我们应该高度重视高速公路收费技术的全面研究。

在我国,高速公路收费系统的引入首先是确定收费制式。高速公路收费系统的基础和核心是收费制式的选择与确定。该项措施能够在有利于交通正常使用的范围中获得最大的经济效益。收费制式直接影响着高速公路立体交叉、收费设施、土地征用等,并且决定着高速公路收费设计的方案。通过研究,高速公路收费制式主要分为均一制、开放式、封闭式以及混合式四种主要的类型。其中封闭式是在 20 世纪 90 年代的中后期实施的,开放式主要是针对我国西部新疆维吾尔自治区高等级公路以及高等级的公路实施的;混合式主要应用于个别较短的高速公路,以达到提高收费效率的目的。通过研究可知,在我国,封闭式是高速公路收费设施的主流制式;开放式是用于普通收费公路以及西部少数高速公路;而混合式是在一定程度的基础上使用的。

在我国,收费方式是在收费制式的基础上进行的。从发展历程上看,收费方式主要有人工收费方式、人工半自动收费方式和电子不停车收费方式,根据需要也可以对货车施行计重收费方式。人工收费方式是以纸质收费收据存根为收费缴款依据,完全依靠人工进行收费操作和收费数据统计管理的收费方式。人工半自动收费方式则是人工判别车型、人工收费、检测器校核、非接触卡通行券以及计算机的管理具体实施的,这种收费方式已经成为高速公路联网收费的主流形式。电子不停车收费方式以专用短程通信等先进技术为手段,自动完成电子收费交易,实现在不停车条件下自动收取道路通行费,该方式采用"两片式电子标签 + 双界面 CPU 卡"技术,实现了电子不停车收费系统与人工半自动收费系统的兼容,实现在设置有电子收费专用车道的站点,用户可以利用两片式电子标签以不停车的方式通过;在仅设置人工收费车道的站点,用户可以利用双界面 CPU 卡刷卡付费,以停车的方式通过。针对货车的计重收费方式是以实地测量的轴重、轴距、轴数等数据,以车货总重量为依据计重收取车辆通行费,该方式主要是针对人工半自动收费方式中人工判别货车车型带来的"大吨小标""一车多证""超限超载运输"等弊端而提出的一种收费方式。

1.3.2 高速公路监控技术

高速公路监控系统是高速公路运营管理的重要组成部分,通过应用各种电子信息技术,对高速公路的路基路况、车辆流量、相关设备等进行全面的实时监控,以便对高速公路的运行状况作出准确判断,并采取相应的措施,最终达到进行远程监控管理的目的。

我国高速公路监控系统最初来源于较发达城市中为畅通道路交通依靠电子信息技术所进行的交通管制。最初的高速公路监测系统主要是以独立的摄录设备,将信号传递给单一计算机以实现对某一路段的监控,所实现的高速公路监控是分段的,难以实现各路段之间的道路联控,覆盖范围有限,信息收集的效率和质量也有限,信息的传递之间仍然存在着一定的时延。自动化控制、通信技术、微电子技术、计算机网络等电子信息技术的发展,为提高高速公路的监控质量和效率、实现高速公路的一体化监控提供了重要的技术支持。

高速公路监控系统主要是完成对道路运输和收费的全面监管,保障道路畅通、实现车辆实时监控、提高道路使用效率、保障行车安全和加强收费监管。智能化技术在我国高速公路监控系统的广泛应用,具体有以下几个方面体现:视频检测,实现高速公路全程监控;车辆识别,实现车辆监控;事件检测分析,提高道路与行车安全;交通管制,提高道路通行率;交通量监测,掌握道路运行状态;气象监测,预防恶劣天气及预警等。

目前,我国高速公路监控已经从最开始的重点部位监控、路段监控发展为整个路网的监控。随着我国公路系统的不断完善,高速公路网已经逐渐形成。所以,应该以我国高速公路现状为依据进行监控系统的设计,监控系统设计的出发点应该是整个高速公路的整体性以及区域性,使得高速公路监控系统形成一个全面的、整体的监控系统网络,每一段高速公路监控系统都是整体监控系统的重要组成成分。同时应该对资源的利用效率进行充分的考虑,尽最大可能将监控的安全性、可管理性以及综合性表现出来。高速公路网络监控系统的主要特征是灵活性高、开放性强,并且具有强大的集成性,对整个高速公路监控系统性能的提升起到非常大的促进作用。并且随着科学技术以及网络通信技术的不断发展,监测和感知手段越来越多,将为路网的整体平稳运行提供有力的支撑。

本书的着眼点就定位在跨部门跨区域的路网运行监测范围内,并以此为基础,开展相关的服务保障技术研究。

1.3.3 路网应急保障技术

公路是国民经济和人民生产生活的重要基础设施,线长面广,易受塌方、泥石流等自然灾害的影响。交通运输部门作为应急抢险工作的排头兵和主力军,在发生突发事件时,必须冲锋在前,率先出击,做好道路应急保障工作。为此,完善交通应急抢险预案,加强应急队伍建设,适时开展应急保障演练,建立可实施的公路交通应急保障体系等是路网应急保障的关键所在。

公路交通突发事件是指由下列突发事件引发的造成或者可能造成公路以及重要客运枢纽出现中断、阻塞、重大人员伤亡、大量人员需要疏散、重大财产损失、生态环境破坏和严重社会危害,以及由于社会经济异常波动造成重要物资、旅客运输紧张需要交通运输部门提供应急运输保障的紧急事件。

(1)自然灾害。主要包括水旱灾害、气象灾害、地震灾害、地质灾害、海洋灾害、生物灾害和森林草原火灾等。

(2)公路交通运输生产事故。主要包括交通事故、公路工程建设事故、危险品运输事故。

(3)公共卫生事件。主要包括传染病疫情、群体性不明原因疾病、食品安全和职业危害、动物疫情,以及其他严重影响公众健康和生命安全的事件。

(4)社会安全事件。主要包括恐怖袭击事件、经济安全事件和涉外突发事件。

根据突发事件发生时对公路交通的影响和需要的运输能力分为四级预警,分别为Ⅰ级预警(特别严重预警)、Ⅱ级预警(严重预警)、Ⅲ级预警(较重预警)、Ⅳ级预警(一般预警),分别用红色、橙色、黄色和蓝色来表示。交通运输部负责Ⅰ级预警的启动和发布,省、市、县交通运输主管部门负责Ⅱ级、Ⅲ级和Ⅳ级预警的启动和发布。

路网应急保障主要实现当发生公路交通突发事件时系统采取的相应处理,辅助控制、减轻和消除公路、水路交通突发事件引起的严重社会危害,及时恢复交通正常运行,保障道路畅通,满足有效应对公路交通突发事件的需要。路网应急保障管理主要实现如下功能:

（1）实施对专业队伍、储备物资、救援装备、通信保障和医疗救护等应急资源的动态管理，为应急指挥调度提供保障。

（2）利用监测网络，掌握重大危险源、关键基础设施以及重要防护目标等空间分布和运行状况信息，进行动态监测，分析风险隐患，对可能发生的突发公共事件进行预测预警。

（3）实现突发事件信息的接报处理、跟踪反馈和情况综合等应急值守业务管理；接收上级部门下达的指挥协调指令，并按照统一格式，在事发时及时向有关部门报送特别重大、重大突发公共事件信息。

（4）突发事件发生后，通过汇总分析预测结果，结合事件进展情况，对事件影响范围、影响方式、持续时间和危害程度等后果进行综合研判。

（5）根据有关应急预案，利用对突发公共事件的研判结果，通过应急平台对有关法律法规、政策、安全技术要求以及处理类似事件的案例等进行智能检索和分析，并咨询专家意见，提供应对突发公共事件的指导流程和辅助决策方案。

（6）自动记录事件的应对过程，根据有关评价指标，对应急过程和能力进行综合评估。同时，可在应急平台上进行应急处置模拟推演，提高相关人员突发事件处置的能力和效率。

对于路网应急保障，从业务支撑层面定义了三类主要应急数据的支撑，包括应急预案体系、应急资源信息、应急机构信息。只有具备了这三类数据，才可以建设相对完备的应急处置信息系统，如果没有这些数据做支撑，建设的信息系统将无法发挥太多的实际作用。

1.3.4　路网出行信息服务技术

近年来，作为经济运输大动脉的高速公路，其承担的交通运输量与经济、社会发展的需求同步增长。出行人员（驾乘人员）对高速公路的交通信息需求越来越急迫，他们需要提前掌握高速公路通行状况信息、高速公路气象信息、最佳出行线路等。作为高速公路管理者，需要提高现有的交通基础设施使用效率，根据交通基础设施采集的数据，智慧分析高速公路交通状况，提升高速公路运营效率，以为社会公众提供更好的路网出行信息服务。高速公路关联单位如高速公路交警部门、高速公路事故救援部门等应当实时了解高速公路交通状况，一旦有突发状况发生，高速公路关联单位能够及时采取相应措施。

随着信息技术的发展，高速公路出行信息服务的提供方式已经由最初的可变信息标志、出行信息服务网站等发展为移动终端的交通信息服务 App、微博（微信）平台、路况短信订阅系统、服务区综合信息查询终端、交通广播等，多种形式的信息发布可更好地满足广大公众的出行需求，公众可通过这些渠道获取到高速公路运行状态信息、交通突发事件信息、道路施工养护信息、交通管制等动态信息，同时向社会公众提供服务区、加油站等道路沿线设施查询、事故点预警、报警电话查询、收费信息查询、抓拍点查询以及天气情况、旅游信息等。

1.3.5　分析与决策支持技术

智能交通系统是有效地集成信息技术、数据通信技术、电子传感技术、电子控制技术以及计算机数据处理技术的地面运输管理体系，随着物联网、云计算、大数据等信息技术的发展，大规模交通数据管理、挖掘分析从而更好地提供决策支持已迫在眉睫。分析与决策支持技术是指从大量交通数据中寻找其规律的技术,是智能交通技术和数据挖掘技术领域最活跃的研究方向之一。交通数据分析的主要目的是寻找交通数据中的规律,为智能交通系统的设计提供决策支持,有利于缓解交通拥挤、优化交通路网运行,促进交通健康稳定发展。

目前,在高速公路做数据分析挖掘主要包括以下几个方面。

1)交通流量预测

及时、准确地预测道路交通流量是智能交通系统实现动态交通管理的重要前提。由于道路交通的变化过程是一个实时、非线性、高维、非平稳随机过程,随着统计时段的缩短,交通流变化的随机性和不确定性越来越强。交通流短时变化不仅与本路段过去几个时段的道路交通情况有关,还受上下游的道路交通情况及天气变化、交通事故和交通环境等因素的影响,这些因素都给交通流量预测带来一定的难度。交通流量预测要解决的问题就是如何从带有随机性和不确定性的交通流变化中,根据来自各种道路交通信息采集设备的道路交通数据,结合其他影响因素,进行数据的系统分析,找出其中的规律性,建立相应的预测方法和模型。

2)交通拥堵分析

随着社会经济的发展,现有的道路交通设施已经不能满足交通增长的需要,交通拥挤已经成为各大中城市面临的共同问题。为了减小交通拥挤带来的损失,建立道路交通拥挤预警和报警系统是非常必要的。各交通信息采集点采集的道路交通数据随着时间的推移,已经形成了海量的道路交通数据库。针对大规模交通数据设计更高效的数据挖掘算法对交通拥堵事件进行分析成为建立交通拥挤预警和报警系统的关键技术之一。

3)交通分布模式分析

交通区域划分将整个道路交通网络划分为不同的子区域,通过协调子区域内各路口的交通信号配时方案,对子区域内运行的交通流进行宏观的管理和控制,进而优化整个道路网络的交通流。然而,道路交通区域的划分随着交通流量高峰期、平峰期、低谷期的变化而随时发生相应变化,目前的系统中子区的划分多为人为划分,人为划定的子区域的方法不能根据交通流的变化实时改变子区域的划分,不具备自学习和自组织功能,必然导致交通方案调整的滞后。因此,采取有效的方法自动快速获取道路网络上交通流的空间分布模式,根据交通流的空间分布特性,合理划分路网交通子区是当前智能交通数据挖掘研究的又一个关键问题。

4)道路交通安全分析

道路交通数据挖掘涵盖的范围广泛,目前阶段,研究者将主要的精力放在道路交通数据特别是车辆通行数据的分析上,主要的焦点在大众最为关心的拥堵事件的检测和短时间交通流预测等方面。实际上,道路交通数据挖掘还包括道路交通安全相关的数据挖掘,如交通事故的数据挖掘、道路交通犯罪的数据挖掘等内容。

对于高速公路的平稳运行,除以上内容外还存在许多待分析的各类主题,有效地对各类主题进行分析挖掘,对于智能交通系统的交通信号管理与控制、交通流诱导、动态交通分配等方面有着重要的意义,在智能交通系统设计和实现中起着重要的决策支持作用。

1.4 建设思路

本书中涉及的软硬件系统将紧密结合路网中心现有业务信息系统,以达到未来可与现有业务信息系统的集中整合和对接,功能不重复建设的目标。集成整合将是一个循序渐进的过程,在此建设过程中将遵循以下建设思路:

(1)统筹规划。从部级信息化平台发展的战略入手,对部级路网相关业务现状梳理并对信息化现状进行调研分析,结合信息化的发展趋势,制定统一的信息门户和应用集成平台总体规划,明确应用系统建设内容。该规划基于面向服务架构(Service-Oriented Architecture,SOA)的架构思想,提供开放、弹性的技术架构,采用主流的技术标准,为各类业务信息系统的集成和业务协同创造技术条件。

(2)分步建设。在项目建设过程中,依托数据交换、应用集成、运维管理等基础工程,形成数据集成、流程集成和界面集成标准,建立共享的技术架构,采用"新系统执行新架构标准、老系统择机逐步改造"的策略,为实现部级相关业务系统的统一大集成目标而构建良好的技术基础架构。

(3)注重实效。在应用效果方面,以用户体验为重心;在建设效率方面,依托成熟的技术和平台,可与有经验的开发商合作,保障平台建设和应用集成的效率;在建设效益方面,一是在尽量少改变现有系统的情况下实现集成整合目标,有效保护原有投资,二是作为新建业务信息系统的基础平台,具备较强的扩展性和兼容性。

1.5 信息集成相关技术

跨部门跨区域路网监测与服务保障集成平台要为不同的用户提供数据资源和功能支撑服务,从技术上要跨过分布式体系中不同硬件平台、不同的网络环境、不同的数据库、新旧系统并存、分布式数据传输不可靠、分布式应用效率低、多种应用模式并存、平台软件开发周期长等问题。这些问题只靠传统的系统软件、工具软件、项目开发提供的功能已经不能满足要求。

跨部门跨区域路网监测与服务保障集成平台建设过程中,涉及的相关技术包括面向服务的 SOA 体系架构、基于分布式 J2EE 多层体系结构、企业服务总线(ESB)、Web Service 服务和微服务等。

1.5.1 面向服务的 SOA 体系结构

最新的信息系统集成是使用 Web 服务技术实现面向服务的体系结构(SOA)。SOA 是对分布式对象技术从 Web 服务方面推进新的标准方式。可以说,SOA 为分布式对象技术 J2EE 体系框架上提供 WEB 服务协议。

SOA 的实现对技术没有限制。SOA 是关于共享和管理服务的结构,对所采用的技术只需要满足它的需要就可以。SOA 对兼容性的需求完全处在松耦,可以通过在项目实施过程中为创建和部署大多数 SOA 提供的端到端解决方案解决兼容性问题。

跨部门跨区域路网监测与服务保障集成平台是实现分布式异构应用系统面向服务的基础平台。基于 SOA 结构可以实现不同的系统之间进行的数据交换全部基于服务协议来调用,对于服务的使用者而言,不管其是应用程序也好,还是真正的使用人员也罢,在进行跨部门、跨系统的数据交换构成中是全部基于服务的请求和应答。这样就可以完全屏蔽因为底层的数据内容纷繁复杂而造成的使用者在使用时的麻烦,同时也可以减少分布式技术解决数据采集与交换的复杂性,从而对于各类异构系统之间的通信和信息交换完全没有障碍。

各个业务应用系统之间通过"服务"进行数据耦合,是一种非常松散的耦合,某一两个服务发生的变化,只需要通过分布式技术来增减相应的数据项的处理即可,对于整个系统的体系没有丝毫的改动。

1.5.2　J2EE 多层体系架构

J2EE 多层体系架构是通过一个基于组件的应用程序模型为分布式体系提供一个统一标准,在分布式软件设计发展中已经逐步成熟,J2EE 多层体系架构拥有以下优势:独立于系统平台(硬件无关、操作系统无关、数据库系统无关)、容器管理的对象、重用性、模块化。J2EE 是主流的国际及国内电子政务技术体系,J2EE 已成为一个工业标准,合理集成以 J2EE 为标准的软件产品,可以得到较好的稳定性、高可靠性和扩展性。

J2EE 已经被证明是一个稳定的、可扩展的、成熟的平台,在国内外拥有众多成功的应用实例。J2EE 架构的基础是 Java 语言,Java 语言的与平台无关性,保证了基于 J2EE 平台开发的应用系统和支撑环境可以跨平台运行。J2EE 应用服务器(Application Server)采用目前国际最先进的开发理念、拥有许多适合基于 Internet 应用需求的特点:

(1)三层结构体系——最适合 Internet 环境,可以使系统有很强的可扩展性和可管理性。

(2)面向对象、组件化设计——J2EE 是一种组件技术,已完成的模块能方便地移植到其他地方,可以提高开发速度,降低开发成本。

基于 JAVA 完全跨平台特性——与平台无关,适应 Internet 需要,并能得到大多数厂商支持,用户可根据需要选择合适的服务器硬件和数据库。并且如果需要更换系统平台时,J2EE 也能方便地进行移植,保护用户投资。

1.5.3　企业服务总线(ESB)

企业服务总线(ESB)是 SOA 架构中为信息导向提供服务。ESB 允许通过 Web 服务界面在应用程序内和应用程序之间传递信息。

ESB 技术在 SOA 结构中提供 WEB 服务的交互功能,并提供集成的通信、消息传递以及事件基础架构来支持这些功能。它将 J2EE 以及中间件技术集成模式组合成一个服务实体。

ESB 为 SOA 提供与信息综合服务平台数据交换需求保持一致的基础架构,从而提供合适的服务级别和可管理性,以及异构环境中的操作。

ESB 可以支持 JMS、TCP/IP、FTP、SMTP、HTTP、HTTP 等传输协议,不仅支持这些传输协议,而且可直接进行协议转换。但是,对于信息综合服务平台这样高性能的系统来说,转换协议所带来的开销可能是不可接受的。

ESB 提供了数据交换过程中基于传输协议的服务查找、访问、路由功能。

1.5.4　Web Service

Web Service 可以通过 Web 描述、发布、定位和调用的模块化应用。

Web Service 通过简单对象访问协议(Simple Object Access Protocol, SOAP)来调用。SOAP 是一种轻量级的消息协议,它允许用任何语言编写的任何类型的对象在任何平台之上相互通信。SOAP 消息采用可扩展标记语言(XML)进行编码,一般通过 HTTP 进行传输。与其他的分布式计算技术不同,Web Service 是松耦合的,而且能够动态地定位其他在 internet 上提供服务的组件,并且与它们交互。

Web Service 是独立于传输协议的。Web Services 描述语言(Web Services Description Language, WSDL)用来描述通向某个 Web 服务的接口,拥有支持服务松散耦合的构件,还支持多种协议和传输方式。

Web Services 就没有指定任何新的编程模型,可以继续使用所熟悉的环境,包括 J2EE 或 CORBA。这还意味着,可以选择使用任何编程语言——C++、Java、Perl。

如果说 ESB 提供了数据交换过程中服务的查找、访问、路由功能,那么 Web Services 提供了服务的封装和调用标准。

1.5.5　微服务架构

2014 年,Martin Fowler(马丁)提出了微服务的概念,微服务就是把一个系统的各个模块独立成若干个小系统,这些小系统在代码上无依赖关系,只有在数据上有依赖关系,然后通过网络来进行数据交互。从历史传承上,微服务是 SOA 新的解决方案,可以摆脱笨重的 ESB,该架构的设计目标是分解业务,使得服务能够独立运行。尤其是容器技术(Docker)的发展,推动了一个崭新的轻量级 SOA 架构微服务的发展。

微服务的特点有:

(1)根据业务模块划分服务种类(业务上做垂直划分,代码上做水平划分)。

(2)每个服务可独立部署且相互隔离。

(3)客户端通过轻量级 API 调用服务。

(4)服务需保证良好的可用性(服务多备份、自动故障转移)。

微服务应用能比传统的应用程序更有效地利用计算资源,更快且更容易更新,更适合云服务环境。

1.5.6　XML 标准格式

扩展标记语言(Extensible Markup Language, XML)是数据交换标准的数据元语言。

XML 可以用来创建其他语言,这些语言可以描述数据结构:以围绕它们的标记符及其属性描述的数据元素的层次结构。因为 XML 数据有这种"自描述"的特性,它比传统的以行和列为格式的数据容易理解,因而比较容易开发、维护和共享。

XML 还提供在应用程序和系统之间传输结构化数据的方法。像客户信息、信息查询这类数据能够转换成 XML 并在应用程序间共享,而无须改变原来遗留下来的系统。这个优点非常适合系统信息共享和综合利用的需求。

跨部门跨区域路网监测与服务保障集成平台上的各项服务涉及各个应用系统的相关数据,而在各个应用系统中信息存储的方式和平台各不相同,因此可以在信息综合服务平台中采用 XML 作为标准数据表达元语言。

SOA 架构中业务请求和应答的描述标准均支持采用 XML 的格式,如在 Web 服务体系中的 Web 服务描述语言(WSDL)、简单对象访问协议(SOAP)等协议标准,均是基于 XML 数据格式的。XML 每个数据项的信息无须都映射到关系型表的字段上,业务数据不与数据交换本身的数据内容发生紧密耦合关系,通过相对通用的数据交换模式,方便地适应数据标准的调整和变化。

总之,XML 是信息综合服务平台中的数据对象格式。

1.5.7 中间件技术

中间件产品是一类独立的成熟商业软件,它独立于硬件、操作系统、数据库系统而存在。中间件产品与操作系统、数据库系统被业界称为软件领域的"三驾马车"。采用中间件技术的一类商业软件已经很好地为分布式应用系统在不同的技术、系统之间集成提供特定公共服务。

中间件以自身的功能强大换取了应用开发的简单和提高成功率。SOA 架构允许基于松耦合来封装为特定功能的服务来使用这些成熟中间件。应用服务器中间件可以提供 SOA 架构的 Web 服务支撑;消息中间件可以实现 ESB 的消息传输、消息路由、传输协议;应用集成中间件可以为 Web Service 提供封装、运行支撑服务,为 XML 提供加工处理和运行支撑服务。

1.6 跨部门跨区域路网监测与服务保障集成体系框架

基于跨部门跨区域路网监测、态势分析、协同调度和信息服务等的功能需求,跨部门跨区域路网监测与服务保障集成技术主要分为三类集成:数据集成、服务集成及应用集成,从而在宏观上分为三层:数据管理层、统一服务层、融合应用层,集成实施的基础在于建立这三个层面上的标准和统一,如图 1-3 所示。

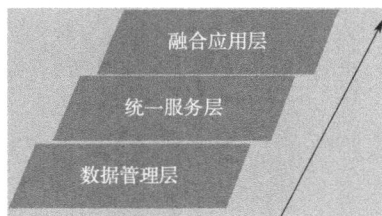

图1-3　路网监测与服务保障集成技术
三层架构

(1)数据管理层,提供标准一致的数据定义和数据接口。交通行业及关联数据,在时间属性上分为静态和动态数据,动态数据根据更新频度,分为实时、高频定期、低频定期;在数据的边界属性上,分为应用模块内部私有数据和统一公开服务数据;在数据的业务类型上,分为内部管理数据、路网基础数据、路网感知数据、路网控制协调指令、跨部门交换数据等。集成的基础是在相关标准规范的基础上,建立一致性的平台数据链。

(2)统一服务层,提供对内对外的统一路网支撑服务接口,作为路网智能管控技术服务最小功能单元或接口,按照不同的服务粒度,分层级提供。根据层级关系,可分为底层资源服务、基础服务、应用服务、扩展应用服务四类。

(3)融合应用层,在统一路网支撑服务的基础上,根据管理或业务需求,融合定制相应的应用;根据平台业务需求的层级设计,可以实现部、省级、区域路网三类业务应用需求。

1.6.1 数据管理层

通常,与应用、数据存储以及组织之间传送的数据管理有关的实践活动称为数据集成(DAMA 国际,2009)。数据集成(data integration)不仅是如何合并规整数据,对于运动中的数据而不是持久化的静态数据才是其重点。数据接口(data interface)则是指为了实现系统之间数据迁移而开发的一个应用。

跨部门跨区域路网监测与服务保障集成技术中的数据管理层需要考虑五种需求:

(1)数据转换为统一格式:多个不同数据源的不同格式的数据被转换为统一的目标数据集,需要在技术和业务上很好地把握源和目标的数据结构。

(2)新旧系统数据迁移:数据迁移不仅涉及数据转换和更新机制,还涉及应用层面的接口。

(3)平台内部数据移动:平台内部的多个应用系统往往需要在多个来自其他应用系统的数据发生更新时被实时通知,需要通过设计特殊的数据管理方案,把特定用途的数据进行集中,这样简化和标准化了平台的数据集成,如数据仓库、主数据管理以及元数据存储库。这种实时数据集成策略和方案需要以一种迥然不同于点对点的方式去设计数据的移动。

(4)从非结构化数据中抽取信息:随着超媒体和大数据应用的快速发展,数据库中的数据(结构化的)与存储在文档、电子邮件、网站、社会化媒体、音频以及视频文件中的非结构化数据进行集成。对于集成结构化和非结构化数据来说,元数据和主数据是非常重要的概念。通常,存储在数据库外部的非结构化数据,可以通过主数据引用进行搜索,主数据引用作为元数据标签附加到非结构化数据上,在此基础上实现与其他数据源和其他类型的数据进行集成。

(5)大数据的分布式数据端处理:在需要处理大量数据的场合,将处理过程移动到分布式数据端进行处理然后合并相对较小的结果,以达到提高效率的目的。

跨部门跨区域路网监测与服务保障集成数据管理层的另外一个关注点是数据访问和安全管理。持久化数据的安全通常通过对不同层次的管理来实现,即物理层、网络层、服务器层、应用层以及数据存储层。而在不同的应用和部门之间传送的数据则需要额外的安全措施对传输中的数据进行保护,防止非法访问。

跨部门跨区域路网监测与服务保障集成数据管理层可分为数据采集与数据管理两部分,如图 1-4 所示。

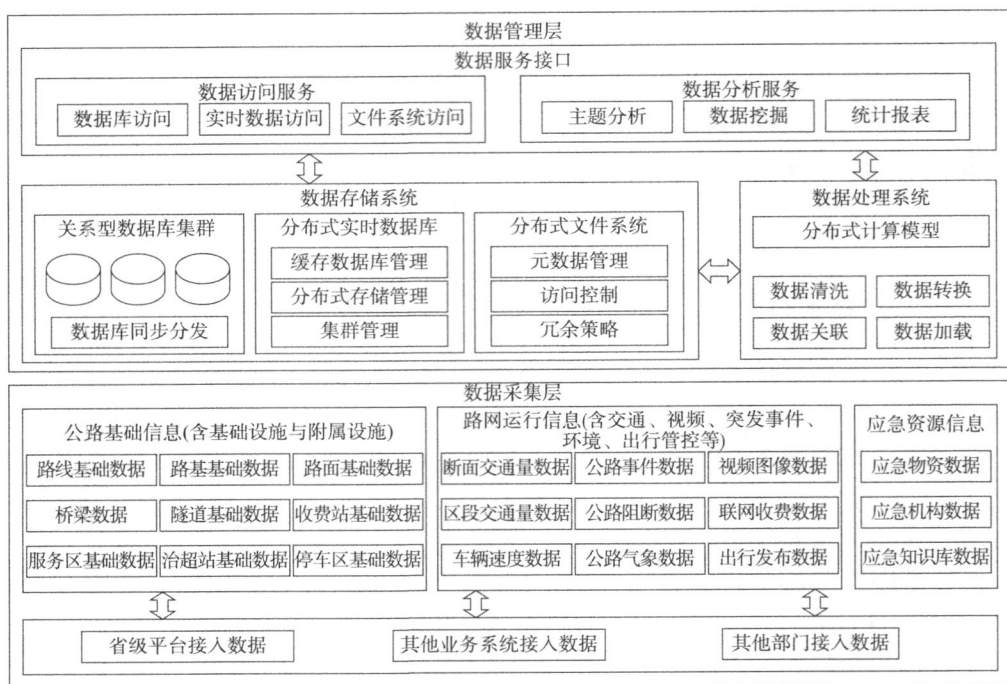

图 1-4　数据管理层

1）数据采集

数据采集是指从数据源采集的各类业务数据信息，包括视频信息、交通流数据、交通气象数据、交通事件数据、收费数据、应急数据，以及高速公路地理信息、收费站、服务区、路桥隧等交通基础信息及沿线设施信息，外场设备信息等。本项目的数据源可分为三类：省级平台数据接入、其他业务系统数据接入、与其他部门交换的数据接入等。

数据采集为各类综合应用系统的开发提供了数据支撑。

2）数据管理

数据管理由三部分构成：部省联动数据转换与传输管理、数据存储系统、数据服务 API。其中，部省联动数据转换与传输管理采取分布式计算模型，实现了数据清洗、数据转换、数据交换及数据的加密与解密等；数据存储系统包括了关系型数据库集群管理、分布式实时数据库、分布式文件系统等。数据服务 API 由数据分析服务和数据访问服务两类构成。用户通过在网页上申请注册后，以 GET/POST 等方式请求数据，平台开放的数据服务接口根据不同的用户权限，提供其所需的数据以及 JSON、XML 等多数据格式支持，满足不同用户使用数据的需求。

1.6.2　统一服务层

跨部门跨区域路网监测与服务保障集成技术中，需要在数据管理层的基础上为各种应用场景提供统一的服务支撑，以满足各种应用模式的实施。服务集成技术是建立平台统一服务层的核心,而统一服务层是整个跨部门跨区域路网监测与服务保障集成技术的核心。

服务集成指的是将传统意义上的服务或者软件视为一个服务,服务按照一定规范对外提供接口,通过将多个服务按照某种规则连接成一体,形成一个更大的服务,对外提供服务。松耦合、易扩展性和高可用性是服务集成的重点。

在服务集成的研究领域中,采用组合方式对服务进行集成已成为主流研究方向。20 世纪 90 年代的中期,Gartner 提出了 Service-Oriented Architecture(SOA)概念。SOA 是一种较为成熟、为大众所接受并采纳服务集成相关技术,在 Web 相关技术成熟后结合 Web API 更是得以长足发展。SOA 是将系统中的各个资源看成独立的个体模块,按照需求将这些资源链接进行连接,以完成所需的业务需求。SOA 的资源是指可以利用标准的方式进行访问的服务,提供给其他人员使用。

服务集成架构的本质是业务功能的公开,其发展到现在,离不开面向服务的架构(SOA)和 Web API。

业务功能的公开技术的发展包括以下四个阶段。

1)使用 API 的点对点连接

应用程序之间需要移动和共享数据,孤立的应用程序之间存在建立直接(点对点)低级连接。获得实时的响应常常是不可能的,所以数据通常是通过文件或单向消息异步发送的。每个接口的每一端都需要新的序列化和解析代码。

2)企业应用程序集成

在 20 世纪 90 年代,集成工具和运行时变得越来越常见。它们知道如何执行连接,并提供了一个中央集线器来执行所有集成,实现了一种更加类似"中心辐射型"的架构,且显著减少了编写的专用集成代码量。这通常具有 SIMM 级别 3,被称为企业应用程序集成(EAI)。

EAI 使我们在集成集线器范围内重用连接,且只需要确定如何连接到一个应用程序一次。EAI 总是使用同样的工具和运行时来完成此工作,而不是在多种语言和多个平台上使用集成代码。

由于应用程序之间根本不同的交互风格,它们通常没有实时连接。更常见的是,一个入站适配器从系统获取数据并存储在基于文件或消息的存储器中,然后一个集成流处理该数据并将其传递给目标系统。在数据仅需要用于引用用途时,不可避免地会导致在系统间复制大量数据。与原始系统连接的实时接口(real-time interfaces)可减少这种重复。

渐渐地,与操作系统连接的实时接口变得更加普遍,它们削弱了对跨系统复制数据的需求。但是,一个新系统要使用这些实时接口之一,仍然需要一些工作来将它连接到集线器。

3)面向服务的架构

在 2000 年初,随着传输、协议和数据格式标准得到更广泛的采用,比如 SOAP/HTTP(通常称为"Web 服务"),以标准化方式公开服务成为可能。这意味着请求者(他们理解这些现代标准)通过最小的努力就可以使用这些服务。这些公开的业务功能的直接重用现在已变为可能。一个经过良好控制的公开服务套件应该具有 SIMM 级别 4。

任何重用机会都会带来新的收益,同时也会带来新的挑战。使用 SOAP/HTTP 简单地公开业务功能,不足以确保服务的健全性。它会带来许多挑战,从系统间难以管理的依赖性到安全暴露。

从服务公开的角度讲,SOA 比协议和数据格式的标准化复杂得多。要有效地公开服务,需要标准化以下方面:

虚拟化:用户调用一个隐藏了其最终的实现方式和位置复杂性的虚拟服务端点。向标准化的协议和传输的转换是虚拟化的一部分,但服务需要提供标准的可配置方面,比如路由和数据转换,同时继续向用户提供同样的虚拟化服务来最小化变更的影响。

可视性:如果公开核心业务功能,需要管理和进行监视。要大规模地实现有效的监视,需要在所有服务上以一种标准化方式来执行。

安全性:要让服务容易使用且更容易管理,需要标准化访问控制、身份管理和其他关键的安全性等方面。安全性是复杂的,若需要令服务容易使用,则需要减少向用户公开的安全模型的变化。

流量管理:确保高优先级用户始终能够访问需要的服务,并获得可接受的响应时间,需对服务公开点执行某种形式的可配置的操作控制,以达到无须经历代码周期即可进行调整的目的。

要实现上述所有标准化,需要正式地分离架构中的服务公开功能,如图 1-5 中的服务公开网关所示。它可能不是最终的物理架构中一个单独的运行时组件,但至少需要在设计中明确地描绘它。必须可以一流的方式满足虚拟化、可视性、安全和流量管理需求。

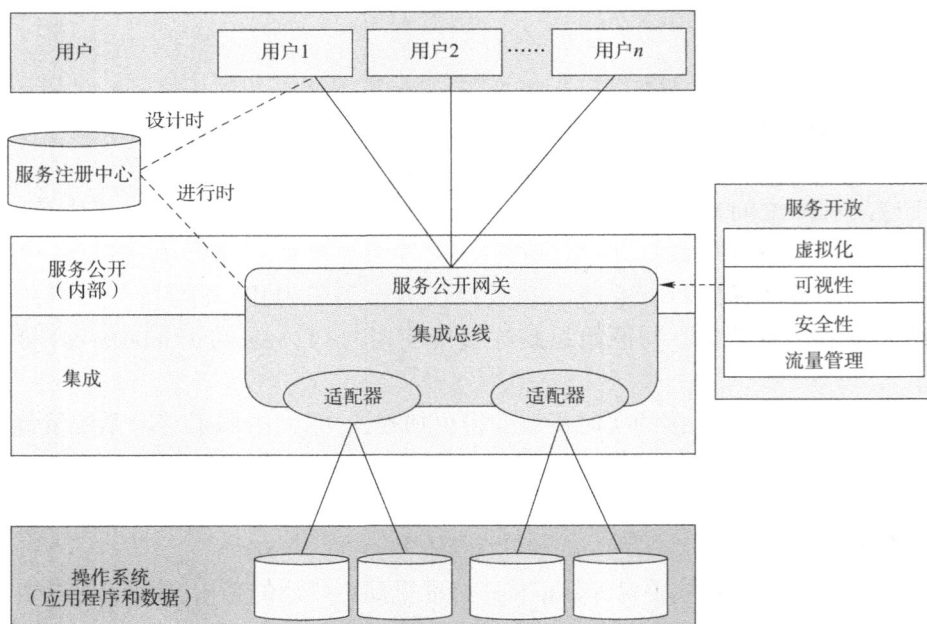

图 1-5　服务公开

4）Web API

基于浏览器的应用程序的普遍应用,导致服务公开变得更加复杂。基于浏览器的应用程序开发引入了一些机制来编写功能更丰富、响应更迅速的网页。这些机制利用了浏览器愈加成熟的客户端脚本功能以及它们使用 AJAX 等技术执行后台 HTTP 请求来检索数据的能力,而且用户体验不会被页面预加载中断。

网页通常通过页面关联的 Web 服务器来请求特定于网页的数据。SOA 中常见的 SOAP/HTTP 请求在 JavaScript 中很难处理,而且请求的发送常常使带宽很低的 Internet 连接变得不堪重负。执行更细粒度的数据请求正快速变得流行起来,如果可能,可以更改为使用 JavaScript 原生的 JSON 数据格式,如图1-6所示。

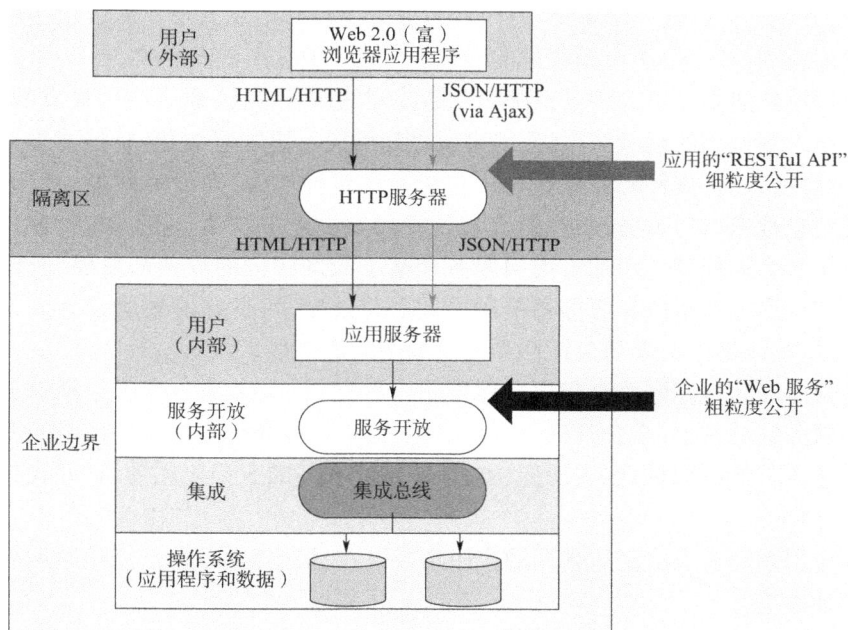

图1-6　Web API 服务集成技术

与之前出现的越来越复杂的 SOAP 标准相比,这些基于 JSON/HTTP 的接口提供了一些有用的简化。但是,SOAP 拥有更庞大的标准集合,它们可完成这些接口做不到的许多事情。它们被不同的受众使用,而且不是所有这些标准在该领域都是必要的。

在深入分析了跨部门跨区域路网监测与服务保障集成的业务需求之后,审视和梳理了集成平台所面临的各类应用场景,归纳和总结具体功能需求并抽象出具体的业务模型,同时针对各类传统的应用集成模式进行分析,采用结合了 Web API 的面向服务(SOA)的体系架构,以"服务"为核心,采用松耦合、分层的思想,基于企业服务总线构建了统一的服务集成平台,实现了形成统一的应用服务支撑体系结构,满足多层级互操作的集成需求,从而更好地解决各级平台集成工作量庞大、应用环境接口复杂、通信状况混乱、难以扩充等存在的系统集成问题。

从业务设计层面角度,跨部门跨区域路网监测与服务保障集成中统一服务层被定义为平台建设、实施和应用开发所涉及的最小功能单元或者接口,设计中要从服务对象、服务类型、服务方式、服务内容四个方面考虑。统一服务层针对不同应用的技术接口要求,提供对内对外的统一路网支撑服务接口,按照不同的服务粒度,分层级提供。

统一服务层分为四类:底层管理服务、基础服务、应用服务、扩展应用服务等。

有关统一服务层具体实现的内容将在本书第 4 章中作相关阐述。

1.6.3　融合应用层

理论上,融合应用层集成就是建立一个统一的综合应用,也将截然不同的、基于各种不同平台、用不同方案建立的应用软件和系统有机地集成到一个无缝的、并列的、易于访问的单一系统中,并使它们就像一个整体一样,进行业务处理和信息共享。融合应用层集成是一个面向用户的应用技术,解决应用集成的最佳方式是 SOA。

融合应用层集成主要可以用于系统内及系统间的服务整合,通过应用集成的方式,有效改善现有系统之间调用的网状关系,使得系统之间的关系更加可视化,管控能力更强。它的高性能、高可靠性、高扩展性和业务化给用户带来高管控能力、高投资回报、高运营能力等,从而提高其信息技术(IT)服务质量,更直接地为用户的业务扩展、业务创新、客户维护和运营管理提供了有力的保障。而随着面向服务和基于云的架构的成熟与发展,云计算和虚拟化打破了应用程序或者组件和服务器资源之间的传统壁垒,良好的集成设计成为业务应用体系规划的重点,以适应更多的灵活性和突发改变的适应性。

对于跨部门跨区域路网监测与服务保障集成的建设而言,融合应用层集成是在统一路网各类功能服务的基础上,结合各种应用系统,根据管理或业务需求,融合定制相应的应用;根据平台业务需求的层级设计,实现部、省级、区域路网三类业务应用需求,并支持未来业务拓展和领域延伸。

不同的应用系统需求决定所采用的应用集成模式,根据粒度划分,总结路网融合应用层集成分为四种模式:

(1)聚合模式:主要适合交通新闻、路网运行监测、路网综合信息展示、路网运行报告等输出类应用,借用聚合的概念,简单可以理解为信息内容的屏幕展现分类汇聚业务,一般可以看作是一种视图只读模式。

(2)主题模式:针对单一主题,结合公共路网支撑服务和应用内部数据服务设计的集成应用,一般部署于云计算平台的虚拟机上,保证健壮性和安全性,如高速公路路网关键监测点辨识辅助分析系统、交通气象灾害性天气预报系统等。

(3)业务逻辑集成模式:适用于需要复杂业务逻辑设计,一般基于工作流的综合路网管理业务应用集成,如路网应急处置系统、跨区域路网协调管控系统、出行服务系统等。

(4)底层数据模式:可直接访问数据(库)的系统管理应用,一般对外不开放的业务内部应用,如云计算管理平台、交通信息交换与互操作管理平台等。

应用集成技术的另外一个重点是安全性。安全性是每个层级都必须考虑的,主要涉及加密技术、权限控制技术和备份容灾技术等。

有关融合应用层具体实现的内容将在本书第 6 章"路网监测与服务保障系统集成"中作

相关阐述。

1.6.4 跨部门跨区域路网监测与服务保障集成体系框架

跨部门跨区域路网监测与服务保障集成体系框架如图1-7所示。

1）基础硬件支撑平台层

搭建基础硬件支撑平台，通过相关软硬件系统建设，实现能够自动部署、承载大数据基础应用及信息安全措施完善的云计算管理平台，可实现服务器的虚拟化以及小型机的集群功能。

2）数据采集层

数据采集层是指从数据源采集各类业务数据信息，包括视频信息、交通流数据、交通气象数据、交通事件数据、收费数据、应急数据，以及高速公路地理信息、收费站、服务区、路桥隧等交通基础信息及沿线设施信息，外场设备信息等。采集的数据源可分为三类：省级平台数据接入、其他业务系统数据接入、与其他部门交换的数据接入。

数据采集层为各类综合应用系统的开发提供了数据支撑。

3）数据管理层

数据管理层由三部分构成：部省联动数据转换与传输管理、数据存储系统、数据服务接口。其中，部省联动数据转换与传输管理采取分布式计算模型，实现了数据的清洗、数据的转换、数据交换及数据的加密与解密等；数据存储系统包括了关系型数据库集群管理、分布式实时数据库、分布式文件系统等。数据服务API由数据分析服务和数据访问服务两类构成。用户通过在网页上申请注册后，以GET/POST等方式请求数据，平台开放的数据服务接口根据不同的用户权限，提供其所需的数据以及JSON、XML等多数据格式支持，满足不同用户使用数据的需求。

4）基础服务平台

支撑服务层介于数据管理层和物理应用系统之间，其功能是面向不同系统用户，为本次项目数据集成、应用集成和用户界面集成提供各类数据服务和功能服务支撑。支撑服务层以"服务"为核心，借助其松散耦合的特性，采用分层的思想，以企业服务总线（ESB）为核心，可以进行动态路由和接口映射，有效地将异类基础数据对象统一起来，提供即插即用的构件框架和服务发布机制，提高企业应用集成中的可重用性、灵活性、可扩展性，做到"随需应变、快速构建"，从而有效地整合交通系统各类服务资源，对于需求各异的交通业务系统提供统一的通信服务支撑平台。该层基于中间件技术，建立统一通信集成服务平台，构建各级系统间的无缝集成，形成统一的体系结构和完整数据链，满足多层级互操作的集成需求。支撑服务层分为基础服务平台和应用服务平台。

基础服务平台包括：

（1）GIS-T基础服务平台：包括地理信息系统（GIS）图层制作、GIS桩点定位、GIS动态分段、GIS路径规划、GIS服务接口等。

（2）系统管理服务平台：包括用户身份管理、权限分配、单点登录、操作日志、安全认证、应用导航、系统监控等。

应用系统集成

跨部门跨区域路网监测与服务保障集成统一门户

应用系统

交通实时监测平台	突发事件应急处置平台
路网运行分析平台	出行信息服务平台

专题应用

收费公路网数据分析与报送平台	跨区域大范围路网协同控制
路网阻断信息报送平台	……

应用服务平台

路网监测类(可视)

流量监测 事件监测 气象监测 设施监测 视频监测

路网运行分析类(可测)

交通运行状况分析 气象状况分析 事件影响分析 道路运行指数分析 预测预警类分析

路网运行控制与应急保障类(可控)

可变信息标志等设备控制 应急资源管理 数字化预案管理 应急调度与处置 应急事件演练 交通仿真

出行信息类(可服务)

路况信息发布 出行路线诱导 旅行时间规划 交通广播

基础服务平台

GIS-T基础服务平台

图层制作 桩点定位 动态分段 路径规划 服务接口

系统管理服务平台

身份管理 权限分配 单点登录 操作日志 安全认证 应用导航 系统监控

云计算平台

计算资源 存储资源 网络资源 数据资源 资源监控

数据管理层

数据服务接口

数据访问服务

数据库访问 实时数据访问 文件系统访问

数据分析服务

主题分析 数据挖掘 统计报表

数据存储系统

关系型数据库集群

数据库同步分发

分布式实时数据库

缓存数据库管理 分布式存储管理 集群管理

分布式文件系统

元数据管理 访问控制 冗余策略

数据处理系统

分布式计算模型

数据清洗 数据转换 数据关联 数据加载

数据采集层

公路基础信息(含基础设施与附属设施)

路线基础数据	路基基础数据	路面基础数据
桥梁数据	隧道基础数据	收费站基础数据
服务区基础数据	治超站基础数据	停车区基础数据

路网运行信息(含交通、视频、突发事件、环境、出行等信息)

断面交通量数据	公路事件数据	视频图像数据
区段交通量数据	公路阻断数据	联网收费数据
车辆速度数据	公路气象数据	出行发布数据

应急资源信息

应急物资数据 应急机构数据 应急知识库数据

省级平台接入数据	其他业务系统接入数据	其他部门接入数据

基础硬件支撑平台层

服务器虚拟化平台

虚拟机1 虚拟机2 …… 虚拟机N

虚拟化平台

服务器1 服务器2 …… 服务器N

小型机+集群

小型机1 小型机2 …… 小型机N

光纤交换机 光纤交换机

磁盘存储

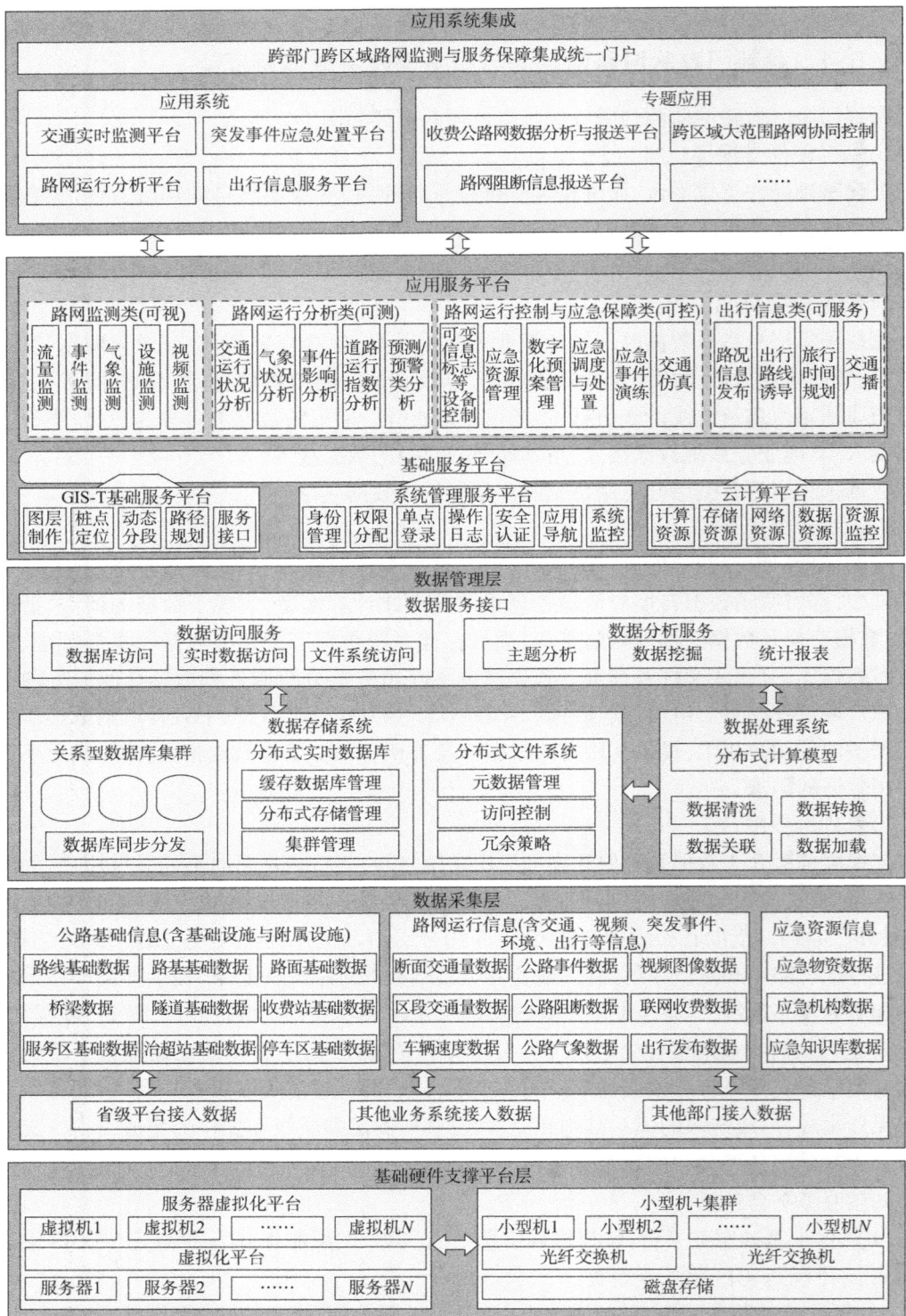

图 1-7　跨部门跨区域路网监测与服务保障集成技术的体系框架

（3）云计算平台：实现计算资源管理、存储资源管理、网络资源管理、数据资源管理、资源监控等功能。

（4）统一通信服务平台：旨在为服务提供者和使用者之间提供一定程度的隔离，确保服务的稳定性和实创性。该平台采用 ESB 技术，实现服务之间的解耦合和集成。

（5）流程管理服务：由一系列在逻辑上相关的任务组成，根据恰当的顺序和正确的业务规则来执行这些任务。业务流程设计关注组织如何识别、建模、开发、部署和管理业务流程。

应用服务平台可充分利用 Web Service 技术，通过对 GIS、设备、监测、应急、信息服务等多个不同应用的需求拆分，对海量数据进行实时智慧化处理，形成多个可复用的服务接口，从而成为整个业务系统综合应用的纽带。应用服务平台的功能包括：

（1）路网监测类服务（可视）：包括流量监测、事件监测、气象监测、设施监测、视频监测等。

（2）路网运行分析类服务（可测）：包括交通运行状况分析、气象状况分析、事件影响分析、道路运行指数分析、预测/预警类分析等。

（3）路网运行控制与应急保障类服务（可控）：包括可变信息标志等设备控制、应急资源管理、数字化预案管理、应急调度与处置、应急事件演练、交通仿真等。

（4）出行信息服务类（可服务）：包括路况信息发布、出行路线诱导、旅行时间规划、交通广播等。

5）应用系统集成层

在支撑服务层之上，通过深入调研分析跨部门跨区域路网监测与服务保障集成平台的建设需求及社会公众的业务需求，整合、设计开发综合应用系统。本书将应用系统的建设归类为典型应用和专题应用两类。其中，典型应用系统包括交通实时监测平台、突发事件应急处置平台、路网运行分析平台、出行信息服务平台等；专题应用例如收费公路网数据分析与报送平台、跨区域大范围路网协同控制平台、路网阻断信息报送平台等。

1.7　本书结构

本书共分 9 章。

第 1 章总体介绍了跨部门跨区域路网监测与服务保障集成的相关背景及研究现状、相关技术发展趋势、建设思路、体系框架等。

第 2 章围绕路网监测与感知的相关技术，从路网影响的因素和角度入手，对其进行分类，从传统到新兴逐一介绍路网监测与感知技术相关技术原理及应用特点，对交通数据的采集和来源作了全面描述。

第 3 章重点介绍了多源异构系统接入与互操作技术的系统架构、系统构成、系统功能等，描述了多源、异构与互操作等相关技术特点，展开描述了数据抽象层。

第 4 章从业务设计层面角度，对跨部门跨区域的路网监测与安全服务保障平台建设、实施和应用开发所涉及的最小功能单元或者接口进行了描述，并将其定义为路网支撑服务，分别从底层管理服务、基础服务、应用服务等方面进行了详尽的阐述。本章展开描述了统一服务层。

第5章对交通大数据分析与云计算平台的构建技术作了初步介绍,结合云计算与大数据在交通行业的应用,探索跨部门跨区域的路网监测与安全服务保障平台建设中的大数据与云计算的作用和应用模式。

第6章主要阐述将各类相关支撑服务进行融合应用,形成多个可运行的应用系统。本书将应用系统的建设归类为典型应用和专题应用两类,以构建路网监测与服务保障集成平台。

第7章从综合交通运输体系、现状、路网衔接技术等方面初步介绍了综合交通运输的衔接技术,本章为本书内容的扩展应用章节。

第8章、第9章分别介绍了京港澳高速公路驻信段智能管控科技示范工程、跨部门跨区域路网监测与安全服务保障平台等项目的建设内容,这两章内容为本书集成技术的典型应用案例。

第2章　路网监测与感知技术

路网监测设施是全面及时地掌握路网运行状态的主要途径,是提升路网应急处置、出行服务、路网管理等业务水平的基础,大力推进公路网监测设施建设,是实现"综合交通、智慧交通、绿色交通、平安交通"建设目标、推进交通运输现代化发展的重要实践,是保障高速公路稳定运行和科学管理的重要支撑系统,是构建"可视、可测、可控、可服务"的部、省两级路网平台的重要基础❶。

近几年,我国交通运输发展迅速,由"总体缓解"阶段提升至"基本适应"阶段,公路网已经形成并逐步完善,路网基础设施建设增速逐年回落,而与此同时,随着路网运行集约化管理与出行信息精细化服务需求的显著增长,以及国家供给侧结构性改革力度的不断加大,路网监测设施的升级改造、扩充加密的速度明显加快,各级交通运输主管部门、公路管理机构和高速公路运营单位加速建设了成套的涉及基础设施安全状态监测、交通量参数监测、视频图像监测、环境气象监测、桥梁隧道健康监测、路堑边坡监测、路堤沉降监测等各个方面的交通设施,逐步形成了支撑全面、实时、准确感知与评估路网交通运行状态,高效分析、预测、研判路网运行趋势与预警突发事件等所需的高质量大数据,规模、地域等差异问题正逐步得到缓解。

在路网监测设施高速建设完善过程中,路网监测与感知技术也取得快速发展。首先依托物联网等相关技术的迅速崛起,路网感知技术手段不断创新,路网监测的内容逐渐丰富,监测点的密度不断加大,基于蓝牙、专用短程通信技术(DSRC)、移动热点(Wi-Fi)等通信技术的感知设备及无人机的应用在路网监测中出现并发挥了特有优势,补充了原有监测数据质量差、密度低等问题;其次在云计算技术、大数据分析技术、海量数据处理能力大幅提升的背景下,利用现代信息技术,引入大数据处理平台,有效地弥补了现有路网监测与感知设备在布设上存在的数量不足、分布不均匀、数据质量差等问题,成为路网监测与感知技术的重要补充手段,取得了较好的效果。最后,以"服务即采集"的新理念建立的多种服务型感知系统发展迅速,这些系统在提供出行服务的同时获取路网运行状态数据,再利用这些数据形成差异化、定制化路网服务产品,形成了服务与数据采集的有机结合的新商业模式,改变了原有单纯采集型感知设备需要前期大量投资的现状。

本章重点围绕路网监测与感知的相关技术,分析路网监测与感知的对象——路网交通的影响因素,通过分析这些因素对路网交通的作用机理、影响方面和程度、状态特征与

---

❶ 引自《2015年度中国公路网运行蓝皮书》。

表象等方面,结合路网监测的内容及检测手段,对各类技术的性能、特点、适用条件等特征进行对比、分类,最后针对其中交通特征检测类技术的工作原理及特征进行较为详细的阐述。

需要说明的是,虽然通信技术在路网监测中发挥着重要作用,各类路网交通状态信息和设施状态信息的实时性、全面性和可靠性是交通管理与出行服务的必要前提,但本书不专题阐述相关通信技术,而以介绍路网感知相关技术为主,而路网感知技术不仅包括路网交通的感知,还包括路网设施本身状态的感知、路网外部环境(气象、隧道环境)和内在环境(突发事件、计划事件)的感知,以及驾驶员的饮酒、疲劳等状态的感知。

2.1 路网监测与感知技术综述

2.1.1 路网监测与感知技术发展历程

1)技术需求发展

路网监测与感知技术需求是在道路交通运输发展的过程中逐渐形成的,按照需求的演变规律,其发展分为传统交通工程阶段、智能交通阶段和智慧交通三个阶段。技术进步与需求增长的关系如图 2-1 所示。

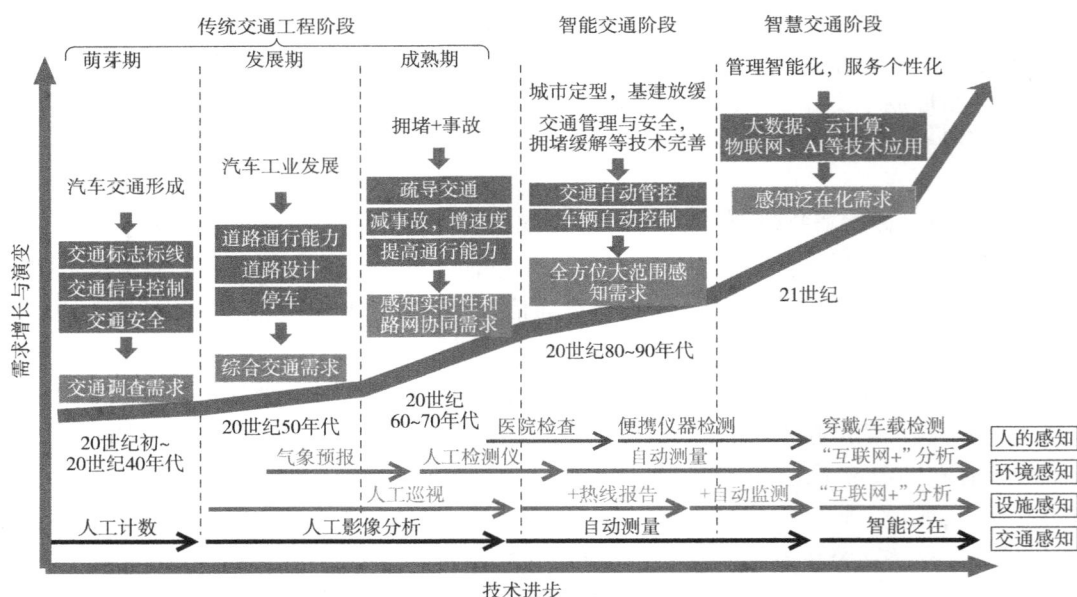

图 2-1 技术进步与需求增长关系

(1)第一阶段:传统交通工程阶段(20 世纪初 ~ 20 世纪 70 年代)。

①萌芽期(20 世纪初 ~ 20 世纪 40 年代)。

自 1903 年汽车在美国开始量产,汽车工业步入快速发展阶段,车辆的出行催生了车辆管理、交通秩序管理、道路建设需求,交通管理、交通规划、交通安全等学科雏形逐渐形成。

至1930年,大城市及城际的汽车交通已越来越繁忙,交通标志和标线施划、交通信号控制设立、驾驶员资格管理等交通管理措施已逐步完善,交通管理与人们出行的需求主要集中在交通秩序的建立与维护、道路畅通等方面。进入1940年,交通供需矛盾加大,人们意识到道路交通建设必须重视前期工作,首先进行交通调查,预测远景交通量,再根据车流的流量、流向,对道路布局、标准、几何线形提出要求,并考虑交通管理方案,配备必要的交通设施等。此时,交通调查与交通规划需求逐渐形成,交通设施仍处于简单的交通信号控制程度。

②发展阶段(20世纪50年代)。

进入20世纪50年代,技术需求主要集中在道路通行能力问题、线形设计、立体交叉设计、停车问题等设施建设方面,同时在解决交通供需矛盾时,越来越多工程技术人员也注意到公路交通与铁路、水运、航空和管道运输的衔接问题,综合考虑小汽车、公共汽车、轨道交通等各种交通方式的特点,充分发挥各种交通方式的功能,以使交通供给满足交通需求。正是各种交通工具的出现,综合交通运输系统的雏形得以形成。

③成熟阶段(20世纪60～70年代)。

到20世纪60～70年代,由于汽车数量的激增,交通拥挤现象日益凸显,交通事故频发。这个时期交通技术需求以疏导交通、减少事故、提高行车速度、增加通行能力为主,而技术发展在计算机技术支持下,也取得了快速发展,技术人员开始更为深入地研究车流特性,倡导"交通渠化",用计算机控制交通,改进道路线形设计,注意使各元素之间保持协调,更多地考虑道路交通对所在地区的影响,如空气污染、噪声干扰、城市景观、环境协调等。交通控制技术需求带动路网交通感知需求在实时性、路网协同性方向发展,以美国交通系统管理(Transportation System Management,TSM)为代表的交通综合治理技术取得了广泛应用,该类技术体现了非设施性和低投资管理,旨在节约能源、改善交通环境、充分利用现有道路的空间、控制车辆出行和运营、协调各种交通方式、力求达到整体效率最高。路网感知需求在范围上向基础设施感知、环境感知方向发展,在性能上向实时、高效、准确方向发展,在感知深度上从交通量、速度向旅行时间、延误、可靠度等方向发展。我国相关技术研究也是在这一时期起步的,在北京前门至宣武门路段首次实现了交通视频监视。自此,在交通管理、交通安全需求的驱动下,路网感知技术需求逐步形成并发展。

(2)第二阶段:智能交通阶段(20世纪80～90年代)。

20世纪80年代,在工业发达国家,多数城市的发展已经定型,大规模进行交通规划的时代已经过去,交通技术需求主要体现在交通管理、拥堵缓解和交通安全方面。同时随着计算机技术、通信技术的全面应用,路网感知技术在这个时期逐步从人工测量过渡到了自动测量阶段,特别是20世纪80年代末,智能交通系统(ITS)技术体系形成,路网监测与感知相关技术划入该体系下的一个分支,同智能交通系统的其他方面,如车辆导航系统、停车诱导系统、车辆自动控制系统、交通自动控制系统、不停车收费系统等进入全面发展时期。

这个时期也是我国道路建设取得长足发展,从1981年国家干线公路网规划通过,规划的国道达70条;进入20世纪90年代后,交通部制定了一个以高速公路、汽车专用公路为主体的"五纵七横"公路主骨架规划,建设12条约3.5万km国道主干线,其中包括1.8万km

的高速公路。城市道路发展也随着我国城市化发展、城市人口激增、国民经济发展而迅速发展,拥堵与污染逐渐成为我国大城市典型"城市病"。随着高速公路大量建设,路网监测技术日趋完善,并迅速接近、达到发达国家水平。

(3)第三阶段:智慧交通阶段(2000年至今)。

进入21世纪,感知技术需求向区域、路网交通特征采集方向发展,同时交通控制技术需求则带动了路网交通感知需求向实时性、路网协同性方向发展。路网感知需求在范围上向基础设施感知、环境感知方向发展,在性能上向实时、高效、准确的方向发展,在感知深度上从交通量、速度向旅行时间、延误、可靠度等方向发展。现阶段,交通管理智能化、交通服务个性化的需求特征日趋明显,随着大数据分析、人工智能、自动驾驶等技术的广泛应用,必将引起交通路网监测与感知技术的巨变,新的交通服务需求也将不断涌现,智能交通步入人工智能时代。

从历史发展阶段的角度,我们可以看出,路网监测与感知技术的产生、发展与交通运输、交通管理的时代需求密切相关。

从交通科学研究领域的角度,路网监测与感知技术支撑与研究的进步趋势相辅相成,互相促进。

(1)在交通发展规划中,交通发展趋势分析、路网交通运行中问题的研究、交通发展规划的制定中,需要了解路网整体运行状态,全面掌握路网运行态势,各项交通运输相关政策的制定与评价需要殷实的路网交通运行的效果和影响评价数据,从而为运输政策科学合理地完善提供必要的支撑。

(2)在路网的规划中,路网基础设施项目的投资除了传统的基于交通调查的分析外,还需详细了解现有路网运行状态,分析现有公路网是否均达到其规划设计目标、路网与出行的供需矛盾的程度和分布情况,从而引导合理路网结构调整、明确网络各行政等级、技术等级功能划分、改善整体路网交通环境,并可有针对性地对路网中供需矛盾明显的节点进行深入分析,指导各种改扩建措施的实施。

(3)在交通管理方面,科学准确地监测与感知路网状态是交通管理措施制定的主要依据,在各类交通管制政策、管理措施的制定中,需要对路网运行的实际情况进行准确判断,仔细分析路网运行问题的程度、位置、范围及其致因后才能合理选择管理手段、方法、力度等内容。此外,在治理过程中后治理后,还需要对治理的效果进行评价,以不断完善、提高交通管理水平。

(4)在出行服务中,出行规划和出行诱导均要求掌握路网运行状态,以避开出行高峰和拥堵路段,减少出行时间,提高出行效率。此外,公众对了解交通形势的愿望也日渐强烈,希望通过年度、月度以及周、日的道路交通运行状态分析了解日常出行路段交通情况。

路网监测与感知技术需求正随着交通运输行业发展不断增长,其技术的进步与广泛应用推动了研究的深入。未来在提升路网管理水平、满足公众出行的基本需求的同时,将逐步建立物联网基础并积累大量交通数据,为个性化定制服务、精准的高质量服务、实时的泛在服务提供有力支撑,催生新型需求。从智能导航到自动驾驶,从客货联运到自动物流运输,从出租汽车电召到网约车,新型交通需求随着技术创新、模式创新不断发展、演变。

2）技术发展历程

路网监测与感知技术的发展与电子技术、传感器技术、通信技术、计算机技术和图像处理技术的不断发展有着密切联系。其主要经历了人工检测和自动检测（采用车辆检测器亦称交通检测器检测）两个阶段，未来路网监测与感知技术将随着人工智能、自动驾驶、车联网、大数据等技术发展而逐渐向智能、泛在方向上发展。路网感知与监测技术发展情况如图2-2所示。

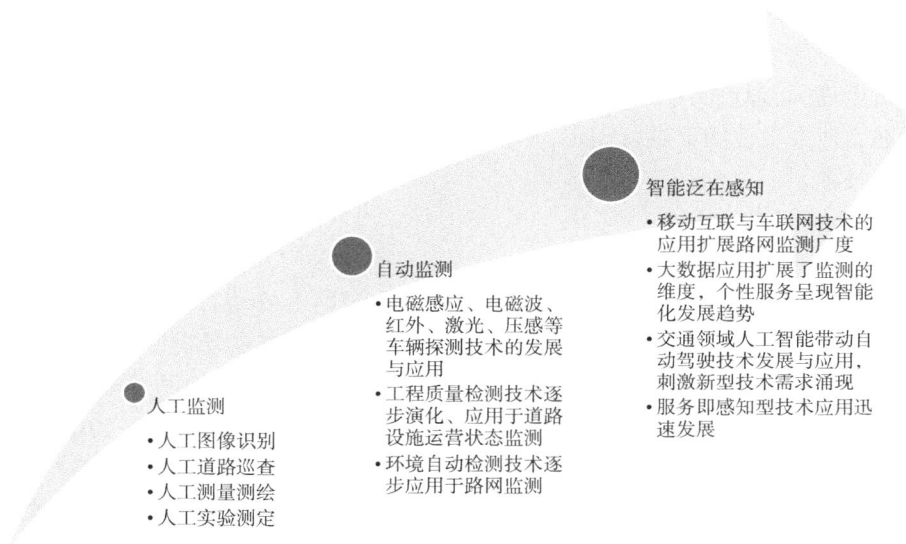

图2-2　路网感知与监测技术发展情况

（1）人工监测阶段。

①交通监测。

早期的交通监测是通过人工方式进行的，即通过电话将人工采集的交通参数告诉管理中心工作人员。由于人员有限，对一些观测点只能做临时观测，观测数据随意性大，数据收集实时性差。交通管理中心对数据的处理也是采用人工方式，工作量大，实时性差。后来，随着电视技术的发展，对重要路口采用摄像机进行拍摄，将拍摄的电视信号通过有线方式传送到观测室，用人工方式对图像进行分析，以得到有用数据。此阶段的特点是，观测及数据处理都是通过人工方式进行的，成本较高，实时性、连续性较差。但人工检测方式在车型辨识、车牌识别、事故监测等方面要比传感器监测系统的检测精度高得多。

②设施监测。

早期对道路、桥梁、隧道等设施的监测也是以人工测量为主，通过各种测量工具及实验设备进行人工监测，这类监测多用于道路工程的质量监测，多在施工阶段或交（竣）工验收阶段进行，而在道路开通运行后少有继续进行监测的情况。

③环境监测。

环境监测技术发展较其他检测技术发展更快，如雨量监测技术早在前秦时期已经出现，至宋朝已发展到"天池测雨""圆罂测雨"等科学计量方法；而西方早在1722年，被誉为现代雨量计之父的英国人霍斯利研制出了现代量雨器的早期模型,且一直沿用至今。风向测定一般使用风向标,风向标的种类非常多,但其原理上基本相似,都是由首尾不对称的平衡装置构成,一般由尾翼、指向标、平衡锤和旋转轴组成,尾翼感受风力致使其产生力矩发生旋转;另外,在公路桥梁上还使用一种底端开口的长布袋"风向袋"作为风速风向的粗略检测工具,该工具至目前一直广泛应用于路网,其优点是可以通过风向袋被风吹飘起的方向和程度向驾驶人员提示风向和风速。一氧化碳检测早期多利用实验室仪器设备进行,这类设备一般体积大、操作复杂,难以在运营的隧道中使用。

④驾驶员监测。

驾驶员生理、心理监测技术发展较缓慢的技术,大部分技术均基于实验室、医院的实验检测仪器在专业人员使用下进行测定,一直以来几乎没有可以用于监测驾驶中的驾驶员状态实时监测技术。

(2)自动监测阶段。

①交通监测。

这一阶段主要是利用各种车辆检测器来自动获取道路上的动态交通参数。车辆检测器又称交通检测器,它以车辆为检测目标,检测车辆的通过或存在的状况。车辆检测器起源于交通信号控制系统对交通数据的检测需求。所谓车辆检测器,就是指测量车辆的存在、通过速度、车道占有率、交通流量等参数的检测装置。通过检测到的交通参数,为交通控制系统提供控制区域内的各种实时交通流信息。在这一阶段中,随着电子技术、传感器技术、通信技术、计算机技术和图像处理技术的不断发展,车辆检测器也从最初的被动式检测(初级阶段),发展到电磁感应式检测器(环形线圈感应式检测器)、波频式车辆检测器(中级阶段)和视频式车辆检测器(高级阶段),其技术趋势是追求更高的精度、更多的监测交通数据类型、最小的道路施工维护成本。

目前,实用的路网感知技术有环形线圈检测技术、超声波检测技术、磁性检测技术、红外线检测技术、微波检测技术、视频图像处理技术等。

②设施监测。

随着计算机技术广泛应用,计算机与电子、机械、通信和数学的紧密结合使交通设施监测更加智能、高效,新技术不断应用到检测中,如超声技术、激光技术、探地雷达技术、机器视觉技术等。

③环境监测。

交通环境自动监测与各种高精度传感器的发展密不可分,在各种复杂甚至是恶劣的气象和场地条件下都可以找到合适的监测设施,包括温度、能见度、雨雪雾冰等。其重点在于与交通监控系统需求的应用结合。

④驾驶员监测。

驾驶员监测技术起步较晚,其实际应用较少。近年来才有基于人眼眨眼识别技术应用于疲劳监测,还没有进行广泛商业应用。随着人工智能技术、自动驾驶技术取得的飞跃性进步,使得基于人生物体特征的监测技术发展需求明显削弱,而自动驾驶、车联网技术推动了车辆自身位置感知、行驶轨迹感知、速度感知、车辆状态感知、车辆环境感知以及这些感知状态信息在车与人、车与车、车与路之间的交互发展。

（3）智能泛在感知阶段。

近年来，随着传感器技术、通信技术、计算机技术和图像处理技术的不断发展和完善，视频车辆检测技术已经成熟，该技术将是未来实时交通信息采集和处理的发展方向。路网感知技术已发展到基于视频的车辆检测技术和基于全球定位系统（GPS）、基于"汽车黑匣子"、基于手机定位的动态交通信息检测技术。这三种技术均属于移动型路网感知技术，是由移动通信技术、卫星通信与定位技术的飞速发展而产生和发展起来的。

目前，路网监测与感知技术正朝着大范围、系统化、集成化、智能化的方向发展，相关检测设备由单纯数据采集设备向以服务为主要功能的设备或系统转变。特别是随着车联网技术的成熟，车车协调、车路协调、人车协同等系统日臻完善，大量交通服务设施或系统、车载终端在提供定制服务同时采集路网实时数据。并且随着公路运输在我国交通运输领域所占比例越来越高，公路网在综合交通运输体系中的地位也逐年上升，在公路网监管与服务强烈需求推动下路网监测与感知相关技术必将迅速发展。同时，随着物联网、移动互联网、自动驾驶技术的发展，路网交通数据也随之将爆发式增长，形成高水平路网管理和差异化、定制化路网服务的有力支撑。

2.1.2 影响路网交通运输因素

路网作为重要交通基础设施，一方面，承载着大量交通运输运力、运量，促进着社会经济发展和人民生活便利，支撑着"一带一路"倡议等的部署实施，其建设与发展与社会发展相辅相成、互相促进；另一方面，路网的交通拥堵又深刻影响并制约着经济发展，成为"四个交通"（综合交通、智慧交通、绿色交通、平安交通）发展的重要瓶颈，它不仅影响人们的正常出行，降低了行车的安全性，而且造成巨大的能源浪费，加剧了环境污染。因此，如何解决路网交通发展的制约因素、发挥路网对经济发展的促进作用是各级交通运输主管部门必须面对的问题。

在过去的几十年里，我国通过大规模建设逐步形成国家高速公路网、国省干线公路网、农村公路网等多个不同等级路网，有力地支撑并促进了我国国民经济快速发展，但近几年随着我国社会经济的快速发展和城市化步伐的加快，城市人口以及机动车保有量急剧增加，经济发达地区特别是京津冀、珠三角、长三角地区路网面临的交通拥堵问题日益严峻。在解决拥堵问题的过程中，越来越多的经验教训证明，单纯增加路网交通供给并不能有效解决日益激化的交通供需矛盾，需要从交通需求、交通供给、交通参与者特征和交通管理水平等多方面着手改善路网运输状况，同时目前及未来一段时间，交通基础设施建设所面临的政策、资金、土地、能源、建筑材料、劳动力等外部约束的影响将越来越强，必须从交通系统的科学管理出发，系统综合地考虑将人、车、路、环境结合起来，运用现代科学技术手段来探索解决路网交通供需矛盾所带来的交通拥堵、环境污染、交通事故等问题。

影响路网交通运输因素主要包括四个基本要素，即"人、车、路、环境"。其中，"人"包括驾驶员、乘客和行人，未来还将包括人工智能和自动驾驶技术；"车"包括机动车和非机动车；"路"包括路网及其各类设施；"环境"包括气象环境、光照环境、路侧景观等。路网运行状态影响因素因果图如图2-3所示。

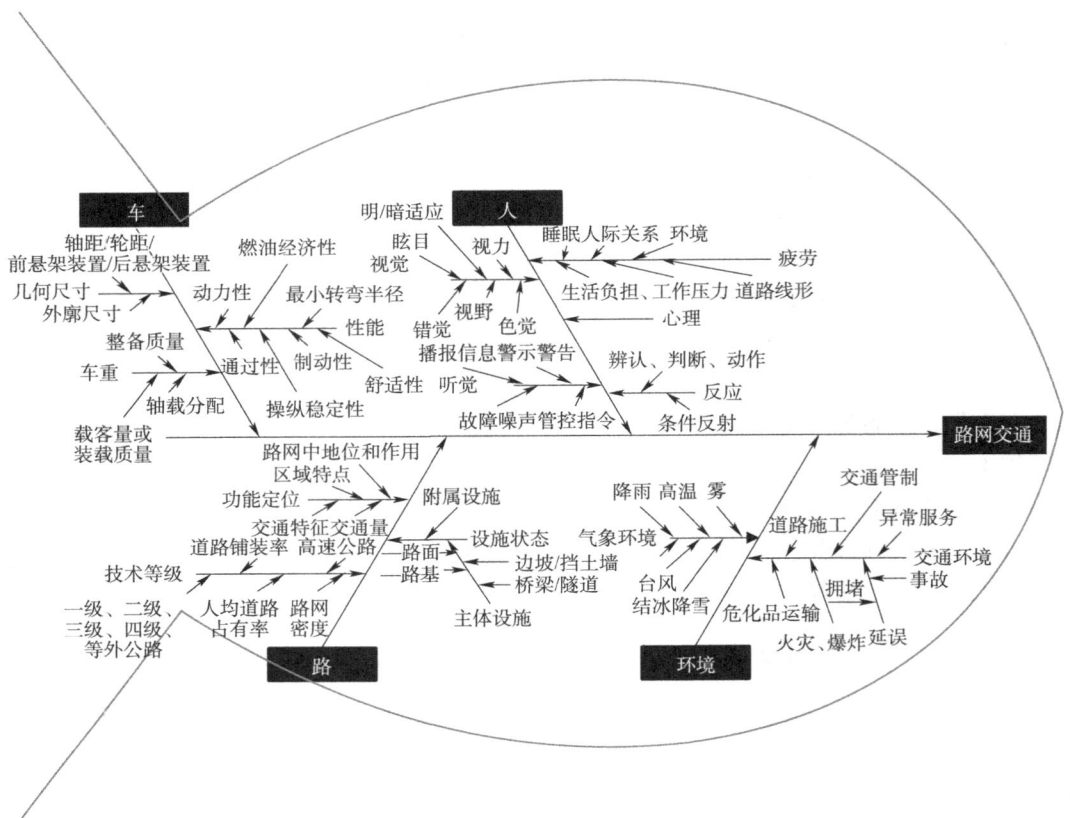

图 2-3　路网运行状态影响因素因果图

从感知技术发展的角度，人的感知经历了医院检查、便携仪器检测、穿戴/车载检测三个阶段，车的感知经历了人工计数、人工影像分析、自动测量、智能泛在四个阶段，设施的感知经历了人工巡视、热线报告、自动监测、互联网分析四个阶段，而环境的感知经历了气象人工报告、人工检测仪、自动测量、互联网分析等四个阶段，其总体发展趋势是从人工走向智能分析，其未来的特点是大范围、系统化、集成化、智能化。

1）人的因素

在影响路网交通运输四要素中，人的因素是影响道路交通的最关键因素，驾驶员通过视觉、听觉、触觉器官从交通环境中获得信息，经过大脑进行处理作出判断，再支配手、脚等运动器官操纵汽车，使汽车按驾驶员的意愿在道路上行驶，其他因素必须通过人才能起作用。在人的因素中，除了驾驶员外还包括行人、非机动车及乘客，行人与非机动车因素主要体现在与车辆共用道路资源时在空间、时间的冲突上，如行人过街横穿道路、非机动车行驶中占用部分道路等；而乘客影响因素主要体现在需求管理、公共交通等方面。其中，驾驶员是路网交通系统的理解者和指令的发出者及操作者，是系统的核心，因此本书仅介绍驾驶员特征对交通的影响。另外，随着人工智能技术发展，未来自动驾驶将成为道路交通主要方式，而人的作用越来越小，因此待自动驾驶技术广泛应用后，人、车、路、环境四个主要交通影响因素中，人的因素将被自动驾驶技术的性能、特征、功能等因素替代。

驾驶员驾驶车辆的过程总体上是通过感知获取信息、作出决策、进行操作的循环过程。感知主要通过视觉、听觉等感觉器官来感知行车的相关信息,决策则是根据收到信息在知识、经验基础上对行车进行决策判断,操作则是根据决策做出具体车辆控制行为。

（1）视觉。

在驾驶员感知方式中视觉是最主要获取信息的方式,其对交通影响主要体现在视力、明/暗适应、眩目、色觉、视野、错觉等。

①视力。

视力是人眼分辨能力的量化指标。就驾驶员而言,其视力因素主要通过静视力、动视力和夜间视力三项指标体现。静视力是通过人员站在视力检查表前规定距离,通过识别标准照度下视力检查表内容测定的。我国驾驶员的体检视力标准为:两眼的视力各应为 0.7 以上,或两眼视力不低于 0.4,但矫正视力达到 0.7 以上,无红绿色盲。日本的驾驶员考核标准规定,驾驶大型客车的驾驶员,视力不应低于 0.5;小汽车驾驶员视力不低于 0.4。

动视力指驾驶员在一定速度下的视力,或者视看移动物体的视力。一般不考虑年龄影响外,随着驾驶员速度增加,视力逐渐下降。而在移动物体识别中,目标在垂直方向移动时,较在水平方向移动时,视力下降的程度大,目标的移动速度越快,视力下降的幅度越大。

②明/暗适应。

当人长时间在暗处而突然进入明亮处时,最初感到一片耀眼的光亮,不能看清物体,只有稍待片刻才能恢复视觉,这种现象称为明适应。相反,当人从长时间明亮环境中突然进入暗处时,最初看不见任何东西,经过一定时间后,视觉敏感度才逐渐提高,能逐渐看见在暗处的物体,这种现象称为暗适应。

暗适应是人眼在暗处对光的敏感度逐渐提高的过程。一般是在进入暗处后的最初约 7min 内,人眼感知光线的阈值出现一次明显的下降,以后再次出现更为明显的下降;进入暗处 25～30min 时,阈值下降到最低点,并稳定于这一状态。据分析,暗适应的第一阶段主要与视锥细胞视色素的合成增加有关;第二阶段亦即暗适应的主要阶段,与视杆细胞中视紫红质的合成增强有关。人眼暗适应曲线如图 2-4 所示。

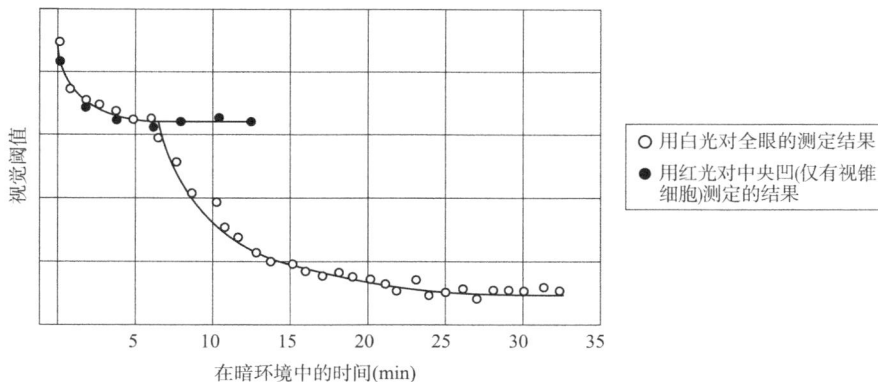

图 2-4　人眼暗适应曲线

明适应的进程很快,通常在几秒内即可完成。其机制是视杆细胞在暗处蓄积了大量的视紫红质,进入亮处遇到强光时迅速分解,因而产生耀眼的光感。只有在较多的视杆色素迅速分解之后,对光较不敏感的视锥色素才能在亮处感光而恢复视觉。

因此,道路隧道出入口需要设置大量照明,降低洞内外亮度差,从而减弱视觉明/暗适应影响。

③眩目。

眩目主要指有强光源在视野范围时引起的视觉障碍,眩目会使人的视力下降,下降的程度取决于光源的强度、视线与光源间的夹角、光源周围的亮度、眼的适应性等多种因素。眩目对驾驶员安全驾驶影响较大,主要在夜间无防眩设施的双向道路由于对向车的车灯引起,同时与人眼的明/暗适应共同作用,造成短时间视力大幅下降,另外在日出后、日落前时间段由于太阳高度角小,当太阳正处在道路一端,会造成较长时间的眩目,或者虽然太阳高度角较大,但由于日照强引起的路面反光、前方车辆反光也属于较长时间眩目,相对于短时间眩目,这类眩目除了视力下降外还易造成人体疲劳、困倦。

④色觉。

色觉是人体对颜色的辨识,根据研究发现,人体对不同颜色在大小、远近上判断是差别的,因此将颜色分为膨胀色和收缩色、前进色和后退色。例如,将相同车身涂上不同的颜色,会产生体积大小不同的感觉,黄色小汽车看起来感觉大一些,是膨胀色,而同样型号的黑色小汽车、蓝色小汽车感觉小一些。由于收缩色看起来比实际要小,在光线昏暗环境尤其是傍晚和下雨天,常不为对方车辆和行人注意而诱发事故。另外,有红色、黄色、蓝色、黑色共4部小汽车与人保持相同的距离,人们一般会觉得红色小汽车和黄色小汽车要离自己近一些,因为红色、黄色是前进色,而蓝色和黑色的小汽车看上去较远,是因为蓝色和黑色是后退色。前进色的视觉效果要比后退色好,故看起来要近一些。

人体对物体辨识还与色差、面积有关,如植被覆盖较好的山区公路上行驶的绿色车辆、雪后道路上行驶的白色车辆、夜晚或傍晚/日出前后黑色车辆的辨识度均较差,易在特定环境发生安全事故。

从颜色的光学特征分析,不同颜色代表了不同波长的光线,光线在空气中传播发生各种衍射、折射现象,从而使光线在空气中传播的距离产生差异,一般波长较长的颜色传播较远,从颜色辨识距离由大到小的顺序依次为红色、黄色、绿色,这也是这三种颜色主要用于交通信号灯、车辆警示灯或指示灯的原因。

从颜色组合辨识方面研究的表明,不同面色/底色组合,其辨识度也不同,其易读顺序为黑/黄、红/白、绿/白、蓝/白、白/蓝、黑/白,因此在交通标志的设计中,主要使用了这种高辨识度的组合,如警告标志使用黄色底色+黑色图案,指示标志和指路标志主要使用蓝色或绿色作为底色,采用白色作为图案和文字。

⑤视野。

视野即视野范围,是人眼可以观察前方的范围,一般用与视线夹角表示。视野不是固定不变的,而是与行车速度有密切关系,随着汽车行驶速度的提高,注视点前移,视野变窄,周界感减少,行车速度越高,驾驶员越注视远方,视野越窄,注意力随之引向景象的中心而置两侧于不顾,易使视线形成一个类似隧洞的现象,视角非常狭窄,驾驶员信息收集量也降低,车辆两侧的道路交通情况容易被驾驶员忽视,发生事故的概率将会大大增加。

⑥错觉。

错觉是人们观察物体时,由于物体受到形、光、色的干扰,加上人们的生理、心理原因而误认物象,会产生与实际不符的判断性的视觉误差。道路交通错觉主要发生在道路路线线形上,有的是由于曲线路段被部分遮挡,驾驶员容易把被遮挡部分道路理解为错误道路线形的错觉,而造成驾驶失误;有的是由于路线偏小较小且曲线段过短,使驾驶员产生急转弯的错觉,造成不必要的减速;有的由于驾驶员行经凹形路段时,位于下坡段看对面的上坡段,容易产生错觉,把上坡段的坡度看得比实际坡度大,或在下坡路段上行车,驾驶员觉察不出自己是在下坡。

(2)听觉。

驾驶员凭借听觉收听声音信息,包括其他车辆警示警告信息、交通状态播报信息、交通管控指令信息、车辆正常/异常状态的噪声等。

(3)反应。

反应是驾驶员对获取信息产生反馈的过程。反应过程可能包括大脑决策过程,也可能仅为简单条件反射。一般用反应时间衡量反应的速度,反应时间就是驾驶员从感知信号开始,经过辨认、判断、采取动作并使动作发生效果所需要的时间。

反应因素对车辆驾驶过程至关重要,直接影响着道路交通的多项指标,但是通过大量实验研究发现,反应对不同性别、年龄、个性、对反应的准备程度以及驾驶经验的人差别巨大,不同驾驶员对不同复杂程度刺激的反应的差别也相差迥异,即使同一驾驶员对同一刺激的反应也受生理状态、心理状态方面多种因素影响而不同。一般情况下,总反应时间在 0.5 ~ 4.0s 之间,美国对所有车速的安全停车距离时,反应时间用 2.5s;在确定交叉口视距时用 2.0s,我国一般按照 2.5s 计算。

(4)疲劳。

疲劳是由于驾驶引起的身体上的变化、心理上的疲劳及客观测定驾驶机能低落。驾驶汽车是一项脑力劳动与体力劳动并重、神经比较紧张的技术性工作。驾驶员驾驶时间超过一定的长度便会发生疲劳,此时人的感觉、知觉、判断、意志决定、运动等都会受疲劳的影响。影响驾驶员疲劳因素很多,如驾驶员每天的睡眠是否充足,与家庭、同事的关系是否和睦,家庭生活负担是否过重等。如睡眠不足去开车,一定的时间后就想打瞌睡。在一般情况下,驾驶员一天行车超过 10h,前一天睡眠时间不足 4.5h 者,发生事故的概率必然高。驾驶员家庭生活负担过重,家庭关系、同事关系不和睦,则在驾车时易走神、易烦闷,或者因过度劳累而易产生疲劳。其次,环境也对疲劳产生很多影响,温度、湿度、噪声、振动、照明、气味、座椅的舒适度、与同乘者关系的融洽状况等因素的一项或多项的不利状态长时间作用于驾驶员,则易使驾驶员产生疲劳。车外环境包括昼或夜、天气、道路线形、路面状况、沿线设施及交通条件等也对疲劳产生不利影响,如夜间、雨天、雾天、雪天驾车较辛苦较易疲劳,道路线形单调或视线不良、路面颠簸不平或太光滑、沿线设施繁杂或设置不当、车流太拥挤或车速反复变化等,都会使驾驶员的身体和神经劳累、枯燥、过度紧张而易产生疲劳。最后,疲劳产生还与驾驶者自身年龄、性别、身体状况、性格取向、驾驶技术等有关,年轻驾驶员与老年驾驶员相比,既易产生疲劳,也易消除疲劳。女性驾驶员在相同行车条件下比男性驾驶员易产生疲劳。身体健康、性格开朗愉快的驾驶员在同等条件下驾车对疲劳的体验更轻更少些。

(5)心理。

人的心理因素(本书主要指机动车驾驶员心理因素)是由交通信息对人感觉器官的刺激开始,然后由人以相应动作对交通信息刺激所作出的反应,最后把交通信息刺激和人的外部反应动作联系起来的人脑内部活动过程。如人们对交通信息在感知、识别判断和确认之后,用已有的经验与当前的情况加以比较,进而决定采取某种举动,就是人的识别判断记忆、思维情感、意志等整个心理过程。而且人一般经常处在错综复杂、变幻纷纭的动态环境中,所受外部因素的影响往往是"组合式"的,只有进行综合研究才能掌握道路交通与交通心理之间相互作用的规律,才能调动积极因素、克服消极因素,趋利避害。

2)车辆因素

汽车是道路交通主要的交通工具,一般我们分析路网交通时也仅考虑机动车辆交通状态,非机动车、行人仅作为干扰因素考虑。

车辆物理因素指车辆几何尺寸、车重/轴重、机械性能等路网交通因素。车辆几何尺寸超限不仅影响自身的行车安全,还严重危害道路设施正常运营,破坏整个安全交通环境,如超高车辆的自身失稳倾覆,过桥隧等构造物时撞击、刮蹭桥梁、隧道内设施,造成自身车辆受损同时还损毁道路设施、破坏正常交通运输环境,轻则造成交通拥堵、行驶缓慢,重则中断交通;超宽车辆不仅侵占其他车道资源,影响道路车辆正常通行,还由于后视盲区增加造成行为安全问题,超长车辆主要转向中刮蹭、碾压路上/路侧设施,特别在路口转向、经过道路小半径纵曲线路段(如下穿立交、拱桥)时,损坏道路设施;而车辆超载是近十几年危害最为严重的问题,由于超载造成制动距离增长,无法保障安全的行车间距,极大地增加了交通安全风险,每年都造成多起严重交通事故,此外超载后轴载严重超过路面承载能力,造成路面寿命大量缩短,而整车超重不仅危害路面健康状态,还是桥梁安全的第一大"杀手",会造成桥梁结构永久性损害。

(1)几何尺寸。

汽车的主要尺寸有外廓尺寸、轴距、轮距、前悬架装置、后悬架装置等。外廓尺寸是车辆外廓的长、宽、高,它影响道路建设的净空和车内容量。轴距是汽车前、后轮轴之间的距离,它对汽车的整备质量、总长、最小转弯直径、纵向通过半径以及汽车的轴载分配、制动性、操纵稳定性等都有影响。轮距为汽车横向两轮间的距离,它能使车内宽度、车辆最小转弯半径等发生变化。前悬架装置、后悬架装置分别是汽车前、后轴中心到汽车最前端和最后端之间的距离,它们对汽车的通过性、碰撞的安全性、驾驶员的视野等起着决定性作用。

(2)车重。

汽车的重量包括汽车的整车整备质量、载客量或装载质量、自身质量利用系数和轴载分配。整车整备质量是指车上带有全部装备(包括随车工具、备胎等),加满燃料、水,但没有装货和载人时的整车质量。它对汽车的成本和使用经济性、道路设施使用寿命均有影响。载客量是指轿车和客车的座位数;装载质量是指汽车在硬质良好路面上行驶时所允许的额定装载量。载客量或装载质量影响道路的运营效益,也与行车安全密切关系。轴载分配是指汽车在空载或满载静止状态下,各车轴对支承平面的垂直荷载,也可以用占空载或满载总质量的百分比来表示。轴载分配对轮胎寿命和汽车的使用性能有影响,对路面车辙等病害至关重要。

(3)性能。

汽车的性能参数包括动力性、燃油经济性、最小转弯半径、通过性、操纵稳定性、制动性和舒适性等。除汽车的动力性、制动性与驾驶员的驾驶特性息息相关外,其他参数更多的是受汽车设计和制造的控制。

汽车的动力性通常用三方面指标来评定,即汽车的最高车速、汽车的加速度或加速时间、汽车能爬上的最大坡度,此外,动力因数、制动力也是重要的参数指标。

最高车速:是指在水平良好的水泥混凝土或沥青路面上,汽车能达到的最高行驶速度。

加速时间:原地起步加速时间是指汽车由第1挡起步,以最大的加速强度逐步换至高挡后达到某一预定的距离或车速所需要的时间。常用 0 ~ 400m 的速度或用 0 ~ 100km/h 的秒数表明汽车原地起步的加速能力。

汽车爬坡能力:汽车爬坡能力是用汽车满载时1挡在良好路面上的最大爬坡度。

动力因数:简单地以驱动力大小比较,不能说明两辆汽车的动力性孰优孰劣,必须把驱动力与车重结合起来考虑,并且还要考虑在行驶过程中遇到的空气阻力。因此,将驱动力与空气阻力之差除以车重叫作汽车的动力因数,它作为表征汽车动力特性的指标,表示无论汽车重量等参数有什么不同,只要动力因数相同便能克服同样的坡度、产生相同的加速度。

制动性能:汽车的制动性是汽车的主要性能之一,一般从制动效能及其恒定性、制动时方向稳定性等方面评价。制动效能一般用制动距离与制动减速度表示。恒定性主要从制动过程中制动系统的升温对制动系统性能的影响进行评价。

3)道路设施因素

道路设施是影响交通运输因素的四个基本要素之一,其自身的基本特征及状态直接影响道路交通各项指标,一般从其功能定位、技术等级及主要技术指标、设施健康状态等方面直接作用于路网交通。在道路设施因素中起决定作用的因素是功能定位,它直接决定了道路走向、技术等级等核心要素,技术等级又确定了道路各种几何特征、结构形式,但这些条件均属于静态因素,而路网感知与监测的对象是路网设施,如路基、路面、桥梁、隧道等的动态的状态。

(1)道路功能定位。

随着我国路网逐渐形成并日臻完善,道路功能定位重要性越来越凸显出来,道路从单纯交通量承载为主要功能演变为根据道路的区域特点、交通特性、路网结构综合作用。路网中各条道路需要根据道路所在区域及服务区域的土地利用、气象条件、地形地貌、历史文化、灾害、公共交通、通信、城市建设的现状和规划等区域特点,汽车、行人、自行车等各自的交通量以及车辆类型、出行距离、交通量变化特征、速度分布等交通特性,交通网中所处的地位和作用决定其功能定位,而功能定位也就确定了道路技术等级。

一般主要干线公路用于连接 20 万人口以上的大中城市、交通枢纽、重要对外口岸和军事战略要地,可提供省际及大中城市间长距离、大容量、高速度的交通服务。次要干线公路连接 10 万人口以上的城市和区域性经济中心,可提供区域内或省域内中长距离、较高容量和较高速度的交通服务。主要集散公路连接 5 万人口以上的县(市)、主要工农业生产基地、重要经济开发区、旅游名胜区和商品集散地,可提供中等距离、中等容量及中等速度的交通服务,一般与干线公路衔接,使所有的县(市)都在干线公路的合适距离之内。次要集散公路则连接 1 万人口以上的县(市)、大的乡镇和其他交通发生地,提供较短距离、较小容量、较低速度的交通服务,或衔接干线公路、主要集散公路与支线公路,疏散干线公路交通、汇集支线公路交通。支线公路不强调服务区域,仅以服务功能为主,直接与用路者的出行源点相衔接,或衔接集散公路,为地区出行提供接入与通达服务。

(2)技术等级。

道路技术等级是由其功能单位确定,主要用于在道路设计中确定其所承载的最大交通量(通行能力)、期望速度和行车干扰等技术指标。就公路而言,分为高速公路、一级公路、二级公路、三级公路及四级公路五个技术等级。主要干线公路一般均为高速公路,次要干线公路多为二级及二级以上公路,主要集散公路为一、二级公路,次要集散公路为二、三级公路,支线公路则为三、四级公路。

高速公路单向最少设置两个车道,对允许进入的车辆进行限制,设置中央分隔带分隔对向交通,采用立交接入等措施全部控制出入,排除纵横向干扰,为通行效率最高的公路。

一级公路单向至少设置两个车道,根据功能需要采取不同程度的控制出入。具备干线功能的一级公路,为保证其快速、大容量、安全的服务能力,通常采用部分控制出入措施,只对所选定的相交公路或其他道路提供平面出入连接,而在同其他公路、城市道路、铁路、管线、渠道等相交处设置立体交叉,并设置隔离设施以防止行人、低速车辆、非机动车以及牲畜等进入;而当一级公路用作集散公路时,纵横向干扰都较大,通常采取接入管理措施,合理控制公路和周围土地接口的位置、数量、形式,提高安全保障和服务水平。

二级公路是在行车道内供汽车行驶的双车道公路。当慢行车辆交通量较大,街道化程度严重时,可采取加宽硬路肩的方式增设慢行车道,减少纵、横向干扰,保证行车安全。

三、四级公路为供汽车、非汽车交通混合行驶的双车道公路(四级公路在交通量较小时采用单车道),允许拖拉机等慢行车辆和非机动车使用行车道,其混合交通特征明显,抑制干扰能力最弱。

每个技术等级道路,均有若干技术指标控制,包括道路设计速度、路线几何线形、路基路面宽度等直接影响道路交通的因素指标。

除了技术等级外,路网的交通水平也是重要的影响因素,其一般用以下指标表示:

道路密度(路网密度):道路密度是行政区域内单位面积的道路总长度,中等城市道路密度为 $5.2\sim6.6km/km^2$,200 万人口以上的大城市道路密度为 $5.4\sim7.1km/km^2$ 。

城市道路面积密度:城市道路面积密度是城市道路面积与城市建设用地面积之比,200 万人口以上的大城市为 $15\%\sim20\%$,一般城市为 $8\%\sim15\%$ 。

人均道路占有率:人均道路占有率是行政区域内道路面积与人口数量之比,城市人均道路占有率规划为 $7\sim15m/$ 人。

道路铺装率:道路铺装率是行政区域内铺装道路长度与道路总长度之比。

路网里程:路网里程是路网中所有路段里程之和,表示路网总体规模,由于路网里程一般对不同技术等级道路分别统计,现在为了更清晰地区分不同技术指标道路规模,还进一步使用"车道·里程"(即里程与车道之积)表示。

(3)道路设施状态。

道路技术等级及主要技术指标是道路交通的静态影响因素,作为道路设施,其路面坑槽、路基稳定、构造物健康状态等动态道路状态也对路面交通有显著影响,一般我们将设施状态分为主体设施和附属设施两类。

①道桥主体损坏事件。

人为或自然外力,均有可能损坏道路、桥梁主体设施,进而影响道路的交通,主要包括道路损坏事件,如道路损坏主要包括路基损坏、路面损坏;构造物坍塌事件,如构造物结构所承受的车辆荷载和风荷载会在结构内产生循环变化的应力,引起结构的振动,同时引起结构的累积疲劳损伤,当疲劳损伤累积到一定程度时,即引起桥梁坍塌;道路桥梁结构的损坏,是在运营过程中,因车辆的运行而产生的使用损耗、人为事故造成的破坏、自然外力作用的破坏(如冲刷等)、自然灾害产生的事故损耗积累而成的,包括支座老化、变形或支座座板损坏,伸缩缝开焊、晃动,构件表面损坏,钢筋锈蚀及钢桥主体锈蚀,梁体裂缝等。

②附属设施损坏事件。

人为失误、人为破坏、自然老化、自然外力,均有可能损坏道路附属设施,如沿线设施、服务设施、机电设施、绿化设施等,造成道路的路产损失,影响道路的服务、监控、通信等功能的正常运行,进而影响道路的交通。

4)环境影响因素

(1)气象环境因素。

道路交通属于对于气象高度敏感的行业,其安全性在很大程度上都受到气象条件的影响。特殊气象条件是引发道路交通事故的重要因素之一,主要包括雾、雨、雪、路面结冰、风、高温等,这些特殊气象条件均有可能发生(表2-1)。恶劣的天气可以直接毁坏高速公路和桥梁,破坏调度指挥系统,导致交通中断或瘫痪。雾天、大风、雨雪天和路面结冰是影响道路行车安全的最主要的气象因素。特别是高速公路对能见距离和路面物理性能要求比一般公路高得多,因而驾驶员都害怕遇到影响能见距离的大雾和影响路面摩擦力的路面结冰。如常见的为团雾,驾驶员在道路上行驶时,"一不小心"就进入了雾区,由于技术难以预测团雾将在何时何地出现,所以更具危险性。近年来随着高速公路的通车里程急剧增加,因大雾诱发的汽车首尾相撞等重大交通事故亦呈迅猛上升的趋势。

因气候导致的道路交通事件的类型及影响　　　　　表 2-1

灾害天气类型	对交通的影响
雨	冲毁或淹没路面、交通机电设施,减小路面摩擦力,降低车速和道路通行能力,容易引起交通堵塞,严重降低驾驶员的行驶视距
雾	降低能见度,容易引发交通事故,特别是二次交通事故
雪	路面积雪,减小路面摩擦力,降低车速,行车控制较难
风	增加了行驶车辆的侧向受力,容易引起车辆侧滑,另外,大风容易造成驾驶员心理紧张
路面结冰	减小路面摩擦力,行车控制性降低,易发生如车辆追尾等交通事故

①大雾。

雾是水汽凝结的产物,是由悬浮于低空中的微细水滴或冰晶组成,它不是气体。通常,每当日出之后,随着气温的升高,雾也就慢慢地消散。

雾使能见度下降,妨碍驾驶员的视觉。特别是团雾天气,驾驶员的视力下降更多,影响驾驶员的观察和判断力,更容易发生交通事故。雾除使视距变短外,还有空气湿度大而引起的玻璃透视率下降和后视效果变差。特别是在高速公路上,由于交通流量大,车速高,因雾引起的交通事故明显多于一般道路,且经常是重特大事故。

②高温。

高温会使汽车自身的故障率大大提高,导致柏油路出现泛油、拥包等现象,并出现大量坑槽,经汽车碾压后,造成大面积损坏;导致水泥路面因受热而胀缝拥起,或砂石路面出现大面积的松散。高温还直接影响到驾驶员的生理、心理和精神状态,导致交通事故增多。据研究,在气温高于 27℃ 的情况下,驾驶员对紧急情况作出反应的时间要比 23℃ 时增加 0.3s。这就是说,如果车速为 80km/h,则汽车制动的距离将会增加 7～8m。因此,在高温天气下,事故发生率要比一般天气时高出 50%～80%。

③降雨。

雨尤其是暴雨对行车安全的影响主要有:路面上有雨水时,轮胎与路面的摩擦因数会明显减小,使制动距离增长,危险性增大,如果车辆突然起动、急转弯、紧急制动时容易引起车的横向滑移、转弯、滑溜及翻车,对行车安全造成很大影响。降雨使能见度大大降低,且风窗玻璃被雨水模糊会影响驾驶员的视线。雨对交通设施起到直接的破坏作用。另外,降雨常伴有雷电,如果在桥梁上未设避雷设施,驾驶员和车辆易遭雷击。

④降雪。

雪对交通系统的影响也是多方面的,首先雪能使路面变滑,导致交通事故上升,运输效率严重下降;其次,当积雪厚达一定深度时,会阻碍车辆通行,严重时甚至能发生雪崩、雪阻,使交通完全中断;再次,如果遇上雨、雪兼有的天气,极易造成路面翻浆、公路损坏现象,从而使运输效率进一步下降;还有,大量雪花随风飞舞,能见度偏低;最后,雪花将会覆盖交通标志,使标志失去作用,妨碍行车。

⑤结冰。

结冰路段上,车辆与道路路面之间的纵向滑动摩擦因数可以小到 0.02,影响制动效果。

在结冰路段行驶,应控制车速,防止侧滑相撞和连环追尾,垂直车距须比平时增大2倍以上。结冰路段须严加提防黑冰,黑冰通常是由于化雪后重新结冰在路面形成的冰层,与路面颜色接近,几乎看不到,驾驶员常因忽略黑冰的存在,引发交通事故。

⑥台风。

台风天气不仅会对桥梁本身造成冲击,对交通安全同样也有相当大的影响。当高速行驶的车辆从侧面受到横风作用时,若风力较强,特别是在风口路段,会使车辆偏离行车路线而诱发交通事故。甚至,台风能使高速行驶的车辆倾翻。另外,台风天气常常使空中及地面上漫布着灰尘及散落物,这些杂物不仅会碰撞车辆,而且会降低能见度,影响驾驶员的视线及注意力,容易造成交通事故。

(2)交通环境因素。

交通环境因素是指对路网交通产生影响的交通自身因素,本节交通环境因素主要指因施工作业、交通管制、异常服务、危险品运输、火灾爆炸事故、延误等因素引起的交通影响。

①施工作业事件。

道路施工是一个主要的交通影响因素。一般道路建成通车后,随着运营时间的推移、交通量的增长和设施使用频率的增加,道路及其配套设施会出现不同程度的损坏,需要及时发现并有效修复这些损坏。另外,随着道路运营,对道路功能进行调整的改扩建工程也是主要道路施工作业,还有一些突发事件引起的道路损坏的维修维护、抢通加固作业。

②交通管制事件。

交通管制是直接对交通流进行管理的作业,其原因多样,有重大活动保障(如外宾、重要领导人安全保障)、军事占用、流量控制、重大物资运输保障等情况时均会采取交通管制措施。

③异常服务事件。

因人为或自然外力,例如拥堵、事故、恶劣气象等,可能会导致高速公路收费工作的延误,进而导致收费排队现象,从而严重影响收费站出入口的车辆通行。另外,当服务设施提供服务能力不能满足道路需要时(如服务区加油站无法提供快速加油服务、停车场无法提供足够停车位、服务区的餐饮、如厕服务能力达不到人员需求等),也常引发大面积交通拥堵。

④危险品运输。

一旦危险品运输车辆在道路上发生交通事故,影响将是巨大的。易燃、易爆品的交通事故,直接的后果可能是引起火灾或爆炸,从而导致部分有毒气体污染环境空气,或者可能损坏道路的构筑物,引起交通堵塞。

⑤火灾爆炸事故。

火灾,系指在时间或空间上失去控制的燃烧所造成的灾害。爆炸,则指大量能量在有限的时间里突然释放或急剧转化,造成高温高压等非寻常状态,对邻近介质形成急剧的压力突跃和随后的复杂运动,显示出不寻常的移动或破坏效应。

道路可能发生火灾、爆炸事故的场所包括:道路主线,主要由交通事故(包括危险化学品运输事故)引起;服务区;构造物内部,如箱梁内附属设施故障引起;隧道。其中,隧道火灾的危害最大,往往造成大量人员财产损失和长时间交通瘫痪。

⑥延误。

延误是由于交通干扰、交通管理与控制等因素引起的运行时间损失,其实质是车辆实际行驶时间与理想状态是行驶时间的差,是车辆行驶时间的一种参数。行车延误受许多因素的影响,这些因素有人(包括驾驶员、行人等),车(车辆类型、车龄、车辆的动力性能等),道路与交叉口条件,交通条件(交通组成、转向车比例和路边停靠车辆等),交通管理和控制(交通信号、交通标志等)以及道路环境等。

2.1.3 路网运行状态感知技术

通过分析影响路网交通的人、车、路、环境四大因素后,发现有些因素是人或物的固有属性,不随时间迁移而改变,或者改变微乎其微,对交通影响不大,这些因素称为静态因素,如人的视觉、听觉、反应在一次驾驶活动中几乎不产生变化;车辆的尺寸、性能,道路的路线几何线形、路面宽度等均为静态因素,它们不是路网运行状态感知的对象。路网运行状态监测与感知一般仅对随着时间、交通运输活动而随时变化的因素,即所谓动态因素感知,如驾驶员状态监测与感知、交通状态监测与感知、道路设施状态监测与感知及环境状态监测与感知等。

路网感知技术按照交通四个要素进行分类,分别是人、车、路、环境四个大类。在大类基础上进一步细分,主要如下。

1)驾驶员感知技术

驾驶员感知技术起步较晚,目前主要包括酒精检测技术、疲劳检测技术、情绪状态感知和身体状态感知,如图2-5所示。

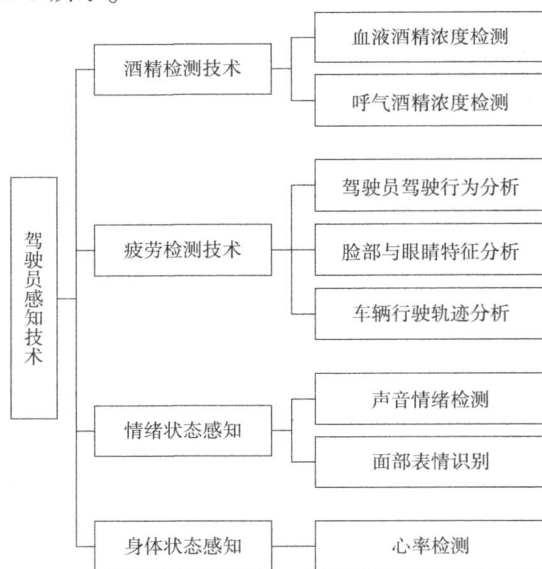

图2-5 驾驶员感知技术分类

2）车辆感知技术

车辆感知技术（也称"交通状态感知技术"）根据检测设备安装位置分为固定交通检测技术、移动交通检测技术和大视域交通检测技术。此外，还可根据数据获取方式进行分类，分为固定交通信息采集技术、相关系统数据交通信息分析技术、服务商提供交通信息服务。路侧信息采集技术一般为道路运营管理者所有并负责运维，是目前最主要的信息获取手段，其建设资金多与道路本身的建设同源，或来源于政府资金，其数据和相应服务的公益性属性显著；相关系统数据的分析技术是近10年随着行业信息化建设中行业信息资源接入整合工作的深入而逐渐出现并发展完善的，如利用运输管理部分的出租汽车、公交车、城际客车、危险品运输车等位置、路径信息通过浮动车路网状态分析技术实现城市道路、公路的交通状态评价。还有一种通过服务商提供数据进行交通分析的方式，该方式既包括服务商直接提供路网运行状态评价，也包括服务商仅提供数据，由路网管理者或其委托方利用这些数据进行交通分析，如行车导航的服务商"高德地图"已经连续多年利用其导航服务数据向社会提供全国城市路网的综合性评价，以及国内越来越多的城市公开或不公开地利用手机信令数据为交通规划、路网评价服务。车辆感知技术分类如图2-6所示。

除了以上分类，车辆感知技术还可以根据检测技术特点进行分类：包括利用磁频技术的线圈检测技术、地磁检测技术、磁映像检测技术，利用反射波技术的超声波车检技术、激光车检技术、微波车检技术、红外线车检技术等，该类技术有的利用波的多普勒原理测算车速，有的则利用车辆对波的遮挡（或反射）原理，采用有无检测计算车数；利用压力传感器检测车数或车重量的弯板检测、轴台秤检测、整车台秤检测、轮数检测、轴数检测、橡胶压力管车辆检测等技术，目前广泛应用在计重收费、超限治理等领域。此外，还有利用摄像机拍摄的视频图像进行视频分析的技术，其不仅可以检测速度、数量、占有率等基本交通参数，还可以检测车型信息、车辆牌照信息，特别是随着未来人工智能崛起和大数据技术的不断完善，视频检测的内容、精度、覆盖范围在大量机器学习训练下迅速发展；最后是利用车辆身份信息辨识，结合时间、起始位置信息构成完整的OD数据进行路网交通检测技术，该技术利用射频ID（DSRC）、蓝牙ID、红外车载单元的设备ID、手机信令、Wi-Fi设备ID、收费系统出入口数据、车牌图像识别信息（出入口、标示断面数据）。

3）道路设施感知技术

道路设施感知技术多由工程质量检测演化来，一般按照设施的类型进行分类，如路面健康监测技术、路基健康监测技术、桥梁健康监测技术、隧道健康监测技术、附属设施健康监测技术等。道路设施感知技术分类如图2-7所示。

4）环境状态感知技术

环境状态感知技术包括气象环境监测与交通环境监测两个部分。一般根据现有应用情况分为气象环境检测技术、交通突发事件检测技术、计划性事件（人为交通管制）信息采集三类，其中前两类为利用检测设备进行检测技术，后一种为利用计划性事件填报信息及审批流程数据进行"检测"的。环境状态感知技术分类如图2-8所示。

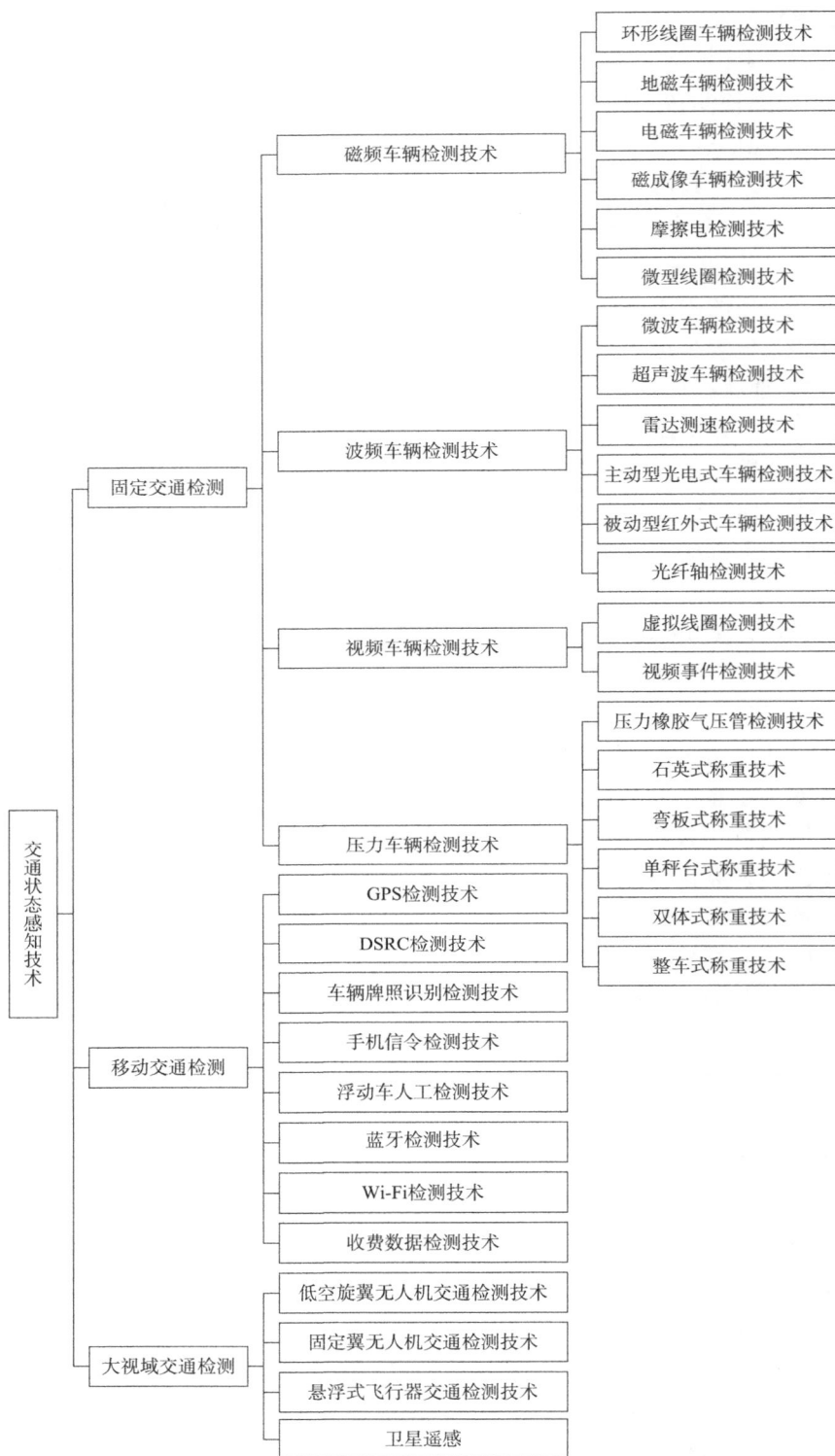

图 2-6　车辆感知技术分类

道路设施状态检测技术

路面健康监测技术
- 车载式颠簸累计仪法测平整度技术
- 自动弯沉仪连续测量路面弯沉技术
- 落锤式弯沉仪连续测定动荷载弯沉检测技术
- 单轮式和双轮式横向力系数测试技术
- 超声路面检测技术
- 激光路面检测技术
- 激光成像路面检测技术
- 基于图像分析的路面检测技术
- 雷达路面检测技术

路基健康监测技术
- 土基及土质边坡含水率检测技术
- 土质边坡孔隙水压力检测
- 路基沉降及水平位移检测技术
- 边坡和挡土墙检测技术

桥梁健康监测技术
- 位移监测技术
- 变形监测技术
- 应力/应变检测技术
- 裂缝监测技术
- 振动频率检测技术
- 振型检测技术
- 动力应变检测技术

隧道健康监测技术
- 围岩内部位移监测技术
- 隧道衬砌裂纹监测技术裂纹监测技术
- 初次衬砌钢拱架应变监测技术
- 二次衬砌结构内应力监测技术
- 锚杆轴力监测技术

附属设施健康监测技术
- 机电系统运行监测
- 高速公路服务区运行监测
- 避险车道监测

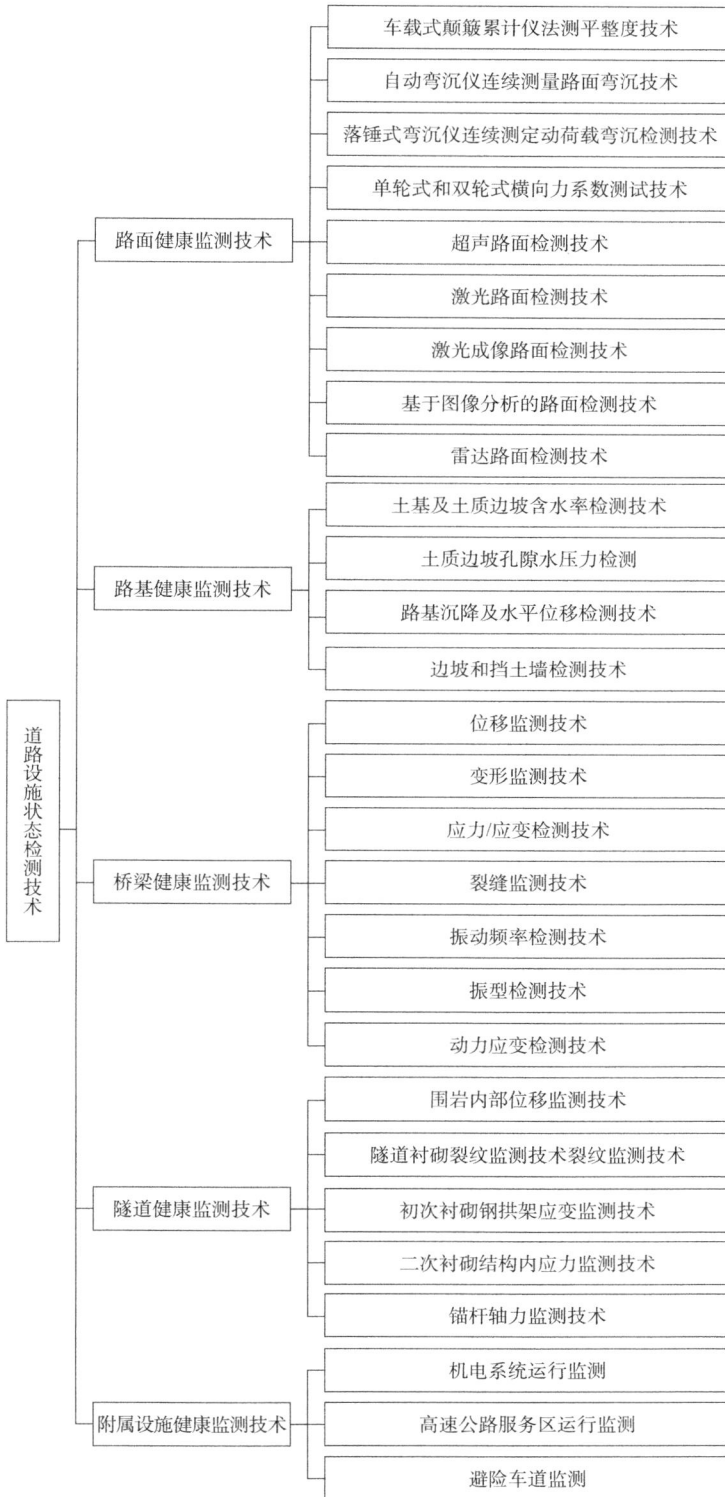

图 2-7　道路设施感知技术分类

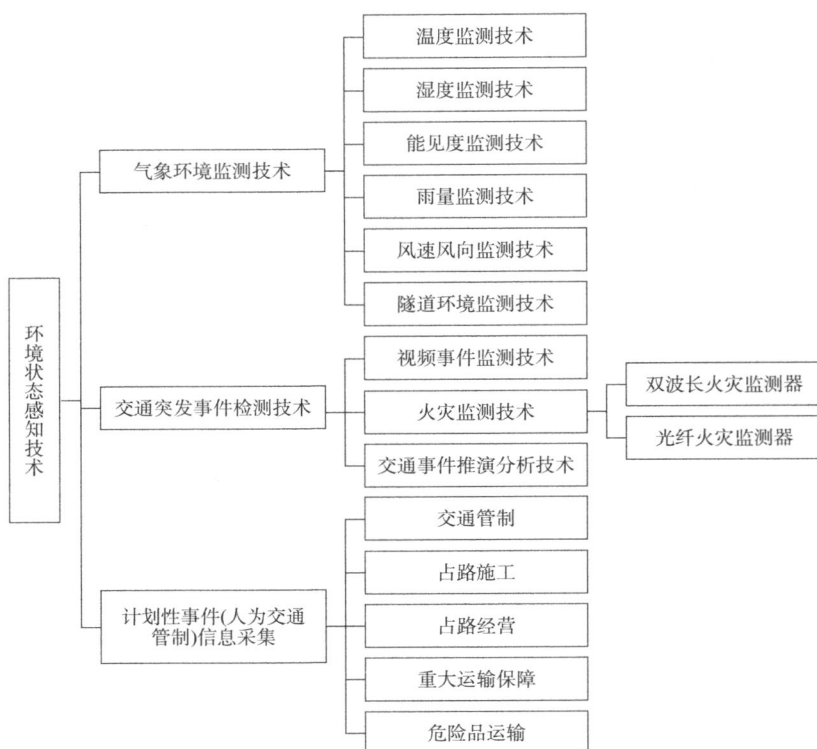

图 2-8　环境状态感知技术分类

2.2　驾驶员感知技术

驾驶员感知技术分为酒精检测技术、疲劳检测技术、身体状态感知等。

2.2.1　酒精监测技术

根据检测方法,人体酒精检测一般分为呼气酒精浓度检测及血液酒精浓度检测两种。呼气型酒精检测有湿化学方法、气相色谱法、电化学法及红外光谱法,检测仪器有比色型、气体色谱型、燃料电池型(电化学)、红外线型及半导体型。其中,燃料电池型(电化学)、半导体型、红外型主要用于国内外驾驶员酒精检测。

呼气型酒精检测技术分为半导体型酒精检测和电化燃料电池酒精检测两种。半导体型酒精检测的特点是元器件价格低廉,设备结构简单,价格低廉;电化燃料电池型酒精检测则结构复杂,精度更高,价格昂贵。

与血液式检测技术相比,有很多因素可能影响呼气式检测结果的可靠性:一是容易受生物学方面的干扰,如当事人体温升高、呼吸功能缺陷、呼吸形式异常、自身患有糖尿病等;二是干扰物质的影响,受试者呼气中可能含有的内源性或外源性有机挥发物,如义齿有酒精存留等,会干扰检测结果;三是当呼气酒精浓度值接近处罚值时,会引起受检者质疑检测仪器的质量可靠性及误差允许的范围;四是呼气不容易保存起来作二次分析,即使勉强作也是麻烦重重;五是受检人合作方面的影响,进行呼气检测时,要求受检人以中等力度呼气达38以上,而实际工作中,有些受检人或者咬住吹气管一直吸气,或者隔着吹气管一段距离就吹气,这些不合作情况将严重影响检测结果。另外,严重受伤的驾驶员也无法合作,这些情况就促使我国交警部门多使用呼气酒精检测仪来查处酒后违法驾驶,而处理交通事故时多采用血液酒精检测。

2.2.2 疲劳检测技术

驾驶员疲劳状态的检测方法可大致分为基于驾驶员生理信号、基于驾驶员生理反应特征、基于驾驶员操作行为和基于车辆状态信息的检测方法。

1)基于驾驶员生理信号检测

驾驶员在疲劳状态下的生理指标会偏离正常状态的指标,因此可以通过驾驶员的生理指标来判断驾驶员是否进入疲劳状态。目前,国内外关于机动车驾驶员驾驶疲劳问题的研究状况较为成熟的检测方法包括对驾驶员的脑电信号(EEG)、心电信号(ECG)等的测量。基于驾驶员生理信号的检测方法对疲劳判断的准确性较高,但生理信号需要采用接触式测量,且对个人依赖程度较大,在实际用于驾驶员疲劳监测时有很大的局限性,因此主要应用在试验阶段,作为试验的对照参数。

2)基于驾驶员生理反应特征的检测

驾驶员眼球的运动和眨眼信息被认为是反映疲劳的重要特征,眨眼幅度、眨眼频率和平均闭合时间都可直接用于检测疲劳。目前,基于眼动机理研究驾驶疲劳的算法有很多种,其中被广泛采用的算法是PERCLOS(Percentage of Eyelid Closure over the Pupil over Time),即将眼睑闭合时间占检测时间的百分比作为生理疲劳的测量指标。基于驾驶员生理反应特征的检测方法一般采用非接触式测量,对疲劳状态的识别精度和实用性都较好。

3)基于驾驶员操作行为的检测

通过驾驶员的操作行为(如转向盘操作等)可以来推断驾驶员的疲劳状态。目前利用驾驶员操作行为进行疲劳识别的深入研究成果较少。驾驶员的操作除了与疲劳状态有关外,还受到个人习惯、行驶速度、道路环境、操作技能的影响,车辆的行驶状态也与车辆特性、道路等很多环境因素有关,因此,如何提高驾驶员状态的推测精度是此类间接测量技术的关键问题。

4)基于车辆状态信息的检测

利用车辆行驶轨迹变化和车道线偏离等车辆行驶信息也可推测驾驶员的疲劳状态。研究发现,车辆的横向位移量、转向盘操作量可以用来作为驾驶员疲劳状态的评价指标,而且可以实现疲劳早期预警。这种方法和基于驾驶员操作行为的疲劳状态识别技术一样,都以车辆现有的装置为基础,无须添加过多的硬件设备,而且不会对驾驶员的正常驾驶造成干扰,因此具有很高的实用价值。

2.2.3 身体状态感知

身体状态感知主要是对驾驶员心率的监测。

心率监测技术目前主要有光电容积脉搏波描记法、心电信号法、压力振荡法、图像信号分析法等几类,一般采取穿戴设备的方式。

光电容积脉搏波描记法根据血液的吸光度可测量心率,分为透射和反射两种模式。

心电信号法就是医疗级别常用的最准确的测量心率方法。

压力振荡法和图像信号分析法对使用者要求较高,仅限于人体相对静止的情况,如操作方法不当,结果也会差很多,甚至对患有某些心血管疾病的病人测量结果不太准确。因此,驾驶员状态感知方面采用这两种方法测量心率的产品较少。

2.3 交通状态感知技术

交通状态感知技术是路网监测与感知技术中发展最快、类型最多的,也是面向路网交通管理、公众信息服务应用最为广泛的技术。

2.3.1 交通状态感知技术分类

交通状态感知,一般也叫车辆感知,根据检测设备安装的位置分为固定交通检测技术、移动交通检测技术、大视域交通检测技术等。

1)固定交通检测技术

固定交通检测技术多为需要设置在路侧的检测设备,利用车辆行驶造成的电磁感应变化、电磁波反射、射线遮挡、应力应变变化以及视频图像,分析检测车辆行驶的速度、车辆外形尺寸及数量等车辆交通参数。该检测技术多数检测的设备所在位置(或断面)的瞬时指标及统计数据,可反映断面交通量、车速、占有率,但对于通过采集车辆牌照后进行识别比对分析的技术而言,其直接采集的是车辆的身份信息和时间,并根据检测器位置,通过分析可推导出路段区间的平均速度。

2)移动交通检测技术

移动交通检测技术指检测设备本身或者感知部分设备是由人员携带或安装在车辆上。该类技术包括检测设备本身是移动的,如手持或车载速度雷达、移动式车辆检测器、无人机交通检测设备等;还包括通过检测车载设备的蓝牙信号、Wi-Fi 信号、DSRC 射频信号、红外光波信息等识别身份信息和时间后根据检测器间距计算区间速度。

3)大视域交通检测技术

大视域交通检测技术即遥感技术,从 20 世纪 80 年代开始,美国、德国、加拿大、澳大利亚等发达国家将遥感技术应用于交通领域,特别应用于交通设施检测及管理、交通灾害监测及紧急救援、交通流检测、交通环境保护等方面。2001 年,俄亥俄州立大学联合美国航天局、美国运输部、亚利桑那州立大学和乔治梅森大学成立国家遥感交通运输应用协会,开始研究遥感数据与地面传统交通流监控数据的集成。2006 年 9 月,国际摄影测量与遥感杂志出版主题专刊《航空和航天检测地面交通》,探讨基于遥感空间数据的车辆及其活动的探测方法、道路交通流信息的提取方法。基于遥感影像的交通参数提取主要通过目标车辆的检测来获取车流量、车型、车速等信息。

一般根据遥感采集设备高度分为低空机载影像检测技术、高空机载影像检测技术和星载影像检测技术。根据飞行器载体不同,分为多旋翼交通检测系统、固定翼交通检测技术、氦气飞艇交通检测技术及轨道卫星交通检测技术,或根据检测传感技术,分为视频分析技术、多光谱分析技术或遥感雷达分析技术。

4)基于数据分析的检测技术

随着手机的普及,大量手机信令数据、GPS 的定位信息数据被引入路网交通分析,这些数据提供较小时间间距的车辆位置信息,为精细化路网交通分析提供数据基础。该类交通参数检测技术本身与"检测"无关,而是利用导航服务、电话数据语音服务等过程中产生的数据分析结果,与之类似的还有利用高速公路收费系统在车辆进出高速公路产生的收费数据,也可用于分析高速公路网交通状态。

有些交通数据是不能通过交通检测器直接获得的,但可以可由其他数据通过一定的算法计算得出。例如,只有视频检测器和航拍技术可直接测量密度,其他类型的检测器只能检测到占有率来替代密度。排队长度也难以检测,需要大区域的检测方法。浮动车法和基于 GPS 的动态交通检测等方法可以检测行程时间,同时,行程时间也可由平均车速计算得出。交通事件检测需要基于占有率、流量和车速数据的特殊算法。车辆转向数据可由总交通量和转向交通量推算得出。

近几年,随着大数据技术发展,无检测器检测技术发展迅速,其技术特点体现在多维数据分析推动精确画像应用,结合车辆收费信息、牌照信息、支付信息、车辆行为历史数据等已经形成较系统的车辆画像系统、驾驶员画像系统,为定制化服务、收费稽查等应用提供有力支撑。另外,多元数据提升原有数据价值,如原有收费数据仅用于计算车辆通行费,现在已经可以用于评价路网运行状态;原来路径识别数据主要用于标识路径,现在可以用于表示物流车辆位置等。

下面我们针对路网建设中常用的前两种检测技术进行分析。

2.3.2 固定交通检测技术

固定交通检测可以直接检测到的交通参数主要包括车流量、车速、占有率和车辆类型等。但是,即使是同一类型检测器,不同厂家生产的检测器产品所能提供的交通数据类型也不相同。

各种交通检测器在不同的交通环境下发挥着各自的作用,在不同的交通、道路和环境条件下,不同的交通检测器的检测精度、成本和安装方式有着较大的差异,每种检测器既有其优点,也有其缺陷。

1)磁频车辆检测技术

磁频车辆检测技术是指以电磁感应为检测参数、以磁频车辆检测器为检测设备的可以检测车辆通过或存在于检测区域的技术。磁频车辆检测技术属于固定型检测技术,其获得交通参数的基本方法都是通过分析车辆经过检测区域后引发传感器脉冲信号的方法对交通流信息进行检测。

使用磁频车辆检测技术采集动态交通流信息的设备主要有环形线圈车辆检测器、地磁车辆检测器、电磁车辆检测器、微型线圈检测器、磁成像车辆检测器、摩擦电检测器、磁成像车辆检测器等,其中环形线圈车辆检测器应用最为广泛。

(1)环形线圈车辆检测器。

环形线圈式车辆检测器是一种基于电磁感应原理的车辆检测技术,其传感器是一个埋在路面下、通过一定工作电流的环形线圈。当车辆通过线圈或停在线圈上时,车辆引起线圈回路电感量的变化,检测器检测出变化量就可以检测出车辆的存在,从而达到检测交通流信息的目的。

环形线圈检测方法目前在国内外应用较广,其优点是技术成熟、精确高、设备成本较低,直接检测参数多且测量精度高;真正全天候工作(不怕雨、雪、雷、电、风等)。正是这些优点使其在欧美等国家和地区得到广泛应用。但是,这种方法也存在着一些缺点:安装、维护过程破坏路面,对检测器可靠性和寿命影响很大;线圈易受到车辆持续碾压、振动、道路维修、路基下沉开裂以及自然环境等因素的影响而受到破坏;随着时间推移,感应线圈自身的漂移会导致误检信号的产生等。

(2)地磁车辆检测器。

地磁车辆检测器是一种被动式检测器(类似于通过型环形线圈检测器),是利用车辆(金属物体)通过时,对地磁场的扰动,使探头线圈上产生感应电动势来检测车辆的通过。它对车速有一定的要求,属于通过型检测器,无法检测静止车辆,因此在车速较低的路段不宜采用。地磁车辆检测器可以检测交通量、时间占有率和车长等交通参数,属无源型检测器,电路简单,工作稳定,安装容易,不易损坏,价格便宜。

(3)电磁车辆检测器。

电磁车辆检测器由电磁探头和检测电路两部分组成,通过车辆通过时检测电磁变化实现检测,具有灵敏度较高(检测率可达95%)、较易安装、对路面的破坏小、对保护路面有一定好处等优点,但也存在工作稳定性较差的问题。

(4)微型线圈检测器。

微型线圈检测器在设计上类似于感应线圈检测器,但需要和标准的感应线圈检测器的处置装置相连。使用时,微型线圈探头将磁场强度的变化转换为线圈电感量的变化,从而驱动环形线圈放大器输出信号。它的优点是每条通道可以比地磁检测器安装更多的传感器,因而检测灵敏度很高,但由于需要车辆运动来驱动检测电路的触发电路,故属通过型检测器。

(5)摩擦电检测器。

摩擦电检测器的探头部分封装在一块人造橡胶中的屏蔽电缆内,橡胶块永久地固定在路面的切槽中。其工作原理是车辆通过时,电缆上的压力使电缆芯和屏蔽之间产生低电压,该电压可用适当的放大电路来检测并输出信号。此检测器响应快、恢复时间短,因此可用来精确地测量车轴数。当它与环形线圈检测器一起使用时,还可以测量车型、车速及车距等交通参数。

(6)磁成像车辆检测器。

磁成像车辆检测器是以磁成像技术为基础,它可测量由于车辆的出现而引起的电磁场扰动或变化,通过与已记录的不同结构车辆的磁纹(Magnetic Footprint)相比较,不仅能将载货汽车和小型汽车分离开来,而且可以测出车辆的构造、车型及车速。

2)波频车辆检测技术

波频车辆检测技术是以微波、超声波和红外线等对车辆发射电磁波产生感应实现检测的固定型检测技术,使用波频车辆检测技术采集动态交通流信息的设备主要有微波车辆检测器、超声波车辆检测器、雷达测速检测器、主动型光电式车辆检测器、被动型红外式车辆检测器、光纤轴检测器等,其中微波车辆检测器以价格低廉、性能好得到广泛应用。

(1)微波车辆检测器。

微波交通检测器(Microwave Traffic Detector,MTD)是利用雷达线性调频技术原理,对路面发射微波,通过对回波信号进行高速实时的数字化处理分析,检测车道车流量、平均速度、车道占有率和车型等交通流基本信息的非接触式交通检测器。微波车辆检测器具备检测多条车道、检测精度高、安装方便、全天候、维护方便等优点。

在实际应用中,微波车辆检测器往往安装在路侧立柱侧向检测车道,因此在货运发达的公路运输通道,大型货运车辆往往占据外场车道,而遮挡了毗邻的内侧(或中间)车道,造成漏检。

(2)超声波车辆检测器。

超声波车辆检测器由超声波探头(变送器)和检测主机(检测电路)两大部分组成,是通过接收由超声波探头发出并经过车辆反射的超声波来检测车辆的,工作原理可分为两种:反射波时间差法和多普勒法。

超声波探头通常采用悬挂式安装方式,有正向安装和侧向安装两种方式:正向安装不会因路面状况的变化而受到影响,侧向安装性能要差一些。超声波探头既可以检测车辆的存在和通过,又可以检测车辆高度、车流量和车辆的时间占有率,并能识别客、货车,能准确检测静止车辆。但是其检测范围呈锥形,受车型、车高变化的影响,检测精度较差,特别是在车流严重拥挤的情况下。另外,其检测精度受环境影响较大,大风、暴雨和探头下方通过的人或物也会产生反射波,影响传感器的正常工作。

(3)雷达测速检测器。

雷达是利用目标对电磁波的反射和电磁波的定向反射性来探测目标大方向与距离的装置。通常把利用雷达检测车辆的行驶速度的装置称为雷达测速仪。目前用于交通检测的雷达装置主要有交通测速雷达和碰撞告警雷达、车速自控雷达、防撞制动雷达、辅助测障雷达等,后四种雷达主要用在汽车安全行驶方面。

在实际使用中,影响雷达测速的因素很多,主要有欲检测车辆与雷达天线的相对位置及角度、雷达的功率、电波接收器的灵敏度、天线的特性、欲检测车辆的体积大小、雷达与欲检测车辆的距离。但最主要的还是雷达的角误差,即雷达与欲检测车辆角度对测速的影响,角度越大,误差越大。因此,在测速雷达装置实际使用中,要采取必要的措施,降低角误差。

(4)主动型光电式车辆检测器。

主动型光电式车辆检测器也称主动型红外式车辆检测器,根据安装方式的不同分为"光束遮断式"（光电检测器在道路上方正向,垂直于路面安装）和"反射＋遮断式"（也称为路侧发射法,在路侧安装）。

主动型光电式车辆检测器具有快速准确、轮廓清晰的检测能力,其既可以侧向检测多车道的动态交通信息,也可以检测静止的车辆,其不受环境亮光的影响,无论黑夜还是白天均可正常工作,也不会受到阳光直射、阴影以及车灯照射的影响。但是红外传感器的工作性能会随环境温度和气流的影响而降低,工作现场的灰尘、冰雪、大雾及非车辆物体、人员通过会影响系统正常工作。

（5）被动型红外式车辆检测器。

被动型红外式车辆检测器是利用红外辐射的热效应检测车辆的,所以,也称热电型红外式车辆检测器。

被动型红外式车辆检测器的优点包括:检测范围广,既可以检测机动车,又可以检测非机动车和行人;不破坏路面,使用寿命长,维护、安装简单、方便。缺点包括:这种检测器属通过型检测器,所以不能检测静止车辆;耐环境性差,降雨、降雪时热能会显著衰减。

（6）光纤轴检测器。

光纤轴检测器主要用于汽车轴计数和汽车流量计数,常用在高速公路上进行车辆计数。其使用寿命长,抗干扰性强,与环形线圈检测器相比,路面开挖量小,施工简单,检测精度相当,是一种很有发展前途的车辆检测器。

光纤在传输光信号的过程中,随着温度、压力、电场、磁场等外界因素的变化,会使光纤所传输的光的特性参数,如光强、相位、偏振态、模式和波长等产生变化。根据这种特性,就可以利用光纤作为传感元件来探测外界物理量的变化,通过光纤传感器检测到车辆通过时的光照强度变化,准确地检测汽车的轴数。

3）视频车辆检测技术

视频车辆检测技术利用视频图像进行车辆检测的交通检测技术。视频车辆检测采用摄像机作为检测装置,通过检测车辆进入监测区时视频图像某些特征的变化,从而得知车辆的存在,并以此来检测交通流参数获取车辆的特征信息。它涉及计算机图像处理、模式识别、信号处理和信号融合等多个学科。随着计算机软硬件技术和计算机视觉、数据图像处理技术、人工智能技术的发展,以前困扰人们的一些视频检测应用难题逐步被攻克,视频检测的计算速度、检测准确度及模型泛化能力也逐步提高。目前这一检测技术在智能交通领域中已得到了广泛的应用,正逐渐成为车辆检测领域的主流技术。

通常视频车辆检测技术分为两大类,即基于虚拟传感器和基于视频事件。基于虚拟传感器（虚拟点、虚拟线、虚拟线圈）的非模型交通信息检测技术,其适合采集道路交通的基本信息;基于视频事件的交通信息检测技术,除能够完成道路交通基本信息的检测外,还可用于提取诸如车辆形状、属性等信息,实现车辆的运动轨迹跟踪,分析车辆以及驾驶员的行为,可作为深层次信息的检测手段。在道路应用中,一般将采用这两种技术的产品分别称为视频车辆检测器和视频交通事件检测器。前者主要用于检测交通流特征;后者除了检测交通量、速度、占有率等参数外,随着深度学习技术的成熟,还可检测车型、车长、车牌、车辆颜色、车辆品牌信息,以及车辆停车、车辆逆行、超速、交通拥堵、碰撞事故、道路遗撒物、应急车道违章行驶等事件信息。

视频检测技术由于其可视化的优势,未来具有广阔的发展空间。但是,视频检测技术也有其自身的缺陷。视频车辆检测器的设备成本相对较高,对工作环境相对敏感,车辆遮挡、阴影、积水反射或昼夜转换均可造成检测误差,视频检测设备在遇到雨、雪、雾等能见度低的天气情况及夜晚无灯光时,可能会因无法完全捕捉测量信号而导致检测精度降低。随着视频处理与分析技术、深度学习技术、大数据分析等先进技术的发展,视频检测的精度、检测范围必将得到提升。

4)压力车辆检测技术

压力车辆检测技术包括压力橡胶气压管检测技术、石英式称重技术、弯板式称重技术、单称台式称重技术、双体式称重技术、整车式称重技术。除了压力橡胶气压管检测技术用于临时断面交通量调查外,其余均为车辆重量检测技术。

(1)压力橡胶气压管检测技术。

压力橡胶气压管检测技术是一种临时性流量检测技术,其检测计数原理与线圈检测技术类似,当汽车经过气压管时,轮胎碾压橡胶管使其内部气压产生变化,压力变化推动检测设备上的空气开关动作,产生一个车轴的电信号。通过软件计算交通量、车速、交通密度等交通参数。

压力橡胶气压管便于迅速安装、耗电少、费用低廉、维修简单,且对路面无伤害,适合临时检测使用。其次,该设备检测精度高,不仅可以检测流量,还可以检测车速、占有率等指标。但是压力橡胶气压管检测技术对温度敏感,当检测周期温差变化较大时,空气开关检测指标不正常,且橡胶管寿命较短,在大交通量环境下易破损,对精度产生不良影响。此外,当车速过慢时,车轮停留在橡胶管上的时间加长,易造成检测精度失真。

(2)石英式称重技术。

石英式称重系统的计重传感器采用石英晶体传感器,利用石英晶体的压电效应、扭转效应、特性效应进行检测。它是将石英元件置于高强度轻型铝合金中空型材内,并对水平压力进行隔离,只采集纵向压力,从而保证采集数据的实用性,提高采集数据的真实性和检测精度。

石英式称重技术的优点是:温度影响小,季节更换不需要对系统进行标定;开挖量小,施工周期最短,交通影响最低;系统结构简单,整体式秤台,称重设备免维护;石英晶体传感器对时间稳定性极好,不需要或很少需要重复校准。

石英式称重技术的缺点及问题包括:低速度段称量准确性差;对速度小于5km/h的车辆,无法进行精确称重;在变速情况下的准确性差;车辆不规范行驶时的准确性差;因为石英传感器较窄,在车辆进行S形、跳秤等行驶状态时,称重结果的误差范围会引起大量客户投诉等争议。

(3)弯板式称重技术。

弯板式称重技术利用弯曲变形原理设计,感知轮胎对弯板的压力变化,其称重本原理为电阻应变式传感器,创新性在于把传感器与承载体合二为一。

弯板式称重技术的优点有:开挖量小,施工周期短;整体式秤台,秤台设备免维护;其称重精度可以达到国家标准 5 级,检定精度:±2.5%;使用精度:±5%。

弯板式称重技术的缺点及问题有:长期寿命和稳定性差,由于弯板式称重系统是整体式秤台,无机械结构,车辆的冲击直接作用到传感器上,长时间连续的冲击会使弯板的形变恢复时间变长,使称重精度下降,稳定性不高;维护成本高,由于采用整体式的结构,如需要更换传感器,则必须更换整个秤台,费用较高;车辆不规范行驶时的准确性差。

(4)单秤台式称重技术。

单秤台秤体宽度 0.7~0.9m,采用 4 只传感器,作为最早期的动态称重形式之一。

单秤台式称重技术的优点在于其称重精度能够满足基本要求。其中,在动态称重方面当车辆以 0~20km/h 匀速通过秤台时,该技术的误差控制在 ±2.5% 以内,符合国家标准 5 级的要求。该技术成本较低,施工周期较短,维护量在可接受范围内。

单秤台式称重技术缺点:对于精度要求较高的场合无法使用。防作弊只能依靠软件算法补偿方式,对 S 形、点刹、跳秤等各种作弊形式都无法完全屏蔽。

(5)双体式称重技术。

双体式称重技术是为了解决单秤台的称重精度低和防作弊差的问题而推出的。该系统的台面宽度为 1.6m 左右,为单秤台的 2 倍,增加了有效称重距离,采集信号更丰富,提高了称重精度,同时加宽台面,对于跳秤、S 形等防作弊形式具备硬件免疫能力。

双体式称重技术的优点有:整车总重量动态准确度等级:2 级,误差系 ±1%。具有优秀的防作弊性能,自身结构完全屏蔽跳秤和 S 形。

双体式称重技术的缺点及问题有:传感器数量增多,秤体材料加大,成本大于单秤台。维护量大于单秤台。

(6)整车式称重技术。

整车式称重技术即整车计量,其中动态整车式称重系统是既具有静态秤高精度,又能保持动态秤高效率的计重产品。

整车式称重技术的优点有:有效称重区域 18~24m,具备超高的称重精度(动态精度指标:在车速≤15km/h 的情况下,准确度等级为 0.5 级);具备完美的防作弊效果,由于车辆自身重量完全处于秤体上,无法进行任何有效的作弊手段。

整车式称重技术的缺点及问题有:设备及施工成本高;在现有称重形式中,秤体宽度最大,传感器个数最多;维护量大,特别是北方地区的冰冻情况下;安装周期较长,对地面的破坏大;对收费广场要求高;对雷电、冬季防滑的安全系数低。

2.3.3 移动交通检测技术

移动交通检测技术是指运用载有特定设备(检测器)的移动车辆(Floating Car,FC)检测道路上的固定标识物来采集交通数据的方法总称。这种检测技术的最大优点是可以获得整个道路网络任一路段的区间交通流数据,因此是未来交通信息检测技术的主要发展方向。目前主要有基于 GPS 的动态交通信息检测技术(亦称 GPS 探测车)、基于 DSRC 电子标签的动态交通信息检测技术、基于汽车牌照自动识别的动态交通信息检测技术及基于手机定位的动态交通信息检测技术。

1）GPS 检测技术

GPS 是一个能够实现全方位、实时定位与导航功能的卫星系统，其已经在许多领域得到了成功的应用。在动态交通流检测方面，运用车载 GPS 来实现动态交通流信息的检测，称为基于 GPS 的动态交通流检测技术。

浮动车是指安装有定位和无线通信装置、能够与交通信息中心进行信息交换的普通车辆。GPS 探测车也称 GPS 浮动车，是指安装了 GPS 接收器，接收车辆运行的 GPS 定位信息，可用作道路交通信息采集工具的普通车辆，它可以采集车辆的行程时间、行程速度和时间平均车速等交通参数，其采集的信息在一定程度上反映了道路车流的运行情况。GPS 浮动车技术具有良好的扩展性，能够获得对自动判别交通状态和交通诱导系统更为有用的行程时间、行车速度等路段交通参数。

（1）检测方法与流程。

具体方法是在车辆上配备 GPS 接收装置，以一定的采样间隔记录车辆的三维位置坐标和时间数据，这些数据传入计算机后，与地理信息系统（GIS）的电子地图相结合，经过重叠分析，计算出车辆的平均车速及其通过特定路段的行程时间和行程速度指标。若在给定的时段内有多辆车经过特定路段，还可以得知该路段的平均行程时间和平均行程速度。

GPS 探测车系统主要由数据处理中心、浮动（或移动）车辆（FC）及 GSM 无线网三部分组成。其中，数据处理中心主要由全球移动通信系统（GSM）通信设备、计算机设备（数据存储服务器、数据处理服务器和 GIS 服务器）构成；FC 是指装备有 GPS 接收机、GSM 通信板和车载计算机的运行在道路网络内的移动车辆；GSM 无线网是控制中心和 FC 之间数据通信的连接设施。

移动车辆利用 GPS 接收装置，以一定的采样间隔记录车辆的三维位置坐标、车速和时间数据等，将这些数据传入车载计算机后，利用 GSM 通信板将浮动车数据（Floating Car Data，FCD）传输到数据处理中心，存储到数据库服务器。数据处理服务器将该数据与 GIS 相匹配，经过一系列处理分析，获得特定路段的行程时间、行程速度以及 OD 出行矩阵等交通参数。

GPS 探测车的基本工作流程为：

①车载 GPS 接收机利用至少 3 颗卫星确定车辆的当前位置。

②车载计算机存储信息并等待差分信息的校正。

③GPS 基准站计算差分信息。

④利用基准站的差分全球定位系统（DGPS）信标数字转发器发送差分信息。

⑤数字转发器将差分数据发送到下一个通信站或者它所覆盖的所有车辆。

⑥浮动车辆通过 GSM 通信板接收到差分数据信息，并将差分数据信息解码。

⑦利用差分数据校正车载计算机中存储的 GPS 定位信息。

⑧校准的车辆位置信息以数字包的形式传送到基准站的数字转发器。

⑨数字转发器核实数据传输的质量，然后将其传送到控制中心或者将其转发到下一个通信站直到数据处理中心。

⑩数据处理中心的计算机系统对数据进行存储,通过数据的融合处理并与 GIS 数据相匹配。

⑪对数据处理中心接收到的数据信息进行一些处理分析,获得所需要的交通流参数。

(2)GPS 探测车的优缺点。

应用 GPS 探测车采集道路交通数据的优点在于:①无须增加道路设施,对环境无负面影响;②检测信息能实时动态地体现道路交通流的运动状态;③定位精度高,定位数据中包括行驶车辆在定位时刻的瞬时速度,蕴涵了道路车流的变化特征。其主要不足是:①需要足够多的 GPS 浮动车辆运行在城市路网中;②存在个别 GPS 检测盲区,因此影响检测效果;③检测数据的通信会受到电磁干扰;④GPS 的定位精度影响其在城市中的检测精度。尽管如此,根据美国 ADVANCE 系统研究,在对交通参数进行估计时,采用 GPS 探测车技术可提供比环形线圈能更精确的行程时间估计,在 50000 个检测报告中,99.4% 是可靠的。

浮动车信息采集系统与传统的浮动车采集方法比较,优势主要表现在:该方法对驾驶员的驾驶行为不作特殊要求;浮动车与数据处理中心之间的信息交换自动完成;浮动车由普通车辆担当,不增加道路交通流量等。由于浮动车检测技术不需要在道路上安装硬件设施,同时系统扩展容易,维护方便,因此,得到了多方面的关注和广泛应用。

2)DSRC 检测技术

DSRC 即专用短程通信技术(Dedicated Short Range Communications),DSRC 动态交通信息检测技术是一种新型电子标签的自动车辆识别(Automatic Vehicle Identification,AVI)检测技术,类似于车牌照识别检测技术,可以检测 ETC 车载单元(On-Board Unit,OBU)中车辆信息,如车牌号、车主姓名、车型等,因此 DSRC 检测器只能检测 ETC 车辆的信息,属于抽样采集。由于其成本低、易安装、可面向大范围路网进行布设,因此具有广阔的应用前景。特别是随着 ETC 车辆技术的普及、成本的下降,ETC 车辆比例越来越高,将 DSRC 动态交通信息检测技术应用于动态交通流信息采集,可以降低动态交通流信息采集的成本费用。

原始的 DSRC 数据主要包括两部分,即检测器的位置信息表和 DSRC 检测器的数据记录表。检测器的位置信息表主要记录检测器所在高速公路的桩号、检测器的编码等;数据记录表包括 ETC 车辆经过时间和 ETC 车辆的 OBU_ID。

由于检测器的位置信息表中记录着检测器所在高速公路的桩号,因此,在高速公路网中,相邻 DSRC 检测器之间路段距离的通过桩号、互通位置计算求得。此外,还需要对 ETC 车辆的 OBU_ID 数据进行匹配,一般当用于交通运行状态实时评估时,对于相邻两个检测器,按车流方向,以终点的时间戳为准,根据车辆的 OBU_ID 匹配在时间周期 T 内到达终点的车辆数据,得到单车的入口时间和出口时间,进而计算得到空间的平均行程时间及平均速度值。当利用历史数据进行行程时间估计时,对于相邻两个检测器,以起点的时间戳为准,根据车辆的 OBU_ID 匹配在一个时间周期 T 内由起点出发的车辆数据,得到单车的入口时间和出口时间,进而计算得到空间的平均行程时间及平均速度值。

依据 ETC 车辆的 OBU_ID 确定数据匹配区间长度,对相邻检测器的断面数据进行匹配,得到单辆车驶入相邻检测器之间路段的时间和驶出该路段的时间,驶出时间与驶入时间的差即该车辆在该路段的行程时间。剔除掉异常数据后,计算路段里程与该车辆的行程时间比值,得到单车的行驶速度。在确定的时间周期内,通过计算经过的所有车辆的速度的算术平均值,即可得到该时间周期路段平均行驶速度。

3)车辆牌照识别检测技术

在动态交通信息采集方面,基于汽车牌照自动识别技术的动态交通信息采集系统通过在两个相邻的检测点对同一辆车的车牌进行识别分析,可以获得车辆的行程时间、行程速度等参数。该系统由数据处理中心、汽车牌照识别装置、照明光源和通信传输设备构成。

基于汽车牌照识别的动态交通信息检测技术的基本工作原理是在路段上以一定间隔设置汽车牌照自动识别装置,当车辆经过安装有汽车牌照识别装置的检测点时,照明光源(白天采用自然光、夜间采用人工辅助照明)发出的光被车辆头部调制,形成一幅包含车牌的光学图像,摄像机捕捉到这幅光学图像后将其转换成为标准的模拟视频信号,该模拟信号经过数字化模块之后转换成计算机可以识别的数字图像。系统的图像处理和识别模块专门用于从数字图像中提取车牌照的信息,系统的通信模块则负责将车牌信息及其时间信息送到数据处理中心,数据处理中心将其存储到数据库中,数据处理中心实时对相邻检测点采集的车牌照信息和时间信息进行分析处理,可以获得该辆车在两个相邻的检测点之间的行程时间和行程车速。

这种检测技术与基于射频识别(RFID)电子标签的动态交通信息检测技术一样,需要在道路上安装大量的附加设施,投资成本过大,使其在一些地区的应用受到限制。但在路网上已安装有满足交通参数采集的汽车牌照自动识别装置的地区,使用这种技术就可获取路网大面积的交通流信息。

为了获得道路交通网络的真实运行状态,道路网络中必须有足够多的装备有移动型检测器的移动车辆才能满足交通流信息采集的精度要求。从理论上讲,道路网络中的所有车辆都为移动车辆时,动态交通信息采集系统可以采集到所有路段上所有车辆的行程车速和行程时间,可以完全真实地判断道路交通的运行状态。但是,由于涉及驾驶员的隐私性、移动车辆上相关装置的共享性等问题,在一定时期内尚不可能在所有的车辆上都安装采集交通信息的特殊装置。在实际应用中,为了准确判断道路网络的交通状态,必须有足够多的移动车辆,即足够的样本量。但考虑到工程的可实施性以及成本费用的最小化等要求,需要对道路交通网络中移动车辆的最小样本量进行研究。这是制约移动式交通检测技术发展的关键问题。

尽管移动式交通检测技术需要大量的设施,投资较大,但是可以检测路网大面积的交通流信息,因此,移动式交通检测技术具有潜在的发展前景。

4)手机信令检测技术

随着全世界手机用户的不断增加以及手机定位等技术的不断成熟,国内外的交通研究人员开始考虑将手机作为探测车完成交通信息的采集。国外的试验和应用表明,利用手机探测车进行交通信息采集是完全可行的。

美国是最早进行该方法研究的国家,其做了大量试验。例如,1999年,美国无线、马里兰大学以及弗吉尼亚运输部等联合在弗吉尼亚首都环路进行相关试验,并开发了 TIPS(Travel Information Probe System)软件。美国联邦公路局(FHWA)、弗吉尼亚运输部以及 Ari Sage 公司联合投资在弗吉尼亚的汉普顿大路上进行了关于手机探测车方法的"Air Sage 演示工程"试验。试验研究表明,尽管定位精度不高,利用手机探测车采集大规模路网交通信息的方法还是可行的。

2001年7月,在欧洲项目 SERTI 的支持下,法国的一个手机运营商 SER、IN-RETS 联合在法国里昂隆河走廊进行了为期18个月的试验。该试验由法国交通部主持,投资100万美元,验证了定位技术测量给定区域内手机探测车的速度、行驶方向和行程时间的可行性,并提出利用打出电话的次数来检测交通事件的思路。试验表明,该方法的应用将可以为公众提供行程时间信息和交通拥挤信息。

(1)手机移动定位技术简介。

手机移动定位技术可应用于导航、紧急求救电话、车辆跟踪及反盗窃、特殊的个人跟踪和基于位置的计费等定位精度需求较高的业务,也可用于无线网络资源管理、城市观光位置服务等定位精度要求较低的业务。根据定位过程中手机和通信网络执行功能的不同,手机移动定位技术可分为3类:基于网络的定位技术、基于手机的定位技术和移动台辅助的定位技术。

基于网络的定位技术由一个或多个基站执行测量,在网络侧进行定位结果的计算。该技术可以支持现有的手机,然而需要对现有通信基站进行升级;基于手机的定位技术由手机发起测量并计算定位结果。该方法一般不支持现有的手机,需要对目前的手机进行升级;移动台辅助定位技术一般由移动台执行测量,测量结果发送到网络侧进行计算。相对其他类型的定位技术,它会引起信令延迟和加大网络负载(特别当手机是位置信息的需求者时),该方法也需要对现有手机进行升级。

基于上行链路到达时间(差)定位方法是由几个基站同时测量来自目标手机的信号到达时间。由于电波的传播速度等于光速,从而可求得距离,进而可知手机的位置。此种方法要求同时测量的基站为3个以上才能得到确切的位置。采用此方法,无须改动现有手机,但要求升级通信网络设备。由于市中心地带多径传播和传播时间略微延迟,定位精度会受到一定的影响。这种定位方式包括 TOA(信号到达时间)定位、TDOA(信号到达时间差)定位。

TDOA 技术需要测量的是移动台上行信号到达不同基站的传播时间差。根据移动台信号经不同路径到达两个基站的时间差,可以确定一条双曲线,若能同时测量3个基站的到达时间,便能确定两条双曲线。根据双曲线的交点,可以确定移动台的位置。

TDOA 定位是根据不同基站所接收到的同一移动台 MS 信号在传播路径上的时延差异实现移动终端定位的。在该方法中,处于不同位置的多个基站同时接收由移动终端发出的普通信息分组或随机接入分组,各基站将接收到上述分组的时间传送到移动终端定位中心(MLC),MLC 根据信号的到达时间差异(TDOA)完成终端位置测算。使用 TDOA 定位技术,必须对基站的软硬件进行改造,而且相邻基站必须能同时监测同一物理信道的信号。此外,为了精确测量 TDOA,网络定时精度也大大高于通信同步的精度。

（2）基于手机定位的动态交通信息检测技术。

手机定位技术以道路上行驶车辆的车载手机为检测对象,检测器仅获得手机 ID 号和经纬度信息。随着手机用户数量的迅速增加,一辆车上存在多部手机的情况比较普遍,故而无法从上述手机信息直接获得独立的车辆行驶信息。因此,需对移动通信网络提供的车载手机信息进行数据处理,以获得手机运行信息和所在车辆的行驶信息,进而对车辆运行信息进行数据融合,以估算检测路段的交通流参数,其检测精度主要取决于手机定位数据处理方法的有效性。

地图匹配是一种将收集的手机定位数据与电子地图中的道路数据进行算法匹配,旨在减少或消除由于各种误差导致的位置偏差,确保目标点精确定位在道路层上的技术方法。精确的地图匹配结果可为车辆跟踪与监测、动态导航、路态导航、路网交通流分析等提供可靠的数据依据。

路段行程时间预测:目前应用于行程时间预测的模型和方法有很多,诸如自回归-移动平均预测（ARMA）模型、BP 神经网络、指数平滑方法和卡尔曼滤波法等,这些模型和方法适用于城市的交通流状况,通过编制程序即可在计算机上实现。具体方法:采用路段的平均行程速度来预测行程时间,采用 Matlab 编制程序、SPSS 统计分析软件等方法,将路段平均速度作为初始输入变量值,预测车辆通过路段的行程时间。

5）浮动车人工检测技术

浮动车技术属于人工采集方法,是当前应用最普遍的行程时间检测技术。工作人员驾驶专门的车辆在事先选好的路线上行驶,以测量行驶所用时间和驶过的距离。浮动车内工作人员可以根据控制中心的指示(即平均车速、浮动车或高速车)来控制车速,通常浮动车检测的是正常的行程时间。在最多跑 6 次车之后,工作人员会测得正常的行程时间。但是,如果希望获取某条给定路线上不同车辆不同的行车时间,就需要有较大的样本量。此时,浮动车就需多次跑车,并在每次跑车的过程中随机选择不同的车辆进行跟驰。

通过浮动车可获得行程时间、车速和延误数据,而在浮动车上记录这些数据的方法有人工方法(通过秒表、笔和纸)、电子距离测量设备(DMI)和 GPS 接收机。

基于浮动车的动态交通信息检测技术的准确度:用浮动车在检测路段跑车 6～12 次,通常可获得较精确的车队行驶车速,置信度为 95%。而检测单个车辆的车速需要更大的样本量,以反映可靠的平均车速状况及车速的多样性。

6）蓝牙检测技术

蓝牙检测是基于蓝牙短程通信技术的一类新型的智能交通信息采集系统,包括蓝牙通信路侧控制单元、服务器端交通数据处理软件、蓝牙移动客户端软件等。对于道路行驶的车辆,若其车内存在任一开启蓝牙功能的设备[车载蓝牙、手机、掌上电脑(PDA)等],蓝牙通信路侧控制单元将对该车辆的蓝牙设备 ID 进行采集,将采集到的蓝牙 ID、车辆通过位置、车辆通过时间等信息实时传送至服务器端,服务器端交通数据处理系统,对收到的数据进行实时分析并入库,通过对蓝牙设备 ID、位置等信息的匹配,实现包括旅行时间(Travel time)、平均速度(Average Speed)、交通拥堵测量(Congestion measure)等重要路网交通特征参数的计算。

（1）蓝牙技术原理。

蓝牙是一种支持设备短距离通信（一般 10m 内）的无线电技术,它不要求固定的基础设施,且易于安装和设置。蓝牙技术是一种无线数据与语音通信的开放性全球规范,它以低成本的近距离无线连接为基础,为固定与移动设备通信环境建立一个特别连接。众所周知,在国内,手机或 PDA 智能设备几乎到了人手必备的普及程度,而蓝牙以其独有的优势业已内嵌至各类设备之中,随着汽车技术的发展,车载蓝牙装置也已在很多出厂车辆中进行配置。

蓝牙工作在全球通用的 2.4GHz ISM（即工业、科学、医学）频段。其数据速率为 1Mb/s。蓝牙技术可以将多个蓝牙节点组成微微网,在微微网中,其中一个蓝牙节点作为主站,主站最多可控制 7 个蓝牙从站,多个微微网可以组成一个散射网;在通信安全上,每一个蓝牙收发器都被唯一分配了一个遵循 IEEE802 标准的 48 位蓝牙设备地址,以此保证数据传输的安全性。由于蓝牙技术具有众多的优势,如协议开放、抗干扰能力强、性价比高、功耗低等优点。基于蓝牙通信的交通信息采集系统工作原理图如图 2-9 所示。

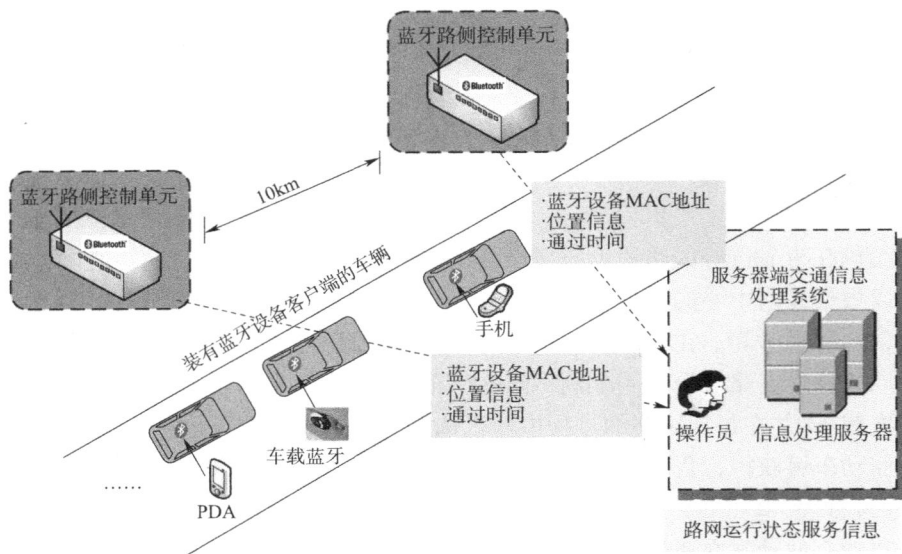

图 2-9　基于蓝牙通信的交通信息采集系统工作原理图

由图中可以看出,本项目所研究的基于蓝牙通信的新型交通信息采集系统,主要可分为三部分,即蓝牙移动客户端、蓝牙通信路侧单元、服务器端交通数据处理系统,三个部分之间以蓝牙通信路侧控制单元为核心实现双工通信。

①蓝牙通信路侧控制单元。

蓝牙通信路侧控制单元为本项目核心研究对象,该设备对其监测范围内通过车辆的蓝牙设备 ID 数据的采集,实现与后台服务器端蓝牙数据处理系统的双向通信。主要功能为:扫描车内已开蓝牙设备的 MAC 地址,将这一数据,外加位置信息和时间戳利用网络实时发送给服务器端,同时可接收服务器端反馈的控制指令信息,完成对该设备的统一控制。

根据实际情况,该设备适合安装在高速公路、市内道路、主要十字路口、重点监测路段等位置,布设距离以 10～20km 为宜,也可布设在距离不是太远的出入口。蓝牙通信路侧控制单元的设计体积很小,造价低,安装简单,可以利用道路的电线杆、路牌等实现简单安装。设备安装的间隔越短,取得的交通信息数据越为精确,效果越好。

此设备与车载客户端采用蓝牙技术通信,与服务器端采用有线技术、无线技术均可进行通信。

②服务器端交通数据处理系统。

该系统为配套研发的后台软件,对蓝牙通信路侧控制单元进行实时监听,接收其采集的蓝牙设备 ID 等信息,通过相应算法进行分析计算,得出道路行驶时间、平均速度、路网运行状况等重要交通特征参数,并可实现对外发布。

③蓝牙移动客户端。

蓝牙移动客户端主要指安装在移动设备上的应用软件,主要有两方面:

补充车辆相关参数信息至服务器端交通数据处理系统,以扩展系统的各类统计分析功能,以实现更多有价值的信息的挖掘;同时该客户端系统可实时接收道路运行状况等信息,免费接收交通信息服务,及时了解路网运行状态,合理调整行驶路线。

(2)蓝牙动态交通信息检测技术。

蓝牙网络建立在跳频的物理层上,具有由不同的跳频序列决定的多个信道,在通信范围内的设备可以形成具有不同拓扑结构的蓝牙网络。物理距离内的设备并不一定存在通信链路,设备之间必须在同步跳频序列后才能建立连接。在进行通信之前,蓝牙设备必须先通过设备发现(Device Discovery)过程找到附近的设备,并获得他们的跳频和设备名称等信息,然后利用这些信息来决定和哪些附近的设备通信。蓝牙动态交通信息检测流程图如图 2-10 所示。

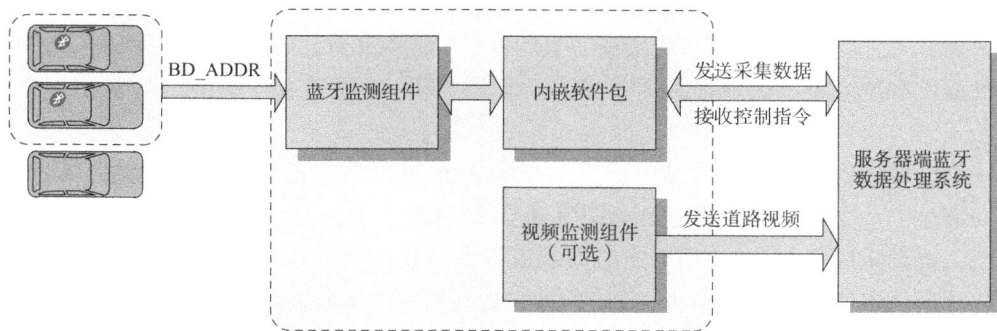

图 2-10　蓝牙动态交通信息检测流程

①设备的发现过程。

蓝牙设备在不同的场合环境下,有各种不同的工作状态,例如刚打开电源、到与其他蓝牙设备互相连接,或是因为长时间不传递数据而进入省电模式,蓝牙设备的各种工作状态适用于各种不同的工作环境。

蓝牙设备有两种主要的工作状态,当与其他的设备互相连接时,称为连接状态(Connection State),在连接状态时的主设备与从设备使用相同的通道访问码与相同的跳频序列,能够互相通信。当与其他的设备无互相作用时,设备是在等待状态(Standby State),设备在等待状态下以内定的系统时序 CLKN 运行,消耗的功率非常低。

当设备要从等待状态进入连接状态时,设备间需要一连串的信号查询(Inquiry)和呼叫(Paging)程序,进行查询与呼叫状态称为中间状态(Intermediate State),讨论蓝牙发现机制的问题其实主要讨论的是中间状态时各种信号的互相交换过程。

当蓝牙设备希望与其他设备连接时,就必须经过中间状态的功能来寻找周围的设备组件,中间状态内的 7 种状态是查询(Inquiry)、查询扫描(Inquiry Scan)、查询回应(Inquiry Response)、呼叫(Page)、呼叫扫描(Page Scan)、呼叫回应(Page Response)、主设备回应等,主要分为查询与呼叫两大类。

呼叫与查询状态的最大差异,在于当主设备不知道周围是否存在有任何的从设备时,必须从查询状态来得到周围所有从设备的 BD_ADDR 地址(BD_ADDR 中包含蓝牙设备的唯一识别码,这个正是蓝牙通信路侧控制单元所需要的)与内部时序,然后进入呼叫的状态与从设备相互连接。若是主设备已经知道要连接的从设备地址,可直接进入呼叫的状态与该从设备进行连接。

不管蓝牙设备是在连接还是等待的工作状态,都能进入呼叫与查询状态,以便加入某个主从网络内。在等待状态的设备由于不与其他设备互相连接,信号处理时比较简单。在连接状态的设备在信号处理上就比较复杂。

由于对蓝牙设备的检测,本项目只要求获取蓝牙设备的 MAC 地址,故下面介绍设备的查询过程。

②设备的查询过程。

在蓝牙系统中,查询过程用于接收设备地址不被发送设备所知,也可以用于发现其他蓝牙设备是否在通信范围内。查询消息不含查询设备的任何消息,但可以指定 GIAC 和 DIAC 两种查询方式,前者用于查询所有设备,后者用于查询特定类型的设备。蓝牙通信路侧控制单元收集所有响应设备的地址和时钟信息。如果需要,可以通过呼叫阶段与其中一个建立连接。

一个设备如果想发现其他设备就进入查询状态,该状态下的设备将连续在不同频点发送查询信息。一个设备需要周期性地进入查询扫描状态响应,查询消息才能使其他设备发现自己。查询响应是可选的,不一定必须响应查询消息。

蓝牙通信路侧控制单元作为查询的主设备,在进入查询时,首先在 A 组频道上广播 ID 包,从设备将周期性地进入查询扫描的状态,选择接收 A 组中 16 个频道的某个频道,并在此通道停留足够的时间,以接收主设备在 A 组上广播的查询信号。当从设备收到主设备的查询信号后,进入查询回应的状态回传 FHS 包给主设备,FHS 包上含有从设备的内部地址、内部时序以及设备种类等数据。

完成了查询过程,蓝牙通信路侧控制单元就获取了检测范围内的蓝牙设备的 BD_ADDR 地址信息。

7)Wi-Fi 检测技术

随着智慧公路建设步伐加快,越来越多的高速公路设置了 Wi-Fi 网络覆盖,而智能手机的普及使车辆内容开启 Wi-Fi 设备的比例也越来越高,为基于 Wi-Fi 动态交通信息检测的应用奠定了数据基础。Wi-Fi 动态交通信息检测技术与 RFID、蓝牙技术类似,仅无线信号不同,基本检测原理有所差异。

Wi-Fi 信号接入点(AP)会周期性地广播 Beacon 帧,显示 Wi-Fi 信号的存在。802.11MAC 层负责移动终端和 AP 之间的认证、漫游、加密、接入等功能。即使移动终端不与 AP 进行认证、接入,也能够从 Beacon 广播帧里读取 AP 的 MAC 地址(BSSID)、AP 的名称(SSID)、Wi-Fi 的信号强度(RSSI)。MAC 地址和 SSID 标识了每一个 AP,由此,可通过 MAC 和 SSID 把不同的 AP 区别开来。Wi-Fi 定位平台收集并存储每个 AP 的位置数据信息,移动终端(多用智能手机)在发送定位请求的时候,把可以检测到的 AP 的 MAC 地址和 SSID 以及 RSSI 信息上传给定位平台,定位平台根据接收到的 AP 数据信息,通过相应的定位算法最终估算出移动终端的位置。

计算位置代表性的算法有中心点法、加权中心点法、AP-ID 法等。此外,还有精度更好的三边法、最小二乘法、Wi-Fi 指纹算法等,一般在公路中应用,由于 AP 间距较大,各种方法检测精度对交通检测的精度影响不大,但是 Wi-Fi 定位除了用于感知路网交通状态外,还同时应用于用户自身定位,因此在实际应用中,采用各种定位方法数量相近,总体上高精度算法应用数量增长趋势明显。以下仅简要介绍中心点法、加权中心点法、AP-ID 法。

中心点法在已知定位区域 AP 的准确位置时,待测点的位置由在该处检测的 AP 对应的位置确定,即将 AP 的位置求平均,平均值即为定位位置。加权中心点法即赋予定位终端在待测点接收到的所有 AP 的位置以权重,这个权重跟接收到的 AP 的信号强度 RSSI 密切相关,接收到的 RSSI 值越大的 AP 的位置,权重就应该越大,在待测点的定位结果里所占比例也就越大。

加权中心法是对中心法的改进,当接收到的 AP 中,有距离待测点很远的 AP 时,单一将所有 AP 的位置做算术平均,定位误差就会很大,而如果根据接收到的信号强度大小不同,赋予 AP 的位置不同的权值,定位误差会减小,精度相对提高。

中心法和加权中心法的优点是计算简单,不用通过很烦琐的计算就可以得到定位结果,能够快速提供定位服务,而且受定位区域环境的影响小。其缺点是定位精度低,受 AP 布置的密度影响较大。

AP-ID 法特殊的中心点法。该方法的应用是在待测点检测到多个 AP 的信息时,选择信号强度最强的 AP 的位置作为定位位置。若中心法中只有一个 AP 时,则演变为了 AP-ID 法。AP-ID 法的优点是计算简洁,缺点是受环境影响较大,当 AP 信号强度波动较大时,定位结果会摆动。

2.3.4　大视域交通检测技术

大视域交通检测技术是指利用航空、航天器进行远距离观测分析的遥感交通检测技术,由于在实际应用中,低空旋翼无人机实时交通监控的成本最低、应用数量大、增长速度快,因此本书重点介绍该技术。

1)低空旋翼无人机交通检测技术

随着近几年民用无人机技术的迅猛发展,基于低空多旋翼无人机的交通信息采集方法引起了世界各地学者和研究机构的关注。相比现有交通信息采集方式(固定型如地磁感应线圈及移动型如浮动车),采用无人机进行交通信息采集具有三大优势:①航拍图像覆盖范围大;②应用条件广,可对无地面交通监控设备的路段进行交通状态数据采集;③获取的交通信息种类多、数据详细,如常规方式无法直接获取的交通密度、排队长度等。

现有多旋翼无人机在路网监测与感知技术中正处于从人工分析向视频自动分析的过渡阶段,无人机主要作为视频拍摄的载体,可进行高空大范围观测或快速长距离路线检测,传统无人机主要以拍摄图像后的人工分析为主,近来随着多旋翼无人机的迅速普及和无线通信技术的发展,越来越多的无人机搭载高清摄像设备、无线图传设备,已经可以实现高空对地面的实时图像传输,应用在路网监控中,推动了无人机视频分析检测技术的应用,因此本书着重介绍无人机在交通信息采集及监控方面的相关应用,包括车辆识别方法和视频图像增稳方法,道路方向检测与道路区域识别方法,机动车、货车及公交车检测和车辆跟踪,以及基于红外热图像的行人及自行车的检测与跟踪方法,但不涉及无人机控制及检测方式等内容。

(1)技术概况。

基于多旋翼无人机航拍图像进行交通信息采集,是在无人机平台上搭载光学摄像仪或扫描雷达等传感器或设备,利用航拍图像检测道路并实现对地面车辆及行人的检测与跟踪。国内外目前已有不少学者和研究机构在这一领域进行了相关研究。

美国亚利桑那大学研究人员使用无人直升机拍摄的视频来估算交通参数。为了消除无人机平台运动造成的视频抖动问题,他们采用基于特征点跟踪的视频配准方法来消除背景图像的运动,然后应用帧差法检测车辆,并利用 KLT 特征跟踪器对车辆进行跟踪,同时利用检测到的车辆轨迹数据对平均车速、瞬时车速及其他参数进行了估算。同时,他们对如何从无人机低空航拍图像中提取交通参数作了较多研究。他们提出了一系列方法用于提取航拍图像中的信息,如车速、旅行时间、交通密度和排队延误等交通参数。此外,还提出了两种基于无人机低空航拍图像的交叉口排队长度估算方法:一种方法是直接通过统计车辆数获取排队长度,但这种方法的准确度会受到车辆检测结果的影响;另一种是通过多边形的面积来估算多边形内的车辆数目及排队长度。另外,他们提出了一种道路区域估计方法,这种方法可以用来缩小检测的道路区域,从而提高车辆检测和跟踪的效果。俄亥俄州立大学的研究人员利用无人机采集的数据来对道路服务水平进行评价,包括估算年平均日交通流量、小型路网的 OD 和停车场的使用率。美国南佛罗里达大学的研究人员总结了前人的研究成果,利用小型无人直升机采集的实时时空数据进行交通监控、交通模式评估和车辆统计,并将获得的时空数据转换成能够导入交通仿真模型的流量配置文件,用于提高模型标定、交通仿真和交通预测的精度,提高交通仿真的可靠性。德国宇航中心的研究人员对如何从空基图像中提取精确的交通流参数进行了进一步研究。为了实现多参数的精确提取,他们对视频采样的最小频率进行了研究,并使用数字道路数据库来改善车辆跟踪算法。

国内这方面的研究也比较成熟。如上海交通大学的研究人员对无人机的路径规划问题进行了相关研究,并对无人机在交通信息采集方面的应用进行了剖析和分解;武汉大学的研究人员利用飞艇采集的航拍视频进行了车辆检测与跟踪技术研究,并基于这些技术对交通参数进行估算;中国科学技术大学的研究人员则将机器学习、KLT 特征跟踪和配准等技术综合应用于车辆检测与跟踪方面,并取得了显著的成果。

无人机具有飞行不受地面道路限制、视野广、机动灵活等优点。一方面,对于没有布设交通监控设施的地区,无人机可以作为一种移动式交通监控设备完成交通监控的任务;另一方面,对于交通监控的盲区,无人机作为移动监测平台,可完成盲区监测的任务。随着近几年元器件成本的下降和无人机技术的发展,民用无人机在功能更加完善的同时,价格也更加低廉,这将有力地促进无人机在交通监控领域的应用。

现实中,将无人机应用于道路交通监控还面临较多需要解决的问题,包括如何制定针对交通监控的无人机系统、自动化的交通状态感知系统以及相关法律法规等。本节将围绕无人机在交通监控上的应用,就无人机交通数据采集系统集成和基于无人机航拍图像的车辆与行人的检测与跟踪算法进行系统介绍。

(2)数据采集系统框架。

基于多旋翼无人机的交通状态感知系统主要包含两部分:多旋翼飞行器平台、可见光与红外热感图像采集设备。

①多旋翼飞行器平台。

多旋翼无人机系统是以多旋翼飞行器为载体,搭载飞行控制器、摄像机、摄像增稳云台、编码正交频分复用(COFDM)图像传输模块、GPS 模块及数据通信电台。多旋翼无人机系统具有人工遥控、人工超视距遥控、自主飞行三种模式。飞行器与地面端的控制指令和监控数据传送通过双向数字通信电台来实现。飞行器本身具有完成精准悬停、匀速巡航、大机动转弯等飞行动作能力,但由于采用电力驱动,其滞空时间较短,抗风能力弱,应用中长预备多组备用电池,需要在使用过程中随时进行人工替换,不适合进行长时间交通监测。

②可见光与红外热感图像采集设备。

多旋翼无人机交通信息采集的核心是通过无人机搭载成像设备进行航拍,以获取现场航拍数据。无人机成像设备分为光学(可见光、红外)和测绘雷达等,较常用的为可见光和红外热成像设备。

a.可见光图像采集设备。

可见光图像采集设备一般包括摄像机和增稳云台。为延长飞行器的续航时间,选择摄像头的原则是在满足清晰画面的基础上优先选择重量小的设备。增稳云台的作用是自动抵消飞行器运行过程中的俯仰角、侧倾角及滚转角的变化,实现摄像机姿态的稳定并保持垂直正摄状态,以获得清晰、无晃动的影像,降低后续图像处理的难度。同时,数据收集系统安装了 COFDM 无线图像传输模块用于长距离的图像传输。

COFDM 具备如下优点:不受环境影响或受环境影响小,即在一定阻挡的环境中,也能够实现图像的稳定传输;适合于高速移动中的实时图像传输;传输带宽高,适合高码流、高画质的音视频传输;在复杂电磁环境中,COFDM 具备优异的抗干扰性能;传输距离远,可达到 10 ~ 50km。上述特点保障了无人机在高速公路巡查过程中图像的稳定传输。

b.红外热成像设备。

红外热成像设备是利用物体发射出的红外线来实现目标检测。一般来说,利用红外热成像设备对物体进行检测与白天或夜间无关,只与物体与环境的温差相关。与基于可见光的图像采集设备相比,红外热成像设备可实现全天候的交通态势监控,尤其对于行人等较小的目标,红外热图像可以达到比较好的辨识效果。但红外热成像设备存在分辨率和采样率低的不足,因此,对高速运动的目标检测有一定的限制。这里采用长波红外热成像相机机芯进行红外图像采集,该设备最大分辨率为 640×480 像素,采样频率为 $9\,\mathrm{Hz}$。

(3)基于视频数据的改进车辆检测方法。

图像处理技术是实现自动化交通信息采集的基础,相关研究比较多。为了实现车辆的快速检测,无人机采用了基于物体检测框架基础上改进的车辆检测方法。由于无人机的运动会造成航拍视频抖动,首先介绍消除视频抖动的视频配准方法。

①视频检测方法。

视频检测算法采用 Haar 特征分类器,其基本原理是将多个弱 Haar 分类器级联成一个强分类器。Haar 特征是算法的核心,该特征由白色和黑色两种矩形构成,特征值为白色矩形和黑色矩形的像素差。Haar 特征可以用积分图像进行快速计算。积分图像用来表述图像的一种中间形式。但是这些单独的 Haar 特征值是弱分类器,给出正确判断结果的概率仅仅比随机选择正确的概率略大。因此,为了构建一个强分类器,应用 AdaBoost 算法将数百甚至数千个独立的弱分类器特征训练成一个级联分类器。

AdaBoost 算法训练的强分类器检测速度快,但是仍然达不到实时性的要求。为了提高检测速度,强分类器被组合成级联分类器。在训练过程中,只有检测通过当前层分类器的样本被用于训练下一级的分类器。使用这种级联分类器,若待检测的图像在分类器的某一层被判为非目标物体,该图像的检测将立即结束,不再进行级联分类器后续环节的判断。级联分类器本质上是一种决策树,这种结构的优点在于,当检测一帧图像时,如果级联分类器中的某一级分类器否定了该图像,则检测过程直接中断,因此物体检测的主要时间将用于检测期望值更高的图像。这种检测策略极大地提高了检测器的速度,既实现了物体检测的尺度不变性,又实现了实时性。

利用 Viola-Jones 方法进行车辆检测,首先需要训练分类器。训练分类器的第一步是建立样本库,样本库是一个包含正负样本的图像数据集。这个过程需要手工选取上万个车辆正样本和负样本。为了提高检测率,对一些特殊情况下的车辆样本也需要进行收集,如相对于水平线有轻微旋转角度,周围有白色标线,周围有阴影。样本选取后,正负样本需要先转换为灰度图像,并将尺寸归一化为 40×20 像素。每个 40×20 像素的灰度图像可以提取出479430 个不同的 Haar 特征。通过训练过程筛选出几百个 Haar 特征构成了一个具有多个阶层的级联分类器。

②道路方向矫正方法。

直接利用上述方法检测无人机航拍图像中的车辆仍有一定的局限性,其原因是该物体检测方法具有方向性,即该方法只能检测与正样本中朝向一样的车辆。当用于检测无人机航拍图像时,由于无人机平台的运动,航拍图像中车辆的方向是未知而且是变化的,这种情况下该方法的检测性能就会大大地降低。一般情况下采用以下两类方式处置:一类是通过训练多个不同朝向的分类器来实现不同方向的车辆检测;另一类是通过多次旋转图像涵盖360°内各种朝向的车辆。但是训练多个分类器的方法费时费力,对同一图像检测多次的方法耗时严重而且会增加误检率。为了解决这个问题,还可以采用通过矫正道路方向来获取车头方向的方法。与训练多个检测器或多次旋转图像不同,该方法只需旋转图像一次,将道路及道路上的车辆调整为水平方向,车辆的方向因而正好与训练好的分类器相对应。将道路矫正方法与算法相结合,可以使该算法适用于航拍道路方向未知情况下的车辆检测,并且满足高效检测的需求。

道路方向矫正方法本质上是根据道路方向(道路和图像水平方向的夹角)来旋转图像,使旋转后道路上的车辆方向与训练的分类器方向相匹配。这样,该算法就可以直接应用,从而实现高检测率、低误报率,并且检测速度快。

道路方向矫正的基本步骤如下:

a.将采集的原始彩色图像转化成为灰度图像。

b.应用 Canny 边缘检测和霍夫变换提取边缘和线条。

c.计算每条被检测到的线条方向,然后根据这些角度来绘制相对直方图。相对直方图的最大分布频率所对应的角度就是道路方向。

d.为了减少平面旋转时产生的抖动,使用一阶滞后滤波算法对该帧的最终旋转角进行平滑处理。旋转之后,道路和车辆的方向将与图像的水平方向对齐。

(4)基于多颜色直方图的车辆跟踪算法。

车辆跟踪本质上是对连续帧中的车辆进行匹配。本节提出的车辆跟踪方法是比较车辆的颜色直方图。不同的车辆会有不同的颜色直方图,所以通过比较某一时刻记录的图像帧中识别到的目标车辆颜色直方图和后续时刻对应的图像帧中检测到的目标车辆颜色直方图,可以找到最佳匹配车辆,从而实现目标车辆跟踪。为提高跟踪的效率,这里所提出的车辆跟踪系统首先采用了一个简单的车辆位置预测方法,该方法先在连续帧中大约估计目标车辆的可能位置,之后只比较在连续帧中预测位置周围车辆的颜色直方图来寻找最佳匹配。通过实施车辆位置预测,可大幅提高跟踪的效率和准确率。

①车辆位置预测。

车辆位置预测可以减少搜索区域,从而有效地提高跟踪效率。通常情况下,需要知道车辆的运动方向和车速才能预测车辆的位置。相关学者利用交通信息(如车速)和道路信息(如车速限制和方向)进行车辆位置预测,但是这种数据很难从视频中获得。需要通过随机设置一个矩形区域作为搜索区域,其长宽比与检测器输出的检测窗口长宽比一致,且检测窗口大小大约等于图像中被检测出来的车辆大小,并且这个窗口的大小可以根据车辆在图像中的大小自动调整。

②基于颜色相似的目标匹配。

通常在下一帧中的搜索区域尺内,会有不止一辆车被检测出来。为了找到前一帧的同一辆车,需要进一步筛选,这里采用颜色直方图相似性匹配的方法在矩域内寻找目标车。对于一幅单通道图像,用每个像素的强度值来表征某个像素在图像中出现的频率。为了增强目标车与不同车匹配时直方图相似性的区分度,考虑了包括红、绿、蓝 3 个通道及灰度图 4 种图像的单通道颜色直方图。因此,可以计算两幅图像的 4 个通道的颜色直方图相似性匹配结果,通过比较阈值判断这两幅图像中包含的车辆是否为同一辆车。被跟踪车的直方图与位置会被更新成当前车辆的状态。跟踪程序继续在下一帧中搜索目标车辆的最佳匹配，直到车辆离开无人机相机的视野。

2）固定翼无人机交通检测技术

固定翼无人机在遥感技术中发展较早，但其主要用于遥感测绘、灾害评估，由于其飞行距离远，数据实时传输成本较高，实际应用中多存储在本地，待降落后人工读取数据，因此该技术在实时交通检测中应用较少。

固定翼无人机相对于旋翼无人机，具有良好的气动性能，飞行性能优良，操纵性、稳定性好，抗风能力强，载荷能力强，可机载大量设备，特别可搭载较重的高分辨率光学仪器和设备，另外其活动范围大，一次可进行几十公里以上道路的遥感检测，效率高、精度大。但是，固定翼无人机相对成本较高，无法在一个位置进行悬停检测，其飞行、降落需要较大空间场地，且降落过程中设备损害率较高，造成系统运维使用成本高。另外，由于通信技术限制，基本无法实现检测数据实时传输。

3）悬浮式飞行器交通检测技术

悬浮式飞行器主要指汽艇、热气球，以此为载体的交通检测技术，在天气良好的条件下，可以实现高空长时间的定点遥感，相对于旋翼飞行器，其滞空时间长，几乎不受限制，无电池电量、载重负荷影响，是重大活动高空保障的重要方式。但是，由于悬浮式飞行器多为有人驾驶飞行器，不能用于长期交通检测使用，加之其飞行速度慢，不适合沿线状飞行检测带状区域。另外，由于该飞行器体积大，受航空管制限制较多，故我国使用量不大。

4）卫星遥感

卫星遥感在交通领域的应用研究始于20世纪80年代，是交通领域一次重要的技术革新。进入21世纪以来，随着Quick Bird、Worldview-1/2、Geoeye-1等高分辨率商业卫星的发射升空，遥感影像的数据质量大幅提升，对地观测能力不断提高，为智能交通系统中交通信息的精细化探测提取研究提供了有利条件，从而使得基于高分辨率卫星影像的遥感技术在现代交通领域的应用范围与应用深度不断拓展，在公路、铁路、水运、管道等各种交通运输方式中，在地物提取、目标识别以及变化监测等具体运用中，卫星遥感的技术优势与价值效益正在逐步显现。

从高分辨率卫星影像中提取车辆目标，本质在于从影像上提炼出车辆知识和获取交通数据，服务于交通行业的分析和决策。目前，分辨率优于1m的影像数据除了大家目前所熟知的Quick Bird、OrbView-3、Worldview-1/2以及Geoeye-1数据以外，还有星载合成孔径雷达系统（Synthetic Aperture Radar，SAR），包括德国的Terra SAR-X和加拿大的RADARSAT-2卫星数据等。影像数据质量的提高以及数据种类的丰富，使得图像中车辆目标的层次结构与类别属性更加明显，提取条件也更加成熟。

（1）车辆提取模型。

在车辆提取中多采用两种车辆模型来进行车辆目标的识别探测，分别是基于外观的隐式模型和显式模型。显式模型是从上而下的知识驱动，常用盒子或线框表示法来描述车辆，然后对图像上的各部分进行从上而下的模型匹配来提取车辆；隐式模型是从下而上的数据驱动，主要由围绕每个像素的强度和纹理特征构成，通过检查周围图像像素的特征向量来执行检测。

（2）算法。

卫星图像中地物目标识别与提取的算法有很多，如复合匹配法、主成分分析法、种子点生长法、形态学算法等，而针对小型地物目标的车辆提取算法目前来说不算太多，较为流行的有三种：模板匹配法、形态共享权神经网络法及人工免疫系统算法。

（3）不同空间分布形态下的车辆提取。

按照分布区域来说，根据车辆目标在卫星图像中的空间分布形态主要可划分为单车辆目标和车辆队列。车辆队列简化为线状模型，在利用已知信息确定道路的方向和位置后，可通过边缘提取和宽度函数分析，提取车辆队列并进一步识别单个车辆；或者用车辆目标宽度和地面的辐射反差提取车辆队列，分别检测出了明色和暗色车辆队列；在非城市区域的自动交通监测研究中，还运用特征提取以及支持向量机（SVM）的方法探测单个车辆。

（4）不同运动状态下的车辆提取。

车辆在不同的场合下运动状态也会不同。一般来说，高速公路上的车辆运动速度最快，城区内的车辆移动较慢，当遇到拥挤排队或者阻塞时，车辆目标移动速度近乎为零。有研究者利用 Worldview-2 卫星影像中全色及多光谱图像获取的微小时间差分别进行了高速运动车辆和慢速运动车辆的目标识别与交通流参数提取试验，获得较高的车辆检出率和提取正确率。此外，还有采用多阈值和 Ostu 阈值法，对 1m 分辨率的 IKONOS 全色图像聚类分析进行车辆探测和计数，以及将 1m 分辨率的全色 IKONOS 卫星遥感数据进行二值化图像处理进行检测分析的，这些算法都能取得不错的车辆提取效果。

一般在常用的 0.6～1m 分辨率的卫星影像上，由于车辆细节信息很少，没有多余的子结构，因此，通过显式模型实现车辆探测的较少，多数采用自下而上的隐式模型，而建立的车辆模型或者过于简单化，或者过于细节化，极易造成误检或提取失败。在进行单个车辆目标的识别提取时，一般先通过队列模型提取出车辆队列，再从车辆队列中逐个提取单一车辆；高速公路及城市道路由于车辆的速度差异及分布形态的多样，则可借助车辆目标识别提取交通流参数。

2.3.5　交通状态感知技术比较

1）固定交通检测器性能比较

各种固定交通检测器的优缺点比较如表 2-2 所示。

常用固定交通检测器的优缺点比较　　　　　　　　　　　　　　表 2-2

车辆检测器	优点	缺点
感应线圈检测器	成熟、易于理解的技术； 灵活多变的设计，可满足多种实施状况的需求； 与非地埋型检测器相比，价格便宜； 提供基本的交通参数（如车流量、出现、车道占有率、速度、车头时距和车头间距）； 采用高频励磁的型号可提供车辆分类数据	安装和维修需关闭车道，对交通流造成干扰； 在路面质量不好的道路上安装时易于损坏； 路面翻修和道路设施维修时可能需要重装检测器； 检测特定区域的交通流时需要多个检测器； 降低道路寿命； 对路面车辆压力和温度敏感； 当车辆类型变化较大时精确性会降低； 需要对检测器作定期的维护

车辆检测器	优点	缺点
磁力检测器	某些型号无须开挖路面即可安装于路面下；安装所需时间比感应线圈短；可用于感应线圈不适用的地方；对路面车辆压力的敏感度低于感应线圈；某些型号可通过无线电传输数据	安装需要刨开路面或在路面下挖掘管道；安装和维修需关闭车道，对交通流造成干扰；降低道路使用寿命；要想对静止车辆进行检测，需借助特殊传感器设计或使用信号处理软件；对于检测区域较小的型号检测全部车道需多个检测器
红外线检测器	主动式红外线检测器发射多光束的红外线保证对车辆位置、速度及车辆类型的准确测量；可实现多车道检测；多检测区域的被动式红外线检测器可测量车速；测速精度高，可检测静止车辆，不受环境亮光影响	当雾天能见度低于 6m 或高吹雪天气时，检测性能会下降；在大雨、大雪或浓雾天气下，被动式红外线检测器的灵敏度会下降；性能随环境温度和气流影响而降低；非车辆物体通过影响系统正常工作
微波雷达检测器	在较短的波长范围内，微波雷达对恶劣天气不敏感；多普勒雷达可实现对速度的直接检测；侧向安装，可实现多车道检测；安装维护方便、无须破坏路面，检测精度高	天线的波速宽度和发射波形必须适合具体的应用要求；多普勒微波雷达不能检测静止车辆，在交叉口的车辆计数效果不好；发射信号易掩盖接收信号，泄漏功率使接收灵敏度降低
超声波检测器	可实现多车道检测；体积小、易于安装；安装维修无须开挖路面，易于实现车型分类，能检测静止车辆	受温度变化、强烈的气流紊乱等环境因素影响，易受行人影响；某些型号设计了温度补偿装置，当高速公路上车辆以中速或高速行驶时，检测器采用大的脉冲重复周期会影响占有率的检测
声学检测器	属被动式检测器；对降水天气不敏感；可实现多车道检测	较低的温度可能会影响检测准确度；某些型号不适用于检测慢速移动的车辆
视频检测器	多检测区域，可检测多车道；易于增加和改变检测区域；可获得大量交通数据；当多个摄像机连接到一个视频处理单元时可提供更广泛的检测	恶劣天气如雾、雨、雪，阴影，车辆投射到相邻车道的阴影，交通阻塞，光照水平的变化，车辆与道路的对比，摄像机镜头上的水迹、盐渍、冰霜和蜘蛛网等都可能影响检测器性能；为取得车辆出现和速度检测的最佳效果（在路边安装摄像机情况下）需将摄像机装于 6~7m 的高度；某些型号对因大风引起的摄像机振动较敏感；当需检测多个检测区域或特殊数据时，检测器才会有较高的性价比
压力橡胶气压管检测器	便于迅速安装、耗电少、费用低廉、维修简单，且对路面无伤害，适合临时检测使用，可检测车速、占有率等指标流量	压力橡胶气压管检测技术对温度敏感，当检测周期温差变化较大时，空气开关检测指标不正常，且橡胶管寿命较低，在大交通量环境下易破损，对精度产生不良影响。此外，当车速过慢时，车轮停留在橡胶管上的时间加长，易造成检测精度失真

2）移动交通检测器性能比较

各种移动交通检测器的优缺点比较如表2-3所示。

典型的移动型交通检测器的特点比较　　　　表2-3

技术	优点	缺点	可检测参数
基于GPS的动态交通信息检测技术	数据检测连续性强；全天候条件下工作	需要足够多装有GPS的车辆运行在城市路网中； 检测数据通信容易受到电磁干扰； 在城市中的检测精度与GPS的定位精度有很大关系	直接：交通流量、瞬时车速； 间接：行程时间、行程车速； 可实现多车道覆盖
DSRC动态交通信息检测技术	数据检测连续性强；全天候条件下工作； 可以提供自动收费功能	车辆必须安装有ETC设备； 必须有足够多车辆安装有ETC； 必须有良好的滤波算法，以消除个别车辆因运行故障引发的数据误差	直接：交通流量； 间接：行程时间、行程车速； 可实现多车道覆盖
基于汽车牌照判别的动态交通信息检测技术	数据检测连续性强； 全天候条件下工作； 车辆无须安装其他设备； 可以检测路网所有车辆信息	检测精度受天气和光源影响较大； 检测精度受汽车牌照的清晰度影响	直接：交通流量； 间接：行程时间、行程车速； 摄影机的安装位置和角度满足条件时，实现多车道覆盖
基于手机探测车的交通信息检测技术	可提供城市、高速公路等整个路网的交通信息； 无须安装高成本的车载设备； 可直接获得速度、行驶方向及行程时间等信息； 克服了固定检测器只能检测路侧位置交通信息的缺点	有时会发生丢包现象； 实际速率比理论值低； 存在转接时延	整个路网（包括高速公路、快速路、城市干道等）的车辆位置、速度、行程时间、行驶方向、交通事件信息
基于蓝牙动态交通信息检测技术	数据检测连续性强； 全天候条件下工作； 可以提供自动收费功能	车辆内必须有蓝牙设备； 必须有足够多车辆打开蓝牙功能； 必须有良好的滤波算法，以消除个别车辆因运行故障引发的数据误差	直接：交通流量； 间接：行程时间、行程车速；实现多车道覆盖
基于Wi-Fi动态交通信息检测技术	数据检测连续性强；全天候条件下工作； 可以提供自动收费功能	车辆内必须有Wi-Fi设备；必须有足够多车辆打开Wi-Fi功能； 必须有良好的滤波算法，以消除个别车辆因运行故障引发的数据误差	直接：交通流量； 间接：行程时间、行程车速；实现多车道覆盖

3）大视域交通检测器性能比较

各种大视域交通检测器的特点比较如表2-4所示。

典型的移动型交通检测器的特点比较   表 2-4

技术	优点	缺点
低空旋翼无人机交通信息检测技术	系统造价合理,运维使用成本低; 飞行器可在空中悬停,适合进行固定区域检测; 可实时进行交通检测	抗风能力差,气象条件恶劣时不能使用; 空中连续检测事件短(一般小于 1h),较长时间检测需要人工更换备用电池; 低空飞行受相关法规管制,人员密集区域伤害风险较高
固定翼无人机交通信息检测技术	抗风能力较旋翼强,适用范围更宽; 飞行速度快,可沿公路线形检测; 在测绘方面技术成熟度高	数据传输成本高,多采集后集中回传数据,检测实时性差; 降落需要一定场地,且损毁风险高,总体运维成本高; 同旋翼一样,受相关法规管制
卫星交通信息检测技术	不受航空管制影响; 检测范围大	成本最高,很少用于实时交通检测; 受管制,我国 1m 精度以上很少民用; 光学遥感受大气能见度影响大; 多频谱雷达精度低,噪声大; 受卫星轨道运转影响,不能连续监测一个区域,连续监测要多星协同

4) 固定、移动与大视域交通检测技术比较

由上述各种表格的对比分析可知,固定交通检测器获取的主要是地点交通流参数,在不同的道路、交通和天气条件下,固定动态交通检测器虽然在检测精度、成本费以及检测器的具体安装方式等方面存在较大的差异,但存在两个共同点:①可以提供交通量、时间平均车速和占有率等基本交通流信息,检测精度一般高于移动型;②道路网中检测器的空间位置密度对交通状态的判别效果有显著影响。

固定交通检测器对行程时间、行程车速和排队长度的检测是困难的,只能由平均车速计算得出。对交通密度只有视频检测器可直接测量,其他的路侧型检测器只有检测占有率来替代密度。固定交通检测器中,首推具有大面积、多车道检测功能的视频检测器,其次是微波检测器。固定交通检测器技术比较成熟,有些检测器的性价比较高,其检测数据源来自道路。

移动交通检测器主要获取的是大区域的路段交通流参数,其可以检测路段的行程时间、行程车速及瞬时车速等区域性、连续性的交通参数,这也是移动交通检测器独特的优势。其检测数据源来自移动的车辆。由此可知,移动交通检测器获取的交通参数主要为城市道路交通规划和道路及交叉口渠化设计所用,而固定交通检测器采集的交通参数主要用来进行道路交通控制和管理、交通监控等。

大视域交通检测技术相比固定交通流检测方法具有以下优点:①无须破坏地面,对地面交通无影响。航天遥感轨道在 400km 高度以上,完全不会影响地面交通和民用交通。②覆盖区域广。航空遥感技术覆盖宽度一般为 5~20km,航天遥感技术则更宽更广,完全可以采集到一个非常大区域的瞬时交通数据。③几乎能全区域检测。基本不受地形限制,即使在发生灾害、环境恶劣、偏远地区、人无法地面作业时,遥感影像数据均可以可靠获得,交通流

检测能得到有效保障。④能获得丰富的交通信息。作为一种独立、高效的信息来源,航空、航天遥感不但能提供大范围的数据,还可体现车辆与地面物体间的时空关系,适合于气象、地质灾害或战争中交通综合分析。

在实际工程应用中,经常结合移动检测器和固定交通检测器的优点,在数据层面融合建立动态交通实时监测模型,实现交通管理与诱导。大视域交通检测已经越来越多地出现在应急事件交通检测中。

2.4　道路设施状态检测技术

2.4.1　路面健康监测技术

路面健康监测技术主要应用于路面的周期性检测,其数据结果对于道路监控系统调整周期性路网管理策略具有指导意义,现阶段不具备实时监测路面健康状态的条件和需求。路面健康监测技术分为两类:一是接触式检测技术,包括车载式颠簸累计仪法测平整度技术、自动弯沉仪连续测量路面弯沉技术、落锤式弯沉仪连续测定动荷载弯沉检测技术、单轮式和双轮式横向力系数测试技术等;二是波频、激光、视频类非接触式检测技术,包括超声路面检测技术、激光路面检测技术、激光成像路面检测技术、图像分析路面检测技术、雷达路面检测技术等。

1)车载式颠簸累计仪法测平整度技术

该仪器主控制系统对测试装置的操作实施控制,完成数据采集、传输、存储与计算。颠簸累计值测试装置测试车辆在行驶中后轴与车厢之间的单向位移累积值 VBI(cm/km)测定平整度。VBI 与 IRI 之间需通过标定建立转换关系,对实际测试中每种速度都应单独进行标定,建立相关关系公式。目前国内已有激光颠簸累计仪,测试速度在 30~80km/h 之间,最大测试幅值为 ±20cm。

2)自动弯沉仪连续测量路面弯沉技术

自动弯沉仪的测试原理是用一根测试梁来模仿贝克曼梁,通过工业微型计算机控制测试梁在被测路面上拖动实现连续测量。由于国内自动弯沉仪是模仿贝克曼梁的工作方式,自动弯沉仪是定点测量,测试速度也只能达到 6km/h 左右。

3)落锤式弯沉仪连续测定动荷载弯沉检测技术

落锤式弯沉仪适用于测定标准质量的重锤落下一定高度发生的冲击荷载作用下,路基或路面表面所产生的瞬时变形,即测定在动态荷载作用下产生的动态弯沉及弯沉盆。落锤式弯沉仪所测结果需经转换至回弹弯沉值后才可用于评定道路承载能力,还可用于路面结构脱空识别及路面板间传荷效率分析。应在静止的情况下检测,按照 10 点/km 的测试要求,其测试速度约为 3km/h。

4)单轮式和双轮式横向力系数测试技术

单轮式和双轮式横向力系数测试技术已经可以实现测试速度 50km/h 左右的自动化连续测试。其评价指标是横向力系数,测试系统原理是在路面潮湿状态下,测试与行车方向成一定角度的试验轮产生的横向力。其中洒水及测试轮的装置采用计算机自动控制技术,数据的采集、存储和计算部分用计算机来操作。

5)超声路面检测技术

超声波车辙仪测试技术是在路面检测技术中利用了超声波传感器采集路面的高程信号。超声波传感器的检测性能几乎不受任何环境条件的影响,包括烟尘环境和雨天。其中超声波车辙测试仪一般由不少于13个测点的超声波测距传感器组成,根据路面横断面数据来计算车辙深度。

超声波车辙仪测试技术存在的主要问题有:①空气的局部温度不同时,超声波传感器在传输介质的分界处反射和折射可能会导致误动作,风吹时检出距离也会发生变化。②传感器表面的水滴缩短了检出距离。③有蒸汽的区域大气不均匀,将会产生温度梯度,导致测量错误。④传感器接收到有一定角度的反射波、镜面的反射波或者经多次反弹的波都存在误差。⑤噪声问题,周围环境也会产生类似超声波传感器的工作频率的噪声。比如,电机转动和轮子在比较硬的地面上的摩擦产生的高频噪声,机器本身的抖动,这些都会引起传感器接收到错误的信号。⑥当多个超声波传感器按照一定角度被安装在一台设备上时会引起交叉问题。

6)激光路面检测技术

激光路面检测技术应用激光具有高定向性、高单色性、高相干性和高亮度及可调谐等特点,可实现无接触远距离测量。激光传感器常用于长度、距离、振动、速度、方位等物理量的测量,还可用于探伤和大气污染物的监测等。常见的激光测距传感器,其激光传感器能精确地测定传输时间。相对超声传感器而言,激光传感器具有很高的测量精度和速度。各类车载式激光测试仪均利用测距传感器来测量路面平整度、抗滑性、弯沉等。

7)激光成像路面检测技术

激光成像及处理技术利用激光束扫描物体,根据反射回来的光束排布顺序不同而成像。激光成像具有超视距的探测能力,可用于卫星激光扫描成像、激光扫描显示等科技领域。

线激光连续测试方法通过激光成像和数字图像分析技术得到行车道横断面相对高程数据,计算出车辙深度。这类方法测试效率高,安全性较高,测试精度稍差一些。

目前激光传感器的精度高,抗干扰能力强,是应用较多的路面检测设备,但激光传感器也有不足:要避免二级以上激光照向眼睛;高反射表面,未适应周围温度,且周围环境非常明亮,误差达几毫米;测量透明目标物,测量结果可能不可靠。激光的测量速度受反射目标的影响。如果目标能较好地反射激光,就能进行快速的测量。激光遇到雨、雾、灰尘、水时命中精度会降低;激光传感器遇到高于正常测量温度时会产生误差。

要注意操作的规范,避免激光照射到眼睛;注意测试的环境条件等。

8)基于图像分析的路面检测技术

线阵相机传感器的高分辨率使它非常适合应用于测量场合,准确测量达微米级。线阵相机可以对图像一行一行地进行处理,或者对由多行组成的面阵图像进行处理。

线阵相机适合被测视野为细长的带状,多用于在滚筒上检测;或需要极大的视野或极高的精度,进行多次拍照,将所拍下的多幅"条"形图像合并成一张巨大的图。在大的视野或高精度检测情况下,其检测速度较慢。

基于图像分析的路面检测技术目前存在的问题有:

(1)设备主要能识别裂缝类病害,对于拥包、波浪、沉陷等三维病害尚不能准确识别。

(2)后处理工作量较大,误判、漏判率较高,需由人工后期逐图判读,处理时间过长。

(3)人为及天气因素对于测试结果准确性有一定的影响,如不同天气状况下识别的效果均不一样。

9)雷达路面检测技术

探地雷达主要包括发射机、接收机、天线、信号处理机和显示设备。根据高频电磁波在地下介质传播的理论,发射电线向地下发射大功率的宽频带短脉冲电磁脉冲信号,接收天线接收微弱的回波信号,信号处理机用于处理接收到的回波信号,进行数字滤波、反褶积、偏移绕射处理、雷达图像的增强处理等,以去除高频杂波。探地雷达可用来检测路面破损,如裂缝、错台等病害。在公路行业,一般采用短脉冲雷达测试技术测定路基路面结构层厚度。

根据电磁波在介质中的传播速度,可以确定地层的相对介电常数;根据高频电磁波在路面面层中的双程走时以及材料的相对介电常数,可以确定面层厚度,从而达到探测的目的。

2.4.2 路基健康监测技术

路基健康监测技术与路面健康监测技术一样,主要应用于路基的周期性监测,其数据结果对于道路监控系统调整周期性路网管理策略具有指导意义。

1)土基及土质边坡含水率检测技术

对于土基内部的含水率,可以采用土壤湿度检测技术来进行测量,通过测量土壤的湿度进一步转化为土基内部含水率。土壤湿度检测技术利用了两种或更多种具有不同导电常数的物质组成的混合体可通过驻波原理显示物质构成的比例。对由水、空气和土壤组成的介质,含水率主导着其介电常数的大小,由于土壤介电常数随土壤含水率的变化而变化,所以可以通过测定土壤介电常数的大小来测定土壤含水率。

2)土质边坡孔隙水压力检测

孔隙水压力检测也称渗压检测。其主要用于测量孔隙水或其他流体压力,所测得的数据可评估地下水流的情况并用于设计和监测水工建造物、基础与挡土墙、大坝与堤防、边坡与开挖工程、隧洞与地下工程、废料堆积场等。

3)路基沉降及水平位移检测技术

路基沉降量的监测方法可以分为两大类,一类是地表沉降量检测,另一类是路基内部沉降量检测。而对地基及路堤内部沉降通常采用电磁式、深层沉降板,测点沉降时,埋入不同土层深度中的沉降板发生沉降后,计算与初始位置的差值,即可求出测点某一深度的沉降增量,但地基及路堤内部沉降一般用于施工期检测,无运营期实时检测应用需求。

地表沉降及水平位移一般采用高精度差分 GPS 类标的桩点进行检测,特别是对大面积区域的地面沉降,GPS 定位技术优势明显。此外,运营中还使用雷达干涉技术,雷达干涉技术是一种卫星遥感技术,其原理是利用雷达图像的相位差获取地面点的三维信息。

GPS 测量法选点方便,观测点间不需要通视;定位精度高;观测点三维坐标可以通视测定,甚至对于运动中的观测点能够较为精确地测出它的具体速度;观测时间短;全天候作业,一般不受气候条件的影响;操作简便等,但是,GPS 变形监测也存在着一些问题,比如在地形复杂、植被茂盛高山峡谷等处,由于卫星信号多路径效应及被遮挡的影响,监测的可靠性及监测精度不高,甚至无法测量。另外,GPS 变形监测只能够获得部分离散点的位移信息;GPS 水平位移监测精度较高,但对于竖直位移的监测精度却较低,约为水平位移监测精度的50%。鉴于 GPS 测量法的上述不足,近些年来发展起以 GPS 结合其他技术(RS、GIS、INSAR、特殊变形测量技术和近景摄影测量等)组成的变形监测系统,来监测重要边坡的外部变形。

4)边坡和挡土墙监测技术

边坡和挡土墙监测技术包括岩质边坡及挡土墙外部变形监测技术、岩质边坡内部变形监测技术、挡土墙内部土压力监测技术。

(1)岩质边坡及挡土墙外部变形监测技术。

岩质边坡及挡土墙外部变形监测技术一般采用 GPS 变形监测技术,该方法与路基 GPS 监测相同。

(2)岩质边坡内部变形监测技术。

岩质边坡内部变形通常采用钻孔测斜仪来进行测量,该方法同路基检测技术中内部沉降一样,一般用于施工期检测,无运营期实时检测应用需求。

(3)挡土墙内部土压力监测技术。

挡土墙内部土压力监测一般采用土压力设备直接测定,但在特定条件下也可以通过测定土体支撑结构物的变形来换算土压力。将土压力设备埋入土体中,测量土中应力分布,测量时单台土压力传感器一般只能测量与其表面垂直的正压力;多台土压力传感器成组埋设,相互间呈一定角度,即可用应力状态理论求得观测点上的大小主应力和最大剪应力。另外,还可以采用土压力盒进行测量,可以直接测量垂直于墙面的土压力。就挡土墙而言,其背处的土压力大小是决定挡土墙稳定性的重要因素,因此一般采用埋入式土压力传感器可以直接测取墙背的土压力大小。

2.4.3 桥梁健康监测技术

从传感器类型上看,桥梁健康监测技术包括对静力作用的静态的几何/位移/变形、应变/应力、裂缝等感知技术,对动力作用动力效应包括频率、振形、动力应变等感知技术。在具体桥梁结构健康监测中需要根据桥梁实际结构形式,从病害数据库、风险分析、易损性分析方面出发,综合考虑局部与整体的关系、动力与静力分析的需要。一般情况下,桥梁健康监测技术应用于对桥梁结构固定模态及相应的结构阻尼,在正常荷载及风载作用下桥梁的结构响应与力学状态,受突发事件而引起的损害、结构构件疲劳状况、非结构构件及设施状态、桥梁环境条件等方面的实时监控。

2.4.4 隧道健康监测技术

1)隧道健康监测技术分类

隧道在本质上是围岩和支护结构的综合体。在通常情况下,围岩是主要的承载单元,而支护结构是辅助性的,但也是不可缺少的,在某些特殊情况下,支护结构也是主要的承载单元。支护结构的基本作用在于:保持坑道断面的使用净空;防止围岩质量的进一步恶化;承受可能出现的各种荷载;使隧道支护体系具有足够的可靠性。因此,隧道健康监测需要综合考虑围岩与支护结构的变形以及相互作用,它们共同决定了隧道结构的可靠性和稳定性。由于隧道施工所处的地质条件不同,监测所面临的任务也大不相同,隧道和围岩相互作用非常复杂,必须在隧道健康监测过程中综合考虑地形地貌、地质构造、地层岩性、水文地质等诸多因素。

一般隧道结构健康监测可从监测内容上分为位移、应变、沉降、稳定性等因素:

(1)位移监测:隧道的周边收敛、拱顶下沉、深部位移及洞口地表沉降等位移监测。根据位移情况可以了解隧道断面的变形情况,依此来判断隧道拱顶的稳定性。

(2)应变监测:主要监测隧道围岩的应变和隧道衬砌、支护同围岩的相互作用力,用于评判围岩稳定性和施工组织的经济合理性。

(3)沉降监测:对山体以及隧道的整体沉降进行监测,为准确判读围岩的变形发展提供数据。

(4)地表下沉边坡稳定监测:根据地表的观测和下沉位移量来确定隧道支护结构。

(5)空气质量监测:对隧道内部的空气流通状况和成分进行监测。

(6)裂缝、断层和渗水监测:主要对施工地带处于围岩断层破碎带的岩体进行监测,为施工安全提供保障。

(7)另外,从隧道健康监测的对象上也可以分为围岩内部位移与支护结构变形监测、围岩与支护结构相互作用应力应变监测。

2)围岩内部位移监测技术

围岩内部位移监测,是通过钻孔位移计量测孔壁岩体不同深度的轴向位移,它不同于隧道围岩收敛监测,收敛监测仅能测到洞室净空收敛变形,围岩内部位移监测则能测到洞室围岩内不同深度上轴向变形。因此,根据这些观测资料,可分析判断洞室围岩位移的变化范围和松弛范围,预测预报围岩稳定性,为修改锚杆支护参数提供重要依据。

3)隧道衬砌裂纹监测技术

隧道衬砌裂纹监测,是对隧道裂纹宽度的发展变化进行观测。根据监测要求的不同,将裂缝监测分为简易监测和变形监测。简易监测主要是监测裂缝的位置、宽度、长度、开展范围或程度等;变形监测主要是检查裂缝的发展变化趋势及速度、裂缝的方向及深度等。根据隧道裂纹调查资料,结合隧道的实际情况,在隧道布置合适数量的裂纹及对有发展迹象的衬砌裂纹进行监测。

4)初次衬砌钢拱架应变监测技术

初次衬砌钢拱架作为隧道主要的承重结构,通过测量其应变,可以掌握隧道围岩的稳定性。一般按照一定的间距设置检测钢拱架断面,每根钢拱架断面沿水平中性轴位置左右对称安装2个钢弦式表面应变传感器,以便根据两个应变传感器的测试值,得出轴向应力和轴力。钢弦式表面应变传感器安装方便,能随工程进度与钢拱架一起安装,实时地监测在隧道施工和运营过程中钢拱架应力变化情况。

5）二次衬砌结构内应力监测技术

在隧道二次衬砌结构内应力监测中,采用钢弦式钢筋应力传感器进行直接量测。二次衬砌钢筋铺设完毕未浇筑混凝土前截断待测位置的钢筋,将传感器串联在该钢筋上,做相关防护并将线路引出即可。钢弦式钢筋应力传感器一般根据钢筋规格选取,并结合隧道实际情况,结合地质条件,在代表性地段设断面,每个断面一般设 8 个测点,每一测点埋设一个钢弦式钢筋应力传感器,对二次衬砌结构内应力进行量测。

6）锚杆轴力监测技术

在安设锚杆前将锚杆截断,将传感器串联焊接在锚杆待测位置处,然后用砂浆锚固含有传感器的锚杆,传感器位置在距离锚杆孔口 0.5～1.0m 的位置处。根据隧道设计和地质情况,确定检测断面分布间距,每个断面至少布设 3 根锚杆。

2.4.5　附属设施监测技术

道路附属设施监测技术机电设施监测技术,主要指监控、通信、收费、供配电、照明、通风、消防等强弱电设施状态检测技术,以及服务区、停车区、应急避险车道检测。

1）机电系统运行监测

机电系统一般包括道路照明系统、供配电系统、监控系统、通信系统、隧道通风系统和消防系统、高速公路收费系统等,这些系统包含大量信息系统和设备,其运行状态对路网交通将产生直接或间接的影响。一般按照运行状态检测主体分为系统自检、故障侦测、功能性评价、环境检测等。

（1）系统自检指系统或设备自身具有对各类运行状态进行检测的功能,如服务器对软硬件系统的故障自检与报警功能。一般具备自检功能的设备或系统具有相应接口,可将自身状态信息、报警信息实时传送至管理中心。

（2）故障侦测是指通过专用的设备或系统,对制定设备或系统进行侦测,查看其运行状态。故障侦测一般由管理中心（分中心）发起,采用轮询方式定时进行检测。一般高速公路监控系统中设备管理模块具备该功能,通过轮询检测,发现系统中的故障设备。

（3）功能性评价是指通过对系统或设备的功能状态进行评价,判断设备是否发生故障。如车辆检测器通常多组布设,一般发生故障的设备出现漏报时,路网交通流监测系统将出现异常,通过人工比对,可确定故障。

（4）环境检测指对设备运行环境进行检测,主要是对环境较为敏感的设备,如关键的服务器、交换机等,一般设置对环境温湿度、电力供应等方面的检测探头,实时监测环境变化。

2）高速公路服务区运行监测

高速公路服务区运行监测主要是监测进出服务区的车辆信息,包括全天候、不间断地对进入和离开服务区的所有车辆进行监控和抓拍,准确地记录并存储车辆全景、牌照、流量、日期、时间等信息。对抓拍车辆照片具有自动车牌识别功能和车型分类的功能;出入口智能监控系统具有车辆统计的功能。

3）避险车道监测

避险车道监测的内容主要是其使用情况,当检测出其正被使用后,应立即警示后车该车道占用情况,并人工确认是否需要提供应急救援服务。避险车道处设置的黄闪报警灯处于常闪状态,以警示驾乘人员注意本地的避险车道及提示避险车道宽度,当行驶车辆遇见突发情况驶入避险车道时,安装在避险车道引道口的线圈车辆检测器即给出信号到远程终端控制器,由远程终端控制器驱使信号灯显示由绿色箭头变为禁入红灯标志,同时向监控中心发出警报信息,监控中心通过带云台彩色摄像机确认避险车道使用状态,并将避险车道使用情况等相关信息发布至避险车道前方设置的可变信息标志处,提醒驾乘人员注意。当道路救援人员及时处理事故车辆撤离后,信号灯可通过人工复位或远程遥控的方式恢复绿色箭头标志,可变信息标志信息重新恢复正常后,避险车道可继续投入正常使用状态。

2.5 环境状态感知技术

环境状态监测与感知包括气象环境监测技术和交通环境状态监测技术,气象环境监测技术起源于气象监测与预测技术,后逐步应用于道路气象状态监测;交通环境检测技术相对发展缓慢,最初利用交通工程学原理的数学模型进行推演分析,但未广泛应用,直到视频分析技术取得重大飞跃后,大量基于视频的交通事件分析技术才广泛应用于路网交通环境状态的检测。此外,对交通有着显著影响的计划性事件信息多通过系统间共享交换实现,其一般更依赖于相关业务协同与管理,但随着社会整体信息化程度提高,其信息共享与交互的效率也不断提高。

2.5.1 气象环境监测技术

气象环境监测技术一般根据检测传感器类型分为温度监测技术、湿度监测技术、风速风向监测技术、雨量监测技术、能见度监测技术、路面监测器技术,相对气象部门的气象监测技术,气象环境监测一般不包括气压检测内容,但包括路面状态监测。此外,在雾区经常单独使用能见度监测器。

1)温度监测技术

温度监测技术是利用物质各种物理性质随温度变化的规律把温度转换为可用输出信号。其温度传感器是温度测量仪表的核心部分,品种繁多。温度监测技术按测量方式可分为接触式和非接触式两大类,接触式指测温传感器直接放入大气介质中,非接触式则指利用遥感技术进行大气温度测量。接触式测量设备包括玻璃类温度计、双金属片温度计、金属电阻温度计、热敏电阻温度计、热电偶温度计;非接触式测量设备包括超声温度计、红外线辐射计、微波辐射计、声学测温雷达等。各种温度测量设备特点如表 2-5 所示。

温度检测技术分类表   表 2-5

测温方式	技术类型	原理	特点	应用情况
接触式	玻璃类	利用液体膨胀特性	不便转成电信号	用于人工观测
	双金属片	利用固定线性膨胀系数差	精度低 机械式自动记录	半自动金属温度计,可以自动在坐标纸上连续记录温度/时间曲线

测温方式	技术类型	原理	特点	应用情况
接触式	金属电阻	金属导体的电阻值的温度特性	性能稳定 近似线性 灵敏度低	地表、浅层地温、深层地温自动测量
	热敏电阻	半导体电阻温度特性	灵敏度高与金属电阻型 稳定性差 组织大 体积小 非线性 互换性差	高空遥测
	热电偶	热电效应(塞贝克效应)	可测高温 灵敏度低(通过热电堆可大幅提高灵敏度) 冷端电阻需温度固定	各行业应用最为广泛
非接触式	超声温度计	声速随温度变化特征	观测速度快 观测记录复杂	
	红外线辐射计、微波辐射计	物质的辐射效应与温度特征	可远距离遥测 冠层及大气边界层观测	手持设备,路面温度测量及其气象专用遥测设备
	声学测温雷达	声波在大气中传播与温度的特征	可远距离遥测 冠层及大气边界层观测	气象专用遥测设备

2)湿度监测技术

湿度监测技术是一种能感受气体中水蒸气含量,并转换成可用输出信号的技术。多数情况下,路网湿度检测中精度 ±5% RH 即可满足要求。湿敏元件是湿度检测技术的核心元件,主要分为电阻式、电容式两大类。

湿敏电阻的特点是在基片上覆盖一层用感湿材料制成的膜,当空气中的水蒸气吸附在感湿膜上时,元件的电阻率和电阻值都发生变化,利用这一特性即可测量湿度。湿敏电阻的优点是灵敏度高,主要缺点是线性度和产品的互换性差。

湿敏电容一般是用高分子薄膜电容制成的。当环境湿度发生改变时,湿敏电容的介电常数发生变化,使其电容量也发生变化,其电容变化量与相对湿度成正比。湿敏电容的主要优点是灵敏度高、产品互换性好、响应速度快、湿度的滞后量小、便于制造、容易实现小型化和集成化,其精度一般比湿敏电阻要低一些。

3)能见度监测技术

能见度监测一般分为散射法和透射法两大类。散射法是直接测量来自一个小的采样容积的散射发光强度,通过计算特定角度的散射发光强度与总发光强度的比值来计算消光系数,从而得到能见度的计算方法。散射式能见度测量仪分为前向散射式和后向散射式。前向散射式的光源是红外光源,其工作原理是通过前向散射发光强度的测量来确定大气消光系数的值,进而求得大气能见度。后向散射式的光源则是激光光源,利用置于同端的发射光源与接收器来接收后向散射发光强度来确定能见度。一般散射式能见度测量仪可以避免透射式能见率测量仪光学系统难以对准的缺点,因其易于安装维护、结构紧凑、测量范围广等优点而得到了广泛的应用。

近年来,视频能见度检测法取得较大进步,视频能见度检测法是结合图像分析、人工智能技术与传统的大气光学分析知识,在分析处理视频图像的基础上,建立图像与真实场景之间的映射关系,再通过测量图像特征的变化情况,而间接求得气象能见度值。

4)雨量监测技术

一般使用的机械式自动雨量计大致可分为三大类:称重式雨量计、虹吸式雨量及翻斗式雨量计。此外,还有利用降水粒子会对正常传播的探测光产生光学原理,通过探测器感应并捕获检测光包含的降水粒子信息,来识别降水的测量的技术,一般根据不同的识别方法可主要分成光强衰减法、光散射法以及图像采集法等。

5)风速风向监测技术

用于公路气象中风速风向监测的技术主要有风杯式风速风向检测技术和超声波风速风向检测技术。

风杯式风速风向仪是机械结构测量仪器,测量精度低,相对价格低廉,在公路、隧道风速风向检测应用中最为广泛,但是使用寿命较短、需要定期维护是制约其发展的主要因素,现阶段已经被超声波类检测设备逐步替代。

超声波风速风向仪由两对或三只超声波对管组成,利用空气流动对超声波的传播的影响原理,通过检测超声波对管接收到的信号时间差异间接测出风速,其精度高、寿命长、维护工作少、故障率低,但传感器头相对较贵,随着近几年其价格下降,在路网环境检测中的应用越来越广泛。

6)隧道环境监测技术

(1)一氧化碳浓度监测技术。

一氧化碳浓度监测根据传感器原理不同,分为电化学式、催化可燃气体式、红外气体检测式、半导体式等检测器,其特点如表2-6所示。

一氧化碳浓度监测技术对比

表2-6

类型	原理	特点	应用
电化学式	一氧化碳气体在电解液中与水发生化学反应,形成电流	优点是功耗小,操作方便,可用于多种场合检测。但是,由于该类型传感器容易受到其他气体的干扰而产生误差,而且使用寿命短,需要定期维护	石油化工行业应用广泛
催化可燃气体式	一氧化碳在传感器金属丝表面发生化学反应,燃烧放热并造成温度的上升,金属丝的阻值也随之变大	传感器体积小,线性输出比较理想,使用时间也比较长,可达3年之久。但是外界环境带来的干扰是非常大的,尤其是硫化物对传感器造成的损失是不可挽回的	手持检测
红外气体检测式	红外辐射在通过待测气体后会被气体吸收,相应谱线处就会发生能量衰减	清洁、检测速度快、通用性好	隧道内

类型	原理	特点	应用
半导体式	半导体材料吸附气体后,其电阻率显著变化	功耗高,需电热丝加热;当温度、湿度甚至风变化大,对其精确测量很不利;易受到其他气体(酒精、氮氧化物、氢气、烷类)的交叉干扰,容易误报,价格低,寿命可达 5 年	工业用

(2)隧道能见度监测技术。

隧道能见度监测与气象能见度监测不同,其重点监测的是隧道烟雾的浓度,即能见度系数。测量用的可见光线从一个脉冲 LED 上产生,经镜头投射到反射端的反光镜上。发射接收端有两个传感器。一个在可见光发射器内,测量发射光脉冲的亮度;另一个在可见光探测器内,测量反射回的光脉冲的亮度。两个传感器信号的比例就是测量的透射率。

(3)洞口光强监测技术。

洞口光强监测是由一个嵌在金属或玻璃中的硅光电池来进行的,传感器在测量范围内输出标准的曲线,它对于光的反应是实时的。在仪器外壳有一个恒温加热元件,它会在温度低于 20℃ 时自动打开。

(4)洞内照度监测技术。

洞内照度监测设备安装在隧道内,用于监测隧道内光照度。通常与安装在隧道外的洞口光强监测设备成对使用。与洞口光强监测设备类似,其也采用硅光电池作为传感器,但其需要按照国际照明委员会规定的人眼视觉光谱曲线进行滤光片校正,加装滤光片,同时采用光学镜头成像式测量方法。

(5)风速风向监测技术。

风速风向监测技术与气象风速风向监测技术相同,本处不再赘述。

2.5.2 交通突发事件检测技术

对于不可预测性交通事件,由于事件的发生不具有规律性,所以不能提前实施疏导计划,只能依靠事后的补救措施,从不同角度缩短交通事件的持续时间,以达到降低事件影响程度的目的。这类事件的后果通常是造成交通拥挤,并且在交通拥堵过程中,由于尾随车辆的排队行驶现象,就有可能导致二次事故的发生以及部分车辆的熄火现象。这样就增加了事件的数量,延长了清除事件的时间,使交通事件的负面影响成倍增加。目前交通环境事件监测主要有人工巡查、热线(或互联网)报送、视频事件监测等方式。

1)视频事件监测技术

交通事件监测系统能自动进行各种交通事件检测,包括车辆停驶、交通拥堵、行人检测、停止的明显团雾、慢行车辆、车头时距过小、车辆排队长度超过阈值、火灾检测、交通事故、遇难检测、车辆逆行、车速超过极限、遗弃物体等各种事件。

算法从连续的视频图像中每秒采集 10~25 帧来辨析监控图像检测目标的关键信息,对于意外交通事件检测并报警,系统通过连续不断地校准观察到的所有的图像区域来进行行驶车辆的监测。

算法步骤如下:

(1)相似物体的图像数字化。

(2)经过一个短的标识阶段,系统建立一个标识图像,关联到图像的一个新位置。

(3)画面上的每辆车都能监测到,并且进行辨识。

(4)软件算法通过图像序列(跟踪)标记这些车辆,并且分析来建立其时间-空间轨线。

(5)过滤能够去除没有意义的轨线,当检测到交通事件时,系统将给出报警。

在整个处理过程中,视频事件检测器连续不断地通过其自动校准来适应交通状态的变化。为避免交通事件检测系统误报警,要进行如下工作:

(1)标识非车辆目标(车辆轨迹跟踪)。

(2)区分阴影和车辆(物体重叠区分技术)。

(3)标出永久的阴影和障碍物(动态背景图像)。

视频事件监测技术对图像对比度和色饱和度的要求不高,基本上可以在各种气象条件和光线下正常工作。

2)火灾监测技术

(1)火灾监测器分类。

火灾监测器的工作实质是将火灾中出现的质量流(可燃气体、燃烧气体、烟颗粒、气溶胶)和能量流(火焰光、燃烧音)等物理现象的特征信号,利用传感元件进行响应,并将其转换为另一种易于处理的物理量。根据对火灾不同的响应信号特征,可以将这些火灾监测器分为气敏型、感温型、感烟型、感光型及感声型五大类型;根据保护面积和范围分为点形和线形两类;根据智能程度分为开关量、模拟量(类比式)和智能化探测器。在隧道的火灾监测中,主要使用双波长火灾监测技术和光纤火灾监测技术两种,两种探测器探测的特征信号不同,应用在隧道中时表现的性能也不一样。火灾监测器比较见表2-7。

火灾监测器比较 表2-7

名称	光纤监测器	双波长火焰监测器
类型	线形感温监测器	点形火焰监测器
安装位置	沿隧道敷设于隧道顶部中间	间隔30~50m安装于隧道一侧
监测反应时间	时间较长。原因:置于隧道顶部,远离监测源,隧道内风速大(2~10m/s),强烈的风易将竖直向上扩散的热流方向变得倾斜,延长了探测器的反应时间;当环境温度较低时,火灾已发展到一定规模,但隧道顶部的温度仍很低	时间短。原因:双波长火焰探测器依靠火焰光谱和频率报警,通过探测器中的部件,可以有效避免环境对这两个参数的干扰
漏报率	较低	较高。原因:由于探测器安装在一侧墙壁,必然存在盲区,隧道中有物体遮住火焰

(2)双波长火灾监测技术。

双波长火焰监测器通过过滤器检测火焰特有频率(1~15Hz)作为监测信号;同时,根据火焰放射与背景光光谱分布不同,短波监测传感器用于火焰辐射监测(工作波长4.1~

4.7μm),探测碳氢化合物火灾;长波监测传感器用于监视(工作波长 5~6μm)环境光和自然光产生的辐射。存在火焰时,短波监测传感器通道上的信号幅值大于长波监测传感器通道,于是报警,但是当长波监测传感器号较强时,说明存在外部干扰辐射,此时不报警。

(3)光纤火灾监测技术。

光纤火灾监测是利用光纤材料自身的热胀冷缩和热光效应,当环境温度变化时,光纤光栅的栅格周期以及光纤芯层的折射率都会发生变化,使得光纤光栅的反射光中心波长随之改变。通过对反射光中心波长的数字化精确测量,即可获得待测温度的变化情况。该系统无可动部件,相对可调谐滤波器波长解调方案,避免了由于可调谐滤波器压电陶瓷老化特性带来的长期稳定性问题,系统可靠性高,长期稳定性好。

3)交通事件推演分析技术

不同于上述直接事件监测技术,交通事件推演分析技术利用路侧监测数据、浮动车检测数据、驾驶行为数据通过一系列算法推演分析,对交通事件进行"监测"。根据数据来源不同,一般分为基于道路(Roadway-based)、基于浮动车(Probe-based)和基于驾驶行为(Driver-based)的事件分析方法。其中,基于道路的事件检测算法起步较早,主要有加利福尼亚算法(California Algorithm)及其美国联邦公路管理局改进算法、DT 算法、PATREG 算法、APID 算法、FLIPS 算法、人工神经网络(ANNS)算法、CUSUM 算法、基于 Hilbert-Huang 变换算法(HHT)等。基于浮动车数据的分析方法包括 MIT 算法、TTI 算法、UCB 算法、W-CUSUM 算法等。基于驾驶行为的监测方法则更侧重于对驾驶员在遇到交通事件后的反应研究,该研究在近些年刚刚起步,研究成果仍停留在起步的阶段,其主要利用手机数据的交通事件进行分析。在我国,上述方法由于对事件检测精度、误报率等问题一直未能广泛应用。

2.5.3 计划性事件(人为交通管制)信息采集

由于交通管制、占路施工、占路经营等人为交通事件成因、发展的复杂性,目前没有成熟的检测方式对该类事件进行有效的检测,因此该类事件一般根据其计划性较强的特点,通过法律、法规或规章、制度方式进行限制,从而对事件信息进行采集,如对道路占路施工执行的行政审批制度,并对审批结果进行公示,其公示信息可进行采集。路政巡查周期性对公路进行巡查巡视,对发现的违法占路行为进行纠正,同时采集事件信息,作为路网运行状态的评价数据。此外,随着社交媒体的普及,基于微信、微博的信息采集系统也逐渐出现。

对于可预测类的交通事件,交通监管部门通常可以通过提前制定相应的交通管理预案和出行计划,来对车辆行驶进行人为疏导或临时的交通管制措施,降低了此类交通事件所带来的不利影响;同时,出行的驾驶员也可以在收到事件信息后,自行制订合理的出行路线,避开事件路段,保障了出行的流畅性。

2.6 路网监测与感知数据

2.6.1 驾驶员感知

驾驶员感知主要包括酒精监测、疲劳监测、生理特征监测等,其数据目前局限在车辆自身片段使用,尚未通过网络传输共享。一般酒精检测包括折算后的每100mL血液酒精含量,疲劳驾驶数据为眨眼频率和眨眼过程闭眼的时间,生理特征主要包括心率(次/min)、血压(Pa)、体温(℃)、血氧浓度(%)等。

1)酒精监测数据

血液酒精浓度(BAC),是用于法律或医学目的度量酒精中毒的指标。通常的度量单位为单位体积血液中的酒精质量或体积的百分比。例如,BAC 0.10%意味着每100mL血液中含0.10g酒精。不同血液酒精浓度对驾驶影响不相同,具体不同血液酒精浓度对行为和人体身心健康影响如表2-8所示。

血液酒精浓度对行为和人体身心健康影响表　　　　　表2-8

BAC(%)	行为	损害
0.010~0.029	个体平均感觉正常	特殊试验可探测到些微效应
0.030~0.059	温和欣快感、松弛、快乐、多语、抑制力下降	专注力
0.06~0.09	感觉变得麻木、去抑制外向	推理、深度感知、周边视觉、眩光视觉恢复
0.10~0.19	过表达、情绪波动、愤怒或悲伤、喧闹、力比多下降	条件反射、反应时间、粗略运动控制、蹒跚、口齿不清、可能暂时性酒精中毒
0.20~0.29	目光呆滞、恍惚、失去理解力、感知受损、可能陷入昏迷	严重的运动能力受损、失去意识、记忆空白
0.30~0.39	严重的中枢神经系统抑制、不省人事、可能致死	膀胱功能、肺换气不足、平衡失调、心动过缓
0.40~0.50	失去行为能力、昏迷、可能致死	呼吸、心率、体位性酒精性眼球震颤
>0.50	很高风险中毒、致死可能	—

2)疲劳监测数据

疲劳驾驶的监测方式很多,不同监测方式产生的数据不尽相同,最终监测结果均为疲劳的程度,通过与设定的阈值比较,判断是否疲劳。

2.6.2　交通状态感知数据

交通感知最基本的数据主要包括流量、速度、密度的数据,其他数据如视频、图像、路网状态、收费以及各种交通事件均为分析源或者数据分析的结果。

1)交通量

交通量也称流量,是指在选定的时间段内,通过道路某一地点、某一断面或某一条车道交通体的数量,对双向交通一般不加说明则指来往两个方向的车辆数。

交通量是随时间变化的,对于不同的计量时间,有不同的表达方式,通常取某一时间段内的平均值作为该时间段内的代表交通量,常用的交通量的表达式有平均日交通量、年平均日交通量、月平均日交通量、周平均日交通量、小时交通量、高峰小时交通量、第30小时交通量以及不足1小时的时段交通量。其中,年平均日交通量和第30小时交通量是公路设计重要依据,也是评价路段运行负荷重要参数。

年平均日交通量:是指全年的日交通量观测结果的平均值。其本质是年交通总量的日交通量的表达,反映了路段交通总负荷。

第30小时交通量:一年当中8760个小时交通量按大小次序排列,从大到小第30个小时的交通量,叫第30小时交通量。由于一般从第1位到第30位左右的小时交通量减少比较显著,曲线斜率较大。从第30位以下,减少缓慢,曲线平直。采用第30小时交通量作为设计小时交通量,全年只有29个小时(个别情况也可能稍多于29个小时)的交通量超过交通设施的容量,保证率为99.67%。对于路网实际情况,考虑经济条件以及气候、交通量、公路使用性质及混合交通等因素,根据多年实际调研情况来看,为保证绝大多数时间交通量满足容量要求,合理的交通量取值一般在第20小时到第40小时之间。

交通量分布具有一定规律,如在空间分布上随着地域、城乡、方向、车道等的不同而不同。

地域分布:一般经济发达地区交通需求大,其交通量也随之较大,而中西部经济相对落后,地区交通量较低。

城乡分布:城乡之间经济发展、生产活动、生活水平的不平衡,造成城乡之间交通量有明显差别,一般说来,城市道路的交通量大于农村道路的交通量。

方向分布:指一条道路往返两个方向的交通量分布,其在较长的时间内可能是平衡的,但是在某段时间内,可能是一年中的某个季节,一月中的某几天,也可能是一天中的某个时段,两个方向的交通量会有很明显的差别。如农村公路,秋季有大量农副产品运进城镇;冬季有丰富的轻工产品运到农村,山西、内蒙古等煤炭生产地常年大量煤炭依靠公路外运,城市住宅区与商业区在通勤期间往往出现客流方向明显不同的潮汐性特征。

车道分布:当同向行车道有两条或多于两条时,处于不同位置的车道,其交通量分布不一样。每条车道交通量的大小主要与车道两侧的干扰、慢行车的比例和进出口的数量、位置有关。当车流为连续流时,主要受车辆车速差别的大小影响,小客车专用车道交通量显然比货车车道交通量大。

在时间上,交通量分布的规律性也非常明显,一般主要体现在小时交通量的日变化规律、日交通量的周变化规律、重大节假日规律以及季节性旅游交通规律等。

小时交通量随时间变化呈现马鞍形变化,每日1时左右交通量最低,至6时迅速增长,约9时前后到达第一个峰值(早高峰),中午小幅度回落后开始增长,约18时到达第二个峰值(晚高峰)后逐步回落,午夜后接近最低值。

日交通量的周变化呈现通勤道路工作日交通量水平较高、休息日交通量较低的情况;郊区旅游型公路交通量则在休息日呈现明显增长。

重大节假日公路交通主要呈现爆发式增长,其中"清明""国庆"等旅游出行猛增,在高速公路免收7座及以下小客车通行费的刺激下,交通量快速增长;春节期间则在春节前后"春运"期间出现较快增长。

2)速度

速度是交通流理论研究中的重要参数,是交通运行情况的基本量度。道路设计、交通规划、交通控制与管理、交通设计及道路质量评价均以车速作为基本的参数。速度一般分为地点车速和区间速度。

地点车速:也叫断面瞬时速度,是车辆驶过道路某断面时的瞬时速度。通常取地点速度的平均值作为路网主要状态参数,即车辆通过道路某断面时,观测时间内地点车速观测值的算术平均值,其反映了观测断面的"点"车速。

区间速度:车辆驶过某段路程的长度与行驶时间之比,通常使用在某一特定长度路段上全部车辆数量与行驶时间总和之商作为评价参数,其反映了该路段的"线"速度。同理,使用路网所有车辆行驶里程只和与这些车辆行驶时间之和的比值作为路网的"网"速度。另外,在区间速度分类中,还区分是否包含中途停车损失,不计算停车损失的称为行驶车速或技术速度,计入损失的称为行程车速、综合车速或运送速度。

除了上述平均速度外,在对路网评价中,还经常使用统计学中位数、百分比数进行统计,通过整理速度累积频率分布,计算中位车速、85%位车速、15%位车速。

中位车速:表示在该车速以下行驶的车辆数等于在该车速以上行驶的车辆数时的车速。

85%位车速:在观测到的车辆总数中,有85%的车辆的地点车速小于或等于该值,85%位车速用于确定观测路段的最大限制车速。实际在数理统计分析中,该车速对客车拟合较好,但对货车车速进行分析中,选用90%位车速更准确。

15%位车速:在观测到的车辆总数中,有15%车辆的地点车速小于或等于该数值。15%位车速用于确定观测路段的最小限制车速,该指标在高速公路上尤为重要。同理,一般用货车的10%位车速表示其最小限制车速。

3)密度

密度是指在单位长度车道上,某一瞬时所存在的车辆数,也可用某个行车方向或某路段单位长度上的车辆数来度量。交通密度与交通量不同,交通量表示的是车辆通过道路断面的频繁程度,而交通密度表示的是道路空间上的车辆密集程度。一般使用占用率表示交通密度,车辆占用率越高,车流密度越大。占用率分为空间占用率和时间占用率。

空间占用率是指在单位长度车道上,汽车投影面积总和占车道面积的百分率。在实测中,一般测量路段(车道)上的车辆总长度与该路段(车道)长度的百分比,车辆的空间占用率不仅与交通量有关,还与车辆的大小有关,它表示的是某一时刻车辆占用路段的比例,体现交通负荷程度。由于计算了车辆长度,空间占用率能反映出车队的长度。

时间占用率:是指在道路的观测断面上,车辆通过时间累计值与测定时间的比值,车辆的时间占用率不仅与交通量有关,还与车辆的长短及地点车速有关,它可以从车辆行驶的时间占用方面来反映道路的拥挤情况。

车头间距:是指同一车道上行驶的连续车辆中,前后两车车头与车头之间的距离。观测路段上所有的车头间距的平均值即平均车头间距。

2.6.3　路网设施状态

对于已经建立健康监测系统或安全预警系统的特大桥梁、长大隧道等重要公路基础设施,根据其健康监测系统的相关监测数据及综合评价结果动态确定实时的设施健康状况等级。

对于尚未建立健康监测系统或安全预警系统的特大桥梁、长大隧道等重要公路基础设施,依据《公路桥梁技术状况评定标准》(JTG/T H21—2011)评定的桥梁技术状况等级和依据《公路隧道养护技术规范》(JTG H12—2015)得到的判定结果确定一定时期内的设施健康状况等级。

2.6.4 路网环境状态

通过气象检测设备实时采集了大量的雨、雾、冰、雪、风、温湿度等各类气象信息,通过对各种气象状态进行分级处理,将检测的气象数据与相应阈值进行比较的方式判断各种类型气象状态的等级。

1)雾

雾对交通安全的危害很大,雾天的能见度是影响行车安全最关键的因素,能见度数据主要使用米(m)为单位。在雾天能见度低的情况下极易发生交通事故,造成事故数量增多、伤亡人员数量增加;且一旦发生几辆车相撞,这些车辆就基本成为静止物,在大雾能见度低的情况下,后面尾随的车辆更容易尾随相撞,而且相撞的速度更快,后果更严重。

经过对能见度对交通影响进行研究后发现,能见度大于200m时,视距亦超过200m,对驾驶员的车距判断、车速控制、制动行为等几乎没有影响。《中华人民共和国道路交通安全法实施条例》根据能见度,将道路的大雾事件划分为三级,见表2-9。

能见度分级与相应措施 表2-9

能见度	相应措施
小于50m	禁止通行、封闭道路
大于50m,小于100m	流量限制、速度限制(按停车视距50m计算)
大于100m,小于200m	速度限制(按停车视距100m计算)

2)高温

高温时,会使汽车自身的故障率大幅提高;会导致柏油路出现泛油、拥包等现象,并出现大量坑槽,经汽车碾压后,造成大面积损坏;会导致水泥路面因受热而胀缝拥起,也会导致砂石路面出现大面积的松散;高温还直接影响到驾驶员的生理、心理和精神状态,导致交通事故增多。据研究,在气温高于27℃的情况下,驾驶员对紧急情况作出反应的时间要比23℃时增加0.3s。这就是说,如果车速为80km/h,则汽车制动的距离将会增加7~8m。因此,在高温天气时,事故发生率要比一般天气时高出50%~80%。

3)低温

低温对交通的影响主要体现在对柴油燃料车辆的柴油凝固问题上,当温度低于某一阈值时,容易诱发柴油燃料车辆的柴油凝固。柴油标号及相应的使用温度见表2-10。

柴油标号及其相应的使用温度 表2-10

柴油标号	10	0	−10	−20	−35	−50
十六烷值	50	50	50	50	50	50

凝固点(℃)	+10	0	−10	−20	−35	−50
适用的最低环境温度(℃)	+12	+3	−7	−17	−32	−45

4)降雨

雨,尤其是暴雨对行车安全的影响主要有:路面上有雨水时,轮胎与路面的摩擦因数会明显减小,使制动距离增大,危险性增加,车辆突然起动、急转弯、紧急制动时容易引起车的横向滑移、转弯、滑溜及翻车;降雨使能见度大大降低,且风窗玻璃被雨水模糊会影响驾驶员的视线;雨对交通设施起到了直接的破坏作用。另外,降雨常伴有雷电,形成雷降雨气,如果在桥梁上未设避雷设施,驾驶员和车辆易遭雷击。

在气象学上,按24h内降雨量大小,将降雨分为7个等级:

小时降雨量在250mm以上包含250mm,称特大暴雨;

日降雨量在100.0~249.9mm之间,称大暴雨;

日降雨量在50~99.9mm之间,称暴雨;

日降雨量在25.0~49.9mm之间,称大雨;

日降雨量在10.0~24.9mm之间,称中雨;

日降雨量在0.1~9.9mm之间,称小雨;

日降雨量小于0.1mm,称微量降雨。

同时,降雨还会对能见度产生影响,一般水膜厚度小于2.5mm、视距200~300m、水膜厚度2.5~5.0mm、视距120~200m、水膜厚度5.0~7.5mm、视距100~120m、水膜厚度7.5~10mm、视距50~10m、水膜厚度大于10mm、视距小于50m。但由于水膜厚度难以测量,对视距的影响可用能见度来划分。

5)降雪

雪对交通系统的影响也是多方面的。第一,雪能使路面变滑,导致交通事故增多,运输效率严重下降;第二,当积雪厚达一定深度时,会阻碍车辆通行,严重时甚至能发生雪崩、雪阻,使交通完全中断;第三,如果遇上雨、雪兼有的天气,极易造成路面翻浆、公路损坏现象,从而使运输效率进一步下降;第四,大量雪花随风飞舞,能见度偏低;第五,雪花将会覆盖交通标志,使标志失去作用,妨碍行车。

在气象学上,按24h内降雪量大小,将降雪分为7个等级:

日降雪量大于或等于30.0mm,称特大暴雪;

日降雪量在20.0~29.9mm之间,称大暴雪;

日降雪量在10.0~19.9mm之间,称暴雪;

日降雪量在5.0~9.9mm之间,称大雪;

日降雪量在2.5~4.9mm之间,称中雪;

日降雪量在0.1~2.4mm之间,称小雪;

日降雪量小于0.1mm,称零星小雪。

6)结冰

结冰路段上,车辆与道路路面之间的纵向滑动摩擦因数可以减小到0.02,影响制动效果。在结冰路段行驶,应控制车速,防止侧滑相撞和连环追尾,垂直车距须比平时增大 2 倍以上。

7)大风

大风天气不仅会对道路本身造成冲击,对交通安全同样也有相当大的影响。当高速行驶的车辆从侧面受到横风作用时,若风力较强,特别是在(风口)路段,会使车辆偏离行车路线而诱发交通事故。甚至,大风能使高速行驶的车辆翻车。另外,大风天气常常使空中及地面上弥漫着灰尘及散落物,这些杂物不仅会碰撞车辆,而且会降低能见度,影响驾驶员的视线及注意力,容易造成交通事故。

根据研究,风力达到 6 级时,风速为 10.8m/s(约 38.88km/h),对于平均速度约 40m/s 的危险品运输车辆、重型货车有一定影响。

路网监测与感知数据是一切交通信息系统的基础支撑,感知技术的发展必将带来更加可靠、有效的数据服务。

第3章 多源异构系统接入与互操作技术

3.1 异构信息系统互操作的定义

3.1.1 什么是异构信息系统互操作

所有科学理论都是社会生活某方面的总结与提炼,是社会发展的一般规律在具体领域应用并优化的结果。互操作理论正是从复杂的人类社会组织活动中提炼和总结出的一般规律,其本质含义是相互作用的个体、群体、组织之间产生的组织行为。

根据互操作内容载体的不同,互操作的内涵可以分为广义和狭义两个方面。广义互操作可以理解为复杂的人类社会的组织行为,狭义的互操作主要是指社会生活设计的各个领域中存在的信息系统互操作问题。

狭义互操作是指不同平台或编程语言之间交换和共享数据的能力,为了达到平台或编程语言之间交换和共享数据的目的,需要包括硬件、网络、操作系统、数据库系统、应用软件、数据格式、数据语义等不同层次的互操作,问题涉及运行环境、体系结构、应用流程、安全管理、操作控制、实现技术、数据模型等。信息系统是数据、信息的载体,想要实现信息系统的互操作,首先需要实现信息本身的互操作。信息互操作是指相互独立的信息系统之间进行有意义的信息交换能力,系统能够理解交换信息的格式、含义和属性。信息互操作研究的主要目的是为了让彼此独立的、自治的系统能够为跨域系统的信息协作提供支持。信息互操作的主要研究对象是互通的信息源,可以是结构化数据、非结构化数据或半结构化数据的信息、文件系统和知识库等。

3.1.2 异构信息系统互操作的分类

信息系统的异构是一种状态,而互操作一般而言必须是一种交互行为:一方提供服务,而另一方接受服务,其中必然包含两个或更多的信息系统之间的信息交互过程。作为一种行为,信息系统之间的互操作可以分为设计时(design-time)互操作和进行时(run-time)互操作。顾名思义,设计时互操作是指系统之间的互操作在系统建立阶段已经根据明确的需求进行设计,而进行时互操作需要等两个异构的系统有进行交互需求时,例如检索提问式实时分发到不同的系统时,才进行互操作。可以看到,设计时互操作比较适用于封闭的、成熟的和集中式的信息系统或领域应用,其在数据格式、语法、语义、服务质量等方面都是可控的,而运行时互操作更加适合于开放系统。

3.1.3 异构信息系统互操作的特性

异构信息系统互操作常常因为环境的变化而变化,具有联盟性、开放性、服务性、层次性、自治性、动态性、安全性等特点。

1)联盟性

互操作强调的是不同信息系统之间相互协调的能力。因此,为实现某一领域"信息一体化"的发展,互操作技术把具有共同目标和利益的两个或两个以上的信息系统集合在一起组成一个虚拟联盟,充分共享和挖掘各个信息系统的信息价值。

2)开放性

开放性是互操作的基本特征,主要包括通信协议、数据库和接口的开放性。

(1)通信协议的开放性。

支持多种通信协议标准(既包括传统的 TCP/IP 协议、基于数据库访问的协议,也包括 Webservice 协议以及通过网页解析模式的接口协议),多种信令点和多种协议线,保证同时跨越多种网络与各种通信系统互联。

(2)数据库的开放性。

在互操作的过程中不需要指定数据库的种类,可以支持多种不同类型的数据库的信息系统之间的数据共享与操作,提供给用户方便、快捷地支持决策和进行事务处理的服务。

(3)接口的开放性。

通过提供多种开放的应用程序和数据访问接口,为不同信息系统提供扩展业务和定制服务。

3)服务性

互操作在不同系统之间架起桥梁,实现资源共享,在满足用户对资源和服务需求的同时还必须满足"非功能需求",如性能、安全性、可靠性等,服务的实现对用户来说是透明的。

4)层次性

信息系统具有层次性,因此互操作也是分层次的。根据 OSI 模型,互操作可以分为物理层的互操作、数据链路层的互操作、网络层的互操作、传输层的互操作、会话层的互操作、表示层的互操作和应用层的互操作。

5)自治性

每个信息系统都有各自运行、管理和维护机制,系统本质上可独立与环境中其他信息系统进行操作,即具有一定程度的独立性和自治性。这些相对独立的信息系统之间只有按照各个部门的自然关系进行必要的信息交换以及服务协作,才能真正实现互操作。

6)动态性

互操作必须满足动态性的特征,才能满足信息系统之间的互操作需求。信息系统互操作的动态性需求主要体现在三个方面:

(1)信息系统的信息种类繁多、数据量大,而且更新速度快。

（2）信息系统可在任何阶段加入互操作环境中，或者从互操作环境中退出。

（3）随着互操作的请求发生变化，信息系统扮演的角色也是动态变化的。

7）安全性

互操作的以上特点决定了互操作要求具有很高的安全性。互操作的安全性包括访问控制安全、数据传输安全、全局事务调度安全以及数据一致性与完整性安全。其中，访问控制是保证信息系统之间进行安全互操作的关键核心，是实现不同信息系统相互协作的保障。然后由于不同信息系统所属的单元具有各自的安全策略，可能会造成安全冲突问题。因此，如何在保障信息安全的基础上加强互操作安全性和协作性之间的关系，是互操作需要解决的问题。

3.2　构建交通信息系统互操作平台的必要性

3.2.1　异构交通数据分类

（1）按照数据与交通管理和交通信息服务的关联度划分，交通信息系统数据可以分为交通直接产生的数据、公众互动交通状况数据、相关行业数据及重大社会经济活动关联数据四类。这四类数据与交通管理、交通信息服务的关联度依次降低。

①交通直接产生的数据包含各类交通路侧设施，如车感线圈、摄像头等产生的数据以及车载 GPS 或车载终端产生的车辆位置信息等数据，这些数据能够反映出总体的交通状态和局部的交通状况，与交通信息系统最直接相关。

②公众互动交通状况数据包含公众通过微博、微信、手机应用、论坛、广播电台等提供交通状况相关的文字、图片、音频等数据。这些数据是对交通设施产生数据的有效补充，能够直接反映局部的交通状况。

③相关行业数据包含气象、环境、人口、规划、手机信令以及其他与交通间接相关的数据，这些数据能够用于更准确地分析和预测交通状况和总体交通状态。

④重大社会经济活动信息对交通状况也会产生一定的影响。例如重大节假日期间景区周边道路的交通产生拥堵。总体而言，这些活动对交通的影响结果是局部的，而且是可以预见的。

（2）按照数据类型划分，交通信息系统数据可以分为结构化数据、非结构化数据及半结构化数据。

①结构化数据是指数据记录通过确定的数据属性集定义，同一个数据集中的数据记录具有相同的模式，具有规范清晰、数据处理方便等特点。结构化数据通常以关系型数据库或格式记录文件的形式保存，例如传统的智能交通信息系统采集、加工过的数据。车感线圈等传感器产生的数据一般来说具有固定的比特流格式，各字段的比特长度和含义固定，可以视作比特尺度下的结构化数据。

②非结构化数据是指数据记录一般无法用确定的数据属性集定义，在同一个数据集中各数据记录不要求具有明显的、统一的数据模式。非结构化数据能提供非常自由的信息表

达方式,但数据处理复杂。非结构化数据通常以原始文件或非关系型数据库的形式保存,例如摄像头采集的视频、公众发布在微博上的图片或是微信上的语音信息等。

③半结构化数据是指数据记录在形式上具有确定的属性集定义,但同一个数据集中的不同数据可以具有不同的模式,即不同的属性集。半结构化数据具有较好的数据模式扩展性,但需要数据提供方提供额外的数据之间关联描述。

(3)按照数据形式划分,交通信息系统数据可以分为流数据、数据文件、数据库记录、在线文字和图片、音频视频流等。

①流数据是指各类交通设施或传感器以数据流的形式持续不断产生的具有确定格式的数据,其特点就是已经产生的数据无法在线,除了数据处理算法在内存中保存的一部分外,无法重复获取之前的数据记录,对数据的获取和访问存在先后顺序。

②数据文件是指以文件的形式在介质上持久保存的数据,又分记录文件和无记录文件。其特点是可以反复获取,并根据需要随机访问,没有先后顺序要求。

③数据库记录是指在关系型数据库系统或非关系型数据库系统中,以"数据记录"的形式保存的数据,其特点是用户不用自己维护数据记录的存取,提供了处理和计算上的便捷性。

④在线文字和图片是指存在于互联网上的、需要通过特定的网络协议才能获取到数据,其特点是以文件形式存在、通过数据流方式可以反复获取。

⑤音频视频流是指经过数字化的并能够通过某种方法还原的音频或视频信息,其特点与流数据类似,但属于非结构化数据,往往需要非常复杂的算法才能从中提取所需要的信息。

(4)按照数据产生和变化的频率划分,交通信息系统数据可以分为基础数据、实时数据、历史数据、统计数据等。

①基础数据是指静态的、规范化的、描述交通基本元素的数据,其特点是数据定义/产生后基本不会发生变化,例如道路名称、收费站编号等。

②实时数据是指随交通活动实时产生的、反映交通运行情况的数据,其特点是数据会非常频繁地产生和变化,例如车感线圈数据、温湿度气象数据、微博微信上的公众互动交通情况等,这类数据对判断短时交通拥堵等具有重要作用。

③历史数据是指实时数据按一定时间周期归档后产生的数据,是新数据产生和变化的周期性明显,这类数据可以用来预测未来交通状况的变化趋势。

④统计数据是指系统根据一定算法或根据使用者的主观需求,经过计算后所产生的数据,其特点是新数据的产生和变化的周期性不明显,例如拥堵指数、路段平均车速等,这类数据可以为公众出行服务、为管理部门作决策支持。

3.2.2 交通信息系统中的数据特点

近年来,为了改善交通拥堵现状、降低交通事件风险、提高公众出行体验,我国在交通领域作出了不懈的努力,投入大量建设资金修建交通设施,并配套了相应的管理系统与设施。然后,这些系统更多的还是硬件设备的集成,尚难为改善交通发挥应有的作用。此外,由于这些系统缺乏统一的规划与标准化考虑,特别是定位的不充分,不仅系统间的信息资源难以共享,而且,各系统自身的功能也不能充分发挥。利用已有的交通信息化基础设施,重用遗留信息系统,智能地提供即时高级服务和进行新业务的快速展开,对交通信息系统互操作提出了迫切的需求。交通信息系统中的数据主要有以下特点。

1)多源性

数据的多源性主要体现在信息获取手段和存储方式的多样性。交通信息采集方式包括感应线圈监测、微波测速、地磁监测、浮动车运营 GPS 监测、电子警察卡口、RFID 监测、视频监控等。由于交通信息采集方式多样,形成的信息数据格式和设备数据接口标准不尽相同,多源交通信息数据在具体应用过程中遇到了多方面的困扰。同时,不同的交通信息系统采用了不同的信息存储方式,甚至通过同样的信息获取手段得到的数据信息,在不同的信息系统中的存储方式不尽相同。例如,公众使用了手机 App 提交的信息,在不同的交通信息系统中,可能分别使用了结构化和半结构化的存储形式,这就导致了数据的多源性。

2)异构性

异构性在信息系统中是普遍存在的,这也是信息系统之间实现互操作的主要障碍。信息技术发展和用户需求增加的必然结果是信息系统的建设,新构建的交通信息系统未必能够完全取代原有系统,服务提供厂商也不尽相同,导致交通信息系统在设计、实施过程中缺乏统一的体系和结构,既有以数据库方式进行结构化管理的数据,也有大量以非结构化文件方式管理的数据。

3)分布性

由于不同管理部门的职责和管理体制不同,交通信息系统呈现出时空分布和逻辑分布的特性。例如,道路养护部门关注路侧设施的运行状态、公路路面路基是否完好,所以其拥有相对完善的养护施工管理系统;而路政部门更为关注交通事件的协调与处置,所以为其建设了应急处置系统。

(1)时空分布。

时空分布表现在不同的管理部门拥有不同的信息系统,这些系统不仅是异构的,在时空上也是分布的,拥有各自的地域特征和建设时期。

(2)逻辑分布。

逻辑分布主要体现在信息系统的功能方面,不同类型的信息系统由于管理部门开发研究阶段的设计不同,其功能层次也不尽相同。从业务角度看,系统的数据结构、逻辑处理等方面也存在巨大差异。

4)多所有者性

根据使用需求的不同,交通信息系统面向了多种多样的用户群体,如公路养护部门、公路收费部门、公路监控部门、交警以及出行公众等,不同用户群体关注和使用的交通数据也存在巨大差异,所以交通信息系统数据存在多所有者特性。

3.2.3　构建交通信息系统互操作平台的必要性

交通信息系统是一个生态圈,包含了多种信息系统,以实现不同的功能供不同的用户使用。图 3-1 所示给出了部分现有交通信息系统的关系图。

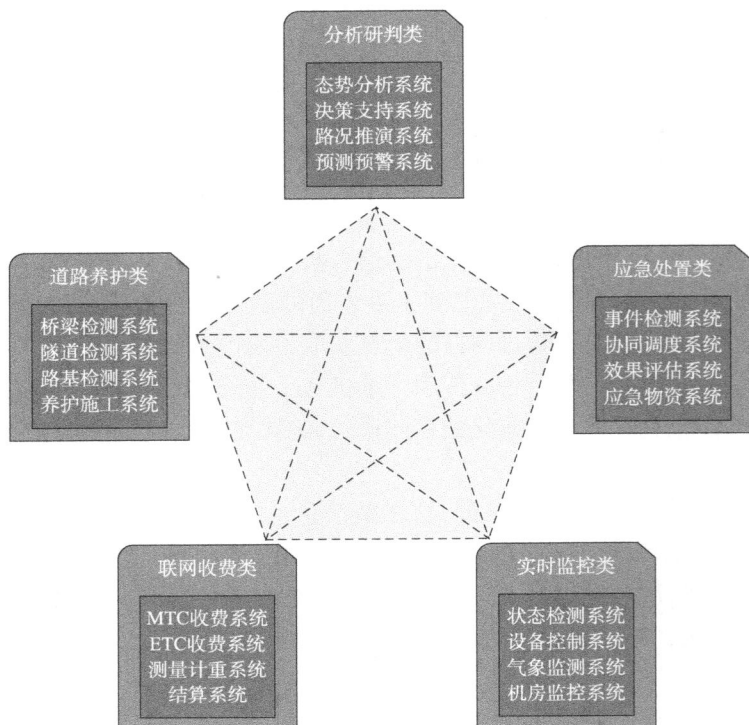

图 3-1　部分交通信息系统关系图

各子系统间有着大量的信息交互,需要进行有效的整合与集成,实现系统间的互联互通,但总体来说,综合保障与控制系统的集成还存在以下几点问题。

1)信息形式分散

交通信息系统中各子系统中的数据以不同的形式存储,既有直接存储于数据库中的数据,同时还有以文本形式进行存储的数据等,这些存储形式各异的数据使得各子系统之间数据的通信与共享难以实现。

2)权限的各异

各个子系统分别由不同的人员进行管理和维护,地理位置和服务器都不同,系统间数据与应用的使用和操作权限也各不相同。

3)数据库异构

各个子系统采用的数据库不尽相同,既有以点表形式存在的非关系型数据库,还有采用 ORACLE、SQL Server 形式的关系型数据库。

4)系统异构

各个子系统所采用的硬件和操作系统也不大相同,既有服务器/Linux、PC 机/Windows 等软硬件平台的异构主要影响数据的存储格式和编码格式。

综上所述,交通信息系统一体化集成的关键是要解决以下几个问题:

(1)如何在物理上以最简单的方式实现各子系统间的连接。

（2）如何在尽可能保证对各子系统物理结构不作大调整的基础上，实现各子系统间的逻辑重构，实现整体的一体化。

（3）如何解决各子系统异构信息间的识别与互通。

（4）如何在信息高效传递的同时，保证信息的安全性以及如何避免冗余活动的产生。

作为实现不同信息系统协调工作、共享信息的核心技术，解决分布式、异构系统集成应用的有效方法，将互操作应用到交通信息系统当中，可有效解决上述问题。因此，将互操作引入交通信息系统是十分必要的。

从上述问题分析得出，交通信息系统互操作的研究主要应包括：

（1）以一个互操作平台作为各子系统交互中心，实现彼此之间的信息互联互通。

（2）为该平台制定一套完整的框架，指导和规范各子系统的互操作过程。

（3）形成一个互操作模型，用数学语言对交通信息系统各子系统间具体的信息交互进行形式化描述，为解决交通信息系统各子系统的信息互通、业务互联提供有效的方法指导。

（4）形成相关算法，为交通信息系统各子系统间的信息互通提供有力的方法、技术支撑。

3.3　国内外研究现状

3.3.1　国外研究现状

对于相对巨大的道路运输网络，应采取有效的监控设备对整个网络加以监控，及时有效地发现意外事件，将其对整个道路运输网络的不利影响降至最低。信息的数量和质量对公路网灾害条件下的应急管理起着关键作用。近年来，路网信息数据监测、融合分析技术成为人们研究的重点与难点，尤其是多源异构信息的融合和处理，以便获得准确的路网运行状态，并将相关信息用于交通管理的决策支持方面。

目前，国际上与信息平台相关的比较有影响的数据交换标准主要有美国 NTCIP 标准体系中的 C2C 数据交换标准 DATEX-ASN 和 CORBA、欧洲的 DATEX 标准、电子数据交换（EDI）和正在兴起的基于 XML 的数据交换规范等。

NTCIP 中 C2C 的数据交换标准采用的是 DATEX-ASN 和 CORBA。CORBA 虽然是比较成熟的标准，但只是支持面向对象的系统，所以对于信息平台及现有应用系统并不适用。DATEX-ASN 采用的数据定义语言是 ASN.1，ASN.1 采用标准的编码规则定义数据格式，数据结构非常严格，在开放性和灵活性方面存在一些不足，对于客户端的特定应用，需要开发相应的编码格式才能支持，而这种额外的开发成本远大于由此带来的效益，因此其应用扩展性比较差，并且由于 DATEX-ASN 是全新的标准，尚不完善，目前还没有基于 DATEX-ASN 实施的项目，DATEX-ASN 可用的开发工具也非常少。

欧洲的交通数据交换操作规范 DATEX-Net 相对来说是比较成熟的数据交换标准，并且开发了相应的 DATEX 数据字典支持应用，DATEX-Net 在欧洲应用非常广泛，基于该规范实施了很多项目，如 CENTRICO、ARTS、STREETWISE 等。DATEX-Net 采用的数据定义语言是 EDIFACT，尽管 UN/EDIFACT 已经是公用的国际标准，但是它比较适合数据交换业务比较固定、规则相对简单的情况。随着社会发展和规则的进步,新的综合数据交换业务不断出现,EDIFACT 标准中的消息类型已不能满足当前数据交换应用需求。EDIFACT 的扩展性比较差,对于交通数据交换,往往需要很多类型的 EDIFACT 报文格式才能定义一条交通信息,这就会形成大量冗余数据,增加网络负担,从而降低了数据交换的效率。

Corinne Ledoux 研究了用于城市交通自适应控制管理系统的综合神经网络方法。1992年,Texas Transportation Institute 的研究人员改善了计算机交通监控和自动事件检测,主要机理是将当前交通状态和历史信息进行模式匹配,尤其应用于高拥挤时段或者发生严重交通事件的时候。Hussein Dia 研究了适用于短期交通预测的目标导向神经网络方法,对高速公路路段的运行速度和行程时间进行了 1min 的连续短期预测,取得了比较好的效果。Brian L. Smith 比较了基于 K-近邻的非参数回归方法和历史平均、时间序列和神经网络模型在两个地点的流量预测,通过 Wilcoxon 秩和检验,发现 K-近邻模型在这两个地点的流量预测误报率明显低于其他三个模型,极端预报很少,是较为稳定的数据融合和预测方法。Moorthy 和 Ratcliffe 提出了基于时序统计模型的交通分析和预测方法。Lee 和 Fambro 采用时序统计模型预测高速公路上的交通状态。

信息的数量和质量对公路网应急管理起着关键的作用。近年来,路网信息数据监测、融合分析技术成为人们研究的重点与难点,尤其是多源异构信息的融合和处理,以便获得准确的路网运行状态,并将相关信息用于交通管理的决策支持方面。目前常见的交通控制管理措施,如定周期式信号控制、感应式控制、无信号控制(优先权控制)、车道关闭等均可通过专用仿真软件进行模拟。这方面的仿真软件有德国的 Ptv-Vissiom、英国的 PARAMICS 和 CUBE、美国的 TRANSCAD 和 WATSim 等。利用这些仿真工具可以进行整个城市和地区的交通状态仿真演示、交通组织、管理方案的效果评估,国外已有相关成功案例。但目前的仿真还没有利用实际的动静态交通数据,还没有基于区域交通态势分析的仿真系统,更没有针对重大灾害条件下大规模路网运行态势的仿真技术及软件。

在互操作体系建设中,美国、欧洲、澳大利亚等国家都有其定义。

1)美国军事 C4I 互操作体系框架

美国国防部于 2001 年给出了军事互操作性定义,即系统、单位或军事力量之间相互提供和接受服务,提高各系统共同运作的能力,并从技术和作战两个角度对互操作能力进行了阐述。该互操作系统称为"C4I"(Command,Control,Communication,Computer,Intelligence)。C4I 体系框架分为战略层(Strategic level)、操作层(Operational level)、战术层(Tactical level)和技术层(Technology level)。

虽然 C4I 信息系统互操作得到了 NATO 的重视,并在某些方面取得了成功,但是因为涉及许多复杂的问题,在军事领域进展缓慢,存在数据标准协调性差、内容存在冗余现象、相似种类的信息结构差异化明显等问题,互操作的实现仅限于同构信息系统之间。

2)欧洲电子政务互操作体系框架

欧洲的电子政务服务互操作框架(European Interoperability Framework,EIF)主要用于支持欧盟国家之间的电子政务服务分发,为信息系统之间互操作问题提供解决的思路。该框架主要包括三个互操作领域:组织互操作、语义互操作和技术互操作。

组织互操作框架负责定义业务目标、业务过程建模以及跨部门合作机制,其宗旨在于使服务可用于满足用户需求。语义互操作确保交换的信息能够被其他任何应用所采用,即使信息最初不是为这些应用所准备。语义互操作使系统能把获得的信息与其他信息源综合起来,并用特定方式方法进行处理。技术互操作负责把计算机系统和服务连接起来。它包括开放接口、相互连接的服务、数据集成和中间件,数据表达和交换,可访问性及安全服务等关键部分。

3)澳大利亚电子医疗互操作体系框架

澳大利亚权威机构 NEHTA(National E-Health Transition Authority)提出了电子医疗互操作体系框架。该体系框架和欧洲的电子政务服务互操作框架的构建思想是一致的,主要包括医疗组织互操作涉及的组织互操作、信息互操作和技术互操作三个方面。

3.3.2 国内研究现状

目前,成熟的互操作技术在我国交通信息化领域使用仍然较少,要在部级和省级路网中心之间实现异构系统接入和互联互通及互操作尚存在一定的困难。交通运输部路网监测与应急处置中心(简称"部路网中心")交通信息化系统需要与省级机构进行数据和系统两个层面的对接。在数据对接中,由于各省(区、市)信息化系统相对先行,建设时期、建设程度均存在不同,缺乏统一的标准,导致各省级中心所应用的数据库、数据格式、数据标准等都不尽相同。在此情况下,若要实现部级和省级中心数据层面上的直接对接,需要省级相关业务中心对现有的数据形式进行修改,这将是一项庞大而复杂的工程。同时,在系统对接方面,各省级业务中心使用了不同的操作系统、网络协议等,若遵守交通运输部路网中心统一的标准要求,采用省级中心的主机系统与部级中心的主机系统直接相连的方式,省级中心现有系统就需要进行大量修改以便适应新的接入标准,而且需要逐一且不断地进行联调测试,才能达到各个层级的协调一致。

为了弥补以上缺陷,使各省级相关业务中心的系统与数据可以平滑地与部级中心进行对接,就需要在两者之间建立"桥梁",以满足相关的对接需求。为此,本书提出并设计一种用于交通信息化领域的、确保多源异构系统接入和互联互通的专用安全互操作设备,以解决不同层级之间的数据与业务指令的对接。

1)IM-DGIS 互操作体系框架

龚振宇等人针对在当前空间数据共享及互操作等方面所面临的困难与不足,基于 OGC 的地理信息 Web 服务规范,把 XML 技术、Web 服务技术与 OSI 七层模型分层架构的思想引入空间信息服务的设计,构建了一个 7 层结构的分布式空间信息服务的互操作体系框架(Interoperation Model of Distributed Geospatial Information Service,IM-DGIS),从下至上包括数据层、数据接口层、平台层、服务接口层、服务层、表示层和应用层。IM-DGIS 互操作模型是为了实现空间信息资源共享与互操作而建立的,以这种技术实现的分布式空间信息服务能够在互联网上共享大量的数据、硬件和软件等资源,增强了系统开放性,但是同时也增加了系统的安全隐患。

2)数字图书馆互操作框架

为了解决数字图书馆的互操作问题,张付志等人对在提高网络负载过重以及网络连接断续和不可靠环境下互操作服务的可靠性问题进行了探讨,提出了基于移动 Agent 的数字图书馆互操作框架。与现有的数字图书馆操作方法相比,利用移动 Agent 技术实现的数字图书馆互操作,不仅可以避免大量数据的网络传送,降低对网络带宽的依赖,而且可以为网络连接断续或不可靠环境下实现数字图书馆互操作提供较可靠的性能。

3.4 异构系统接入与互操作平台框架

异构系统接入与互操作平台包含了基础支撑软硬件平台以及交通信息交换与互操作服务管理系统两部分,其平台架构如图 3-2 所示。

图 3-2 异构系统接入与互操作平台架构

异构系统接入和互联互通的专用安全互操作平台共包含 8 层结构,分别如下。

1）源数据层

源数据层是交通异构信息接入与互操作专用服务平台的数据来源,主要包含道路基础信息系统、道路实时监测信息系统、交通事件应急处置系统等交通行业信息系统,也包含气象、交警等其他行业数据,同时,也将互联网数据、指导政策等信息融入其中,共同为构建多维度、立体化交通信息平台建立源数据基础支撑。

2）信息预处理层

信息预处理的主要任务有三点：

（1）数据筛选：包括依据筛选条件进行数据选择、修正或去除错误数据、已形成正确的数据输入。

（2）数据转换：由于交通信息系统数据之间存在着多源异构性,在进行数据集成的过程中需要进行数据命名、格式等相关转换,依照一致的规范,构造新属性,最终得到统一格式的数据,降低数据集成的难度和复杂度,提高数据使用效率。

（3）数据脱密：源数据层采集到的很多数据会涉及的业务机密、个人隐私等隐秘数据,例如收费系统采集到的车牌信息、费额信息,互联网数据中的个人通信信息等,为了防止隐秘数据外泄,需要进行数据脱密。

3）信息传输层

信息传输层主要是指借用各种网络,实现各系统之间的互联互通,无论是部门内部网络、交通行业专用网络还是为了满足数据传输构建的跨行业专属网络,甚至是互联网,都是交通异构信息接入与互操作专用服务平台能够借助的传输介质。

4）信息管理层

信息管理层是交通异构信息接入与互操作专用服务平台的核心层,主要实现了数据存储、数据管理策略、数据处理、高性能计算4方面功能。

（1）数据存储。

信息管理层是交通异构信息接入与互操作专用服务平台采用了传统关系型数据库与分布式存储相结合的方式。关系型数据库主要用于小规模数据的实时分析查询；分布式存储主要支持大规模数据、多维度算法以及非结构化数据的统计分析与数据挖掘。

（2）数据管理策略。

数据管理策略主要实现数据的访问控制、冗余备份,并生成元数据表,对交通异构信息接入与互操作专用服务平台的传输、转换和计算数据进行管理,同时通过对数据使用频率进行统计,实现数据热度管理。

（3）数据处理。

数据处理主要实现了对接收到的数据进行数据清洗、转换、关联、集成等功能,与数据预处理层不同的是：

①处理目标不同：信息管理层的数据处理主要是针对所有数据源所共享的数据；而数据预处理层是处理源数据层的各个信息系统对自身数据进行处置后,再共享至交通异构信息接入与互操作专用服务平台。

②处理深度不同：为避免增加现有交通信息系统的负担,数据预处理层只通过较简单的

方式来判定数据是否正确或健康,更多的工作在于格式转换和数据脱密;而数据处理层则更加深层次地对数据进行清洗与修正,保证数据的可用性。

(4)高性能计算。

通过源数据层众多交通信息系统的数据共享,平台将获取海量的交通数据,高性能计算功能将为海量数据的深度分析与计算提供支撑,以获取更高价值的信息。通过构建分布式计算框架,实现高纬度的复杂算法、仿真预测以及图像分析等功能。

5)基础管理层

基础管理层实现对整个平台用户身份、权限的管理,解析互操作请求并分配任务,对系统计算资源、存储资源、网络资源等进行实时监控与资源调配。

6)服务接口层

数据集成、融合与计算的主要目的是使数据产生更高的价值。服务接口层是将数据管理层处理的数据结果,以接口的形式共享给其他交通信息系统,拥有权限的用户可以通过平台提供的接口获取自己所需的数据。

7)系统应用层

系统应用层主要是指各类交通信息系统,可以是新建的信息系统,也可以在现有信息系统基础上进行改造,通过服务接口层获取更多源化、更准确的交通数据,以实现更丰富的系统功能。

8)安全保障层

安全保障层从信息安全管理角度,确保数据交换、分发和访问的安全性,对所进行的访问操作进行审计与备份,以便后期审查。

3.5 互操作模型框架

1)局部多源异构系统接入与互操作技术系统框架

局部多源异构系统接入与互操作技术系统框架如图3-3所示。

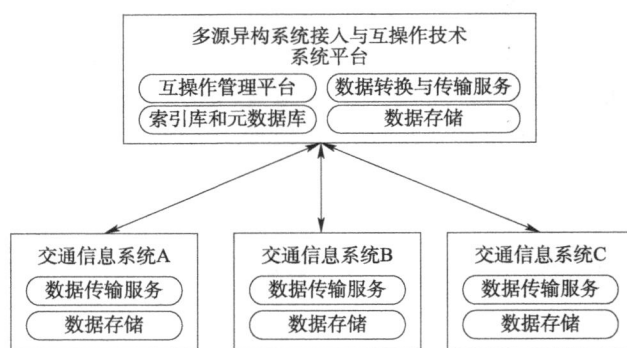

图3-3 局部多源异构系统接入与互操作技术系统框架

2)跨层级多源异构系统接入与互操作技术系统框架

跨层级多源异构系统接入与互操作技术系统框架如图3-4所示。

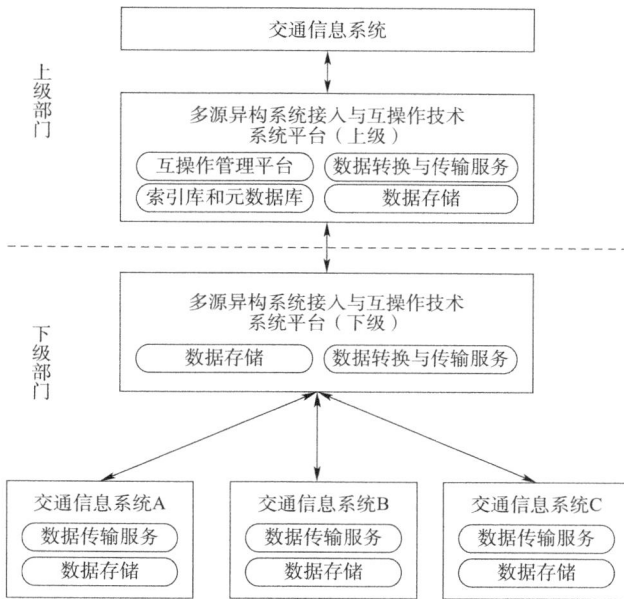

图 3-4 跨层级多源异构系统接入与互操作技术系统框架

3）跨区域多源异构系统接入与互操作技术系统框架

跨区域多源异构系统接入与互操作技术系统框架如图 3-5 所示。

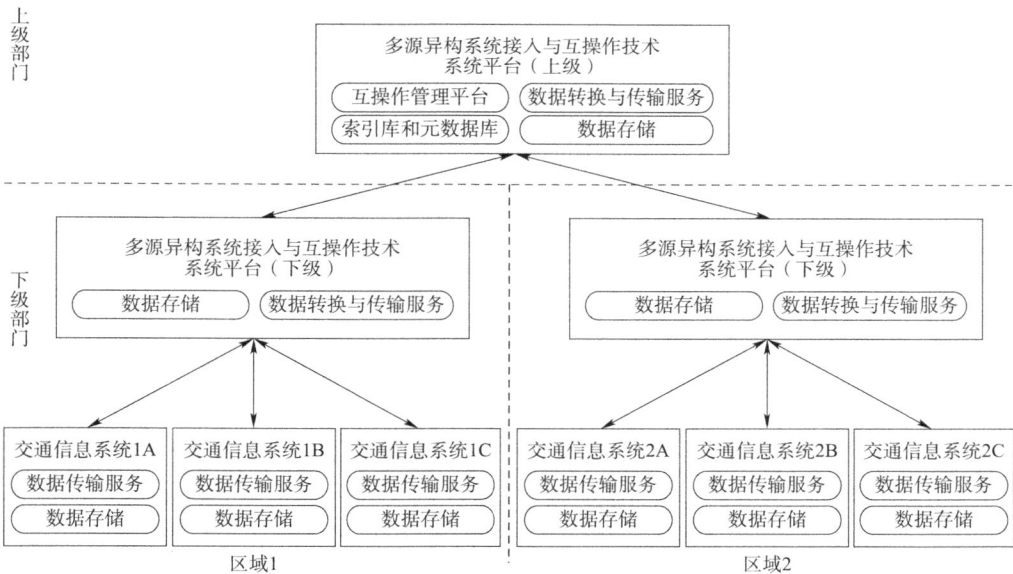

图 3-5 跨区域多源异构系统接入与互操作技术系统框架

4）跨部门多源异构系统接入与互操作技术系统框架

跨部门多源异构系统接入与互操作技术系统框架如图 3-6 所示。

异构系统接入和互联互通的专用安全互操作模型架构如图 3-7 所示。

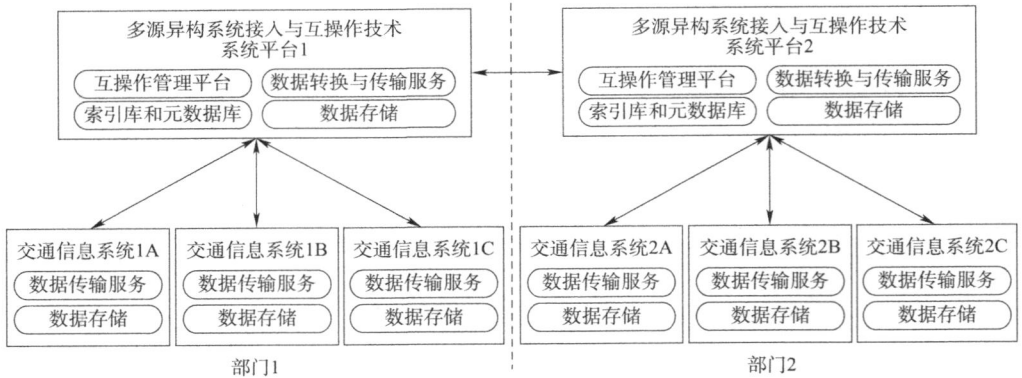

图 3-6　跨部门多源异构系统接入与互操作技术系统框架

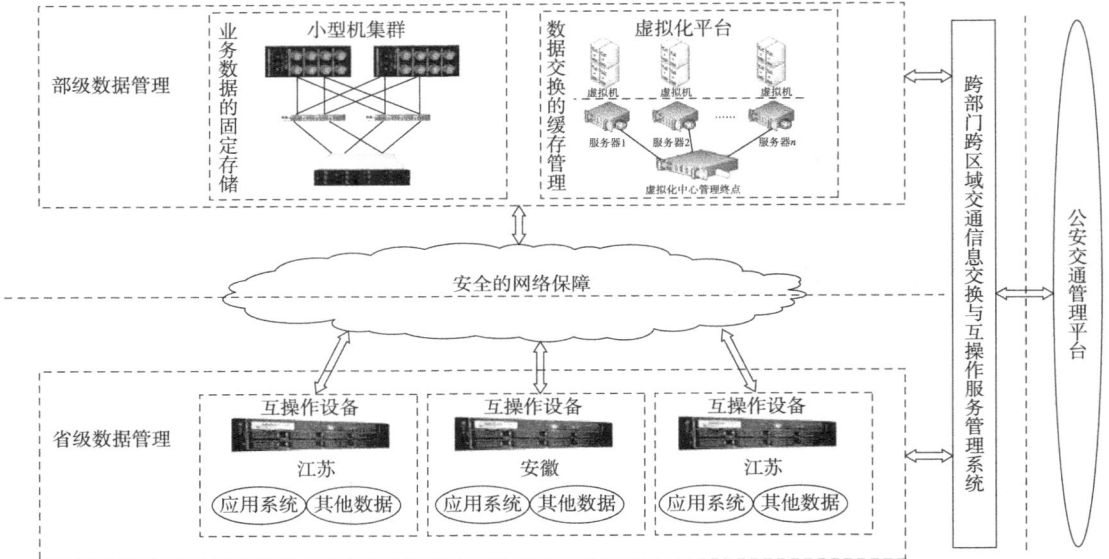

图 3-7　异构系统接入和互联互通的专用安全互操作模型架构

3.6　相关异构系统接入与互操作设备试制

异构系统接入与互操作系统的核心是具备数据虚拟化能力的异构系统接入和互联互通的专用安全互操作设备(简称"互操作设备"),该设备具有信息提取计算、远程控制、可寻址和远程维护功能,以及分层级路网运行数据与操作指令或服务接入控制功能,实现了平台所需数据的采集、共享、交换、传输等功能。多源异构系统接入与互操作系统满足了各级路网管理平台之间信息的无缝对接需要,完成了各类交通数据和指令的共享与上传下达。

3.6.1　互操作设备组成

异构系统接入和互联互通专用安全互操作设备的输入输出逻辑示意图如图 3-8 所示。

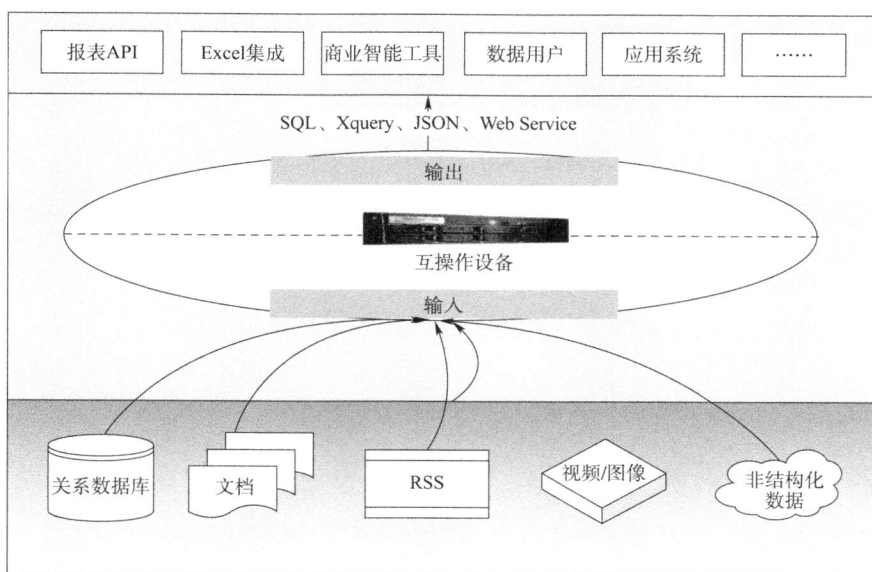

图 3-8 异构系统接入和互联互通专用安全互操作设备的输入输出逻辑示意图

异构系统接入和互联互通的专用安全互操作设备由交换区与核心区两部分组成。其中，交换区主要用于临时存储由源数据层获取的共享数据；核心区部分支撑数据存储、互操作进度与流程控制、分布式计算等功能。异构系统接入和互联互通的专用安全互操作设备的硬件部分主要包括输入/输出(I/O)控制板、计算模块、存储模块、网络传输模块以及单向传输收发模块。交换区与核心区的硬件构成完全独立，其中计算模块用于处理系统获取的指令；存储模块用于放置获取的所需数据，网络传输模块用于连接不同的网络。不同的是交换区中包含了单向数据发送模块和单向消息接收模块，而核心区中包含单向数据接收模块和单向消息发送模块。每队发送和接收模块之间通用光纤连接。

之所以将异构系统接入和互联互通的专用安全互操作设备的硬件部分分为两个区域，主要是出于对系统安全的考虑，如图 3-9 所示。在实现信息系统互操作时，不可避免的是现有信息系统与外部网络链接，为了防止外部的病毒或者误操作影响到当前生产环境中的系统，本设计采用了物理隔绝的方式。在系统部署的过程中，交换区网络传输模块接入现有交通信息系统网络，以此来获取源数据层中的各类数据；核心区网络传输模块接入的是其他系统网络。数据只能通过单向数据发送/接收模块从交换区发送至核心区，而无法从核心区到达交换区，这样就保证了外部非法信息数据无法通过平台进入源数据层中的信息系统；同时，利用私有协议与加密机制，实现核心区到交换区的消息传递，主要用于发送互操作指令以及反馈数据交换情况，核心区成功获取全部数据后，交换区删除临时存储数据。

在支撑软件方面，使用关系型数据库来存储结构化数据，使用文件存储系统存储半结构化、非结构化数据，而核心区除之前两种存储系统外，由于还要作为高性能计算节点，因此需要部署分布式存储模块和分布式计算模块。

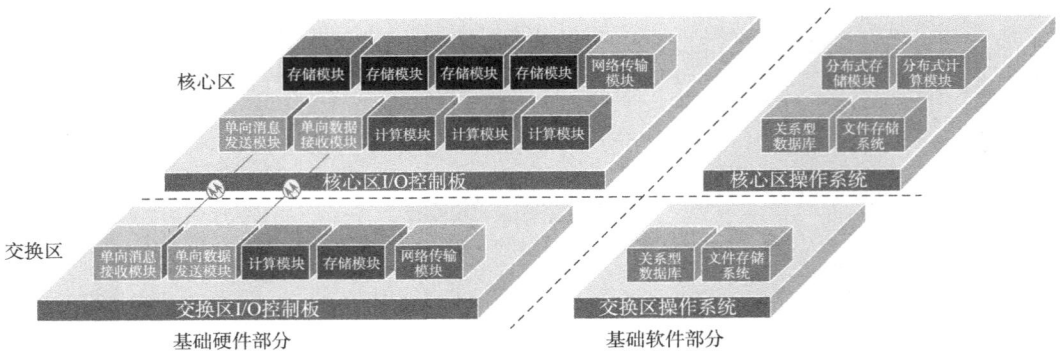

图 3-9　互操作设备软硬件组成

3.6.2　互操作设备功能

异构系统接入和互联互通的专用安全互操作设备功能框图如图 3-10 所示。

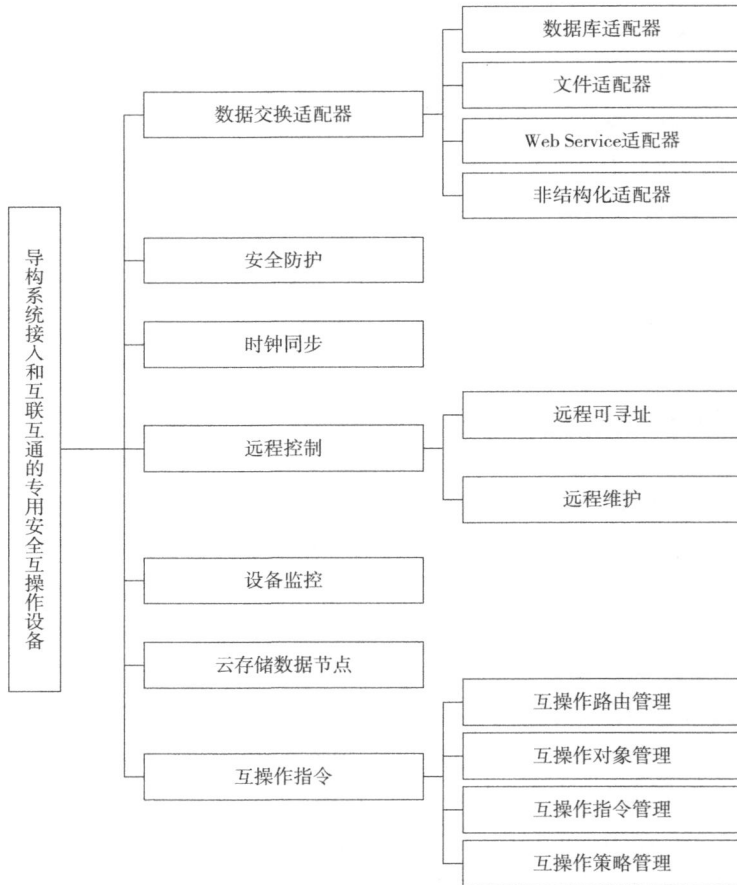

图 3-10　异构系统接入和互联互通的专用安全互操作设备功能框图

在部级平台层面,对于异构系统接入和互联互通的专用安全互操作设备的正常运行重点是建立统一规范的标准数据和数据接口。交通运输部推出了一系列有关公路网监管方面的标准或指导意见,比较有影响力的包括《公路交通突发事件应急预案》《公路交通阻断信息报送制度》《公路交通出行信息服务工作规定(试行)》《全国公路网管理与应急处置平台建设指导意见》《公路网运行监测与服务暂行技术要求》等,这些规定为各类交通信息的交换共享提供了一定的理论基础和参考,规定了部省两级平台数据交换的技术和接口要求,也规定了公路网运行监测与服务平台的数据字典。在本书的研究中,《路网运行数据管理规范》为此设备提供了数据基础。

3.6.3　互操作设备技术要求

异构系统接入和互联互通的专用安全互操作设备的软硬件功能技术要求制定如下。

1)软件要求

该设备内置操作系统软件、不同类型的数据库软件、满足信息交换需求的多类应用软件。

(1)操作系统:Windows 2008 及以上服务器版操作系统。

(2)数据库软件:主流数据库管理软件。

(3)满足信息交换需求的多类应用软件。

①可全程追踪信息的交换与传输过程的监控管理软件。

②支持以下可直接使用的适配器,满足多种形式的信息交换需求。包括:

a. 数据库适配器:实现多种数据库之间的数据同步更新。

b. 文件适配器:用于对文件路径的监控,发现文件后读取并传送给被消费的服务,可实现对文件的输出、更名、移动、删除、复制等操作。

c. Web Services 适配器:支持 Web Service 的常用协议,如 SOAP、WSDL、WS-Security、UDDI 等,并提供对 Web Services 的全生命周期管理。

d. 定时器适配器:实现按照指定的运行模式和时间表进行定时启动相关服务。

③安全防护软件:用于消除电脑病毒、木马和恶意软件,可集成监控识别、病毒扫描和清除等功能。

④时钟同步软件:用于与标准时钟源进行时钟同步。

2)硬件要求

(1)2U 机架式:计算能力不小于 200000tpmC。

(2)CPU:Intel 系列,频率≥2.0GHz,4 核及以上,CPU 数量大于或等于 2 个,可扩展至 8 个。

(3)内存:DDR3,4GB,最大支持 64GB。

(4)存储:硬盘最大支持 8 块及以上,配置容量不小于 1T,最大支持 10TB 及以上,支持 RAID0/1/5。

(5)端口:2×RJ-45 网络接口(100/1000M 自适应);USB 2.0 端口、串行接口按需配置。

（6）双热插拔电源,实现电源冗余。

（7）系统支持:32 位和 64 位 Windows Server。

3）技术规格及指标要求

（1）要求可以 $7 \times 24h$ 运转。

（2）最大监控设备连接数:5000 个。

（3）响应时间:实时响应,并发服务响应时间小于 1min,数据的发送和接收时延最大不超过 10min。

（4）数据更新周期:小于 1min。

（5）数据采样频率:5～60min 之间,可依据需求作相应调节。

（6）控制信息发送物理接口:采用网口或串口。

3.7　异构系统接入与互操作服务平台构建

异构系统接入与互操作服务平台是数据交换的枢纽,支持数据的汇总、整合和转换。异构系统接入与互操作服务平台负责定义数据交换、传输和访问控制策略,提供高效的数据传输和管理控制机制,实现各层级的不同系统间数据流高效、安全的共享交换。异构系统接入与互操作服务平台功能主要包括数据适配处理、数据传输管理、交换流程管理、系统管理等。

3.7.1　部署方案

异构系统接入与互操作服务平台的目的是实现各层系统或数据库之间的信息高效、无误地对接,提高系统运行效率,降低数据交换的风险,保持数据对接的高稳定性。多源异构接入系统主要实现了三方面功能:

（1）现有系统、新增系统、其他业务系统的数据可以传送入数据中心。

（2）数据中心的数据经过多源异构接入系统处理后传输至外网的数据资源池。

（3）为现有或日后新增系统提供数据接口,提供其权限内的数据共享服务。

根据业务需求,本项目设计方案是各分中心的数据在上传至省(区、市)中心的同时,通过多源异构接入系统直接传送入数据中心。

3.7.2　系统构成

为了实现对系统数据来源跨区域性、跨部门性、跨系统性的多源数据进行整合、交换与共享,异构系统接入与互操作服务平台系统主要需要实现各分中心现有数据、其他部门其他系统现有数据以及新建系统生产数据的传输、整合、存储功能。

异构系统接入与互操作服务平台主要包括数据适配管理、数据交换管理、数据发布管理和系统管理等功能模块,其中:

（1）数据适配管理模块,主要提供数据抽取、数据转换、数据加载功能。数据抽取即从源系统抽取目的系统需要的数据;数据转换即将从源系统获取的数据按照业务需求,转换成目的系统要求的形式,并对错误、不一致的数据进行清洗和加工;数据加载即将转换后的数据装载到目的系统中。数据适配管理模块包含资源管理、数据处理、流程监控等子模块。

(2)数据交换管理模块,主要解决分布式系统环境数据交换共享和业务,建立多层级跨地域多部门的企业级数据交换支撑网络,支撑用户数据集成应用的快速实现,支撑云环境下各种应用的快速搭建、海量数据高效共享交换,提供可按需定制交换业务、可全面监控管理的数据集成支撑平台。数据交换管理模块包含设施管理、数据交换和监控警告等子模块。

(3)数据发布管理模块,将各类路网路况交通信息以开放式服务接口的方式提供给省级及其他需求用户使用。用户通过在网页上申请注册后,以 GET/POST 等方式请求数据,平台开放的数据服务接口根据不同的用户权限,提供其所需的数据以及 JSON、XML 等多数据格式支持,满足不同用户的需求。

(4)系统管理模块,将提供基础的系统设定功能,包括用户管理、平台动态等。

异构系统接入与互操作服务平台功能结构如图 3-11 所示。

1)数据适配管理

数据适配管理模块主要提供数据抽取、数据转换、数据加载功能。数据抽取即从源系统抽取目的系统需要的数据;数据转换即将从源系统获取的数据按照业务需求,转换成目的系统要求的形式,并对错误、不一致的数据进行清洗和加工;数据加载即将转换后的数据装载到目的系统中。

2)数据交换管理

(1)交换任务配置。

交换任务配置的是数据源之间的交换形式、数据来源、交换粒度等信息。交换任务配置主要实现了交换任务的增加、删除、修改、查询等功能,同时显示出当前交换任务的状态。

(2)交换流程配置。

与交换任务配置相似,交换流程配置页面主要包含了查询区、功能按钮区及详情显示区三个区域。交换任务可以包括多个交换流程,启动或停止一个交换任务,其下属的交换流程也会相应地启动或停止。

3)数据发布管理

交通数据服务接口对数据存储和系统应用起到隔离作用,可以使系统应用与数据存储的方式以及其结构无关。数据服务平台与上层应用系统相连接,以面向服务架构(SOA)为依据,向上层应用提供相应的服务接口,完成数据的共享和无缝交换,实现数据共享与管理,确保业务系统的有效协同,保证各应用系统之间的独立性,提高整个系统的运行效率。

服务接口将各类路网路况交通信息以开放式服务接口的方式提供给省级及其他需求用户使用。用户通过在网页上申请注册后,以 GET/POST 等方式请求数据,平台开放的数据服务接口根据不同的用户权限,提供其所需的数据以及 JSON、XML 等多数据格式支持,满足不同用户的需求。

异构系统接入与互操作服务平台系统如图 3-12 所示。

```
                                                          ┌──────────────┐
                                              ┌─────────→│   资源库管理   │
                                   ┌────────┐  │          └──────────────┘
                              ┌──→│ 资源管理 │──┤
                              │    └────────┘  │          ┌──────────────┐
                              │                └─────────→│   数据库管理   │
                              │                           └──────────────┘
                              │                           ┌──────────────┐
                              │                ┌─────────→│   数据抽取    │
                              │                │          └──────────────┘
                              │                │          ┌──────────────┐
                              │                ├─────────→│  转换流程管理  │
                              │                │          └──────────────┘
                ┌──────────┐  │    ┌────────┐  │          ┌──────────────┐
           ┌──→│ 数据适配管理 │──┼──→│ 数据处理 │──┼─────────→│  任务流程管理  │
           │    └──────────┘  │    └────────┘  │          └──────────────┘
           │                  │                │          ┌──────────────┐
           │                  │                ├─────────→│   数据加载    │
           │                  │                │          └──────────────┘
           │                  │                │          ┌──────────────┐
           │                  │                └─────────→│   流程控制    │
           │                  │                           └──────────────┘
           │                  │                           ┌──────────────┐
           │                  │    ┌────────┐  ┌─────────→│  转换流程监控  │
           │                  └──→│ 流程监控 │──┤          └──────────────┘
           │                       └────────┘  │          ┌──────────────┐
           │                                   └─────────→│  任务流程监控  │
           │                                              └──────────────┘
```

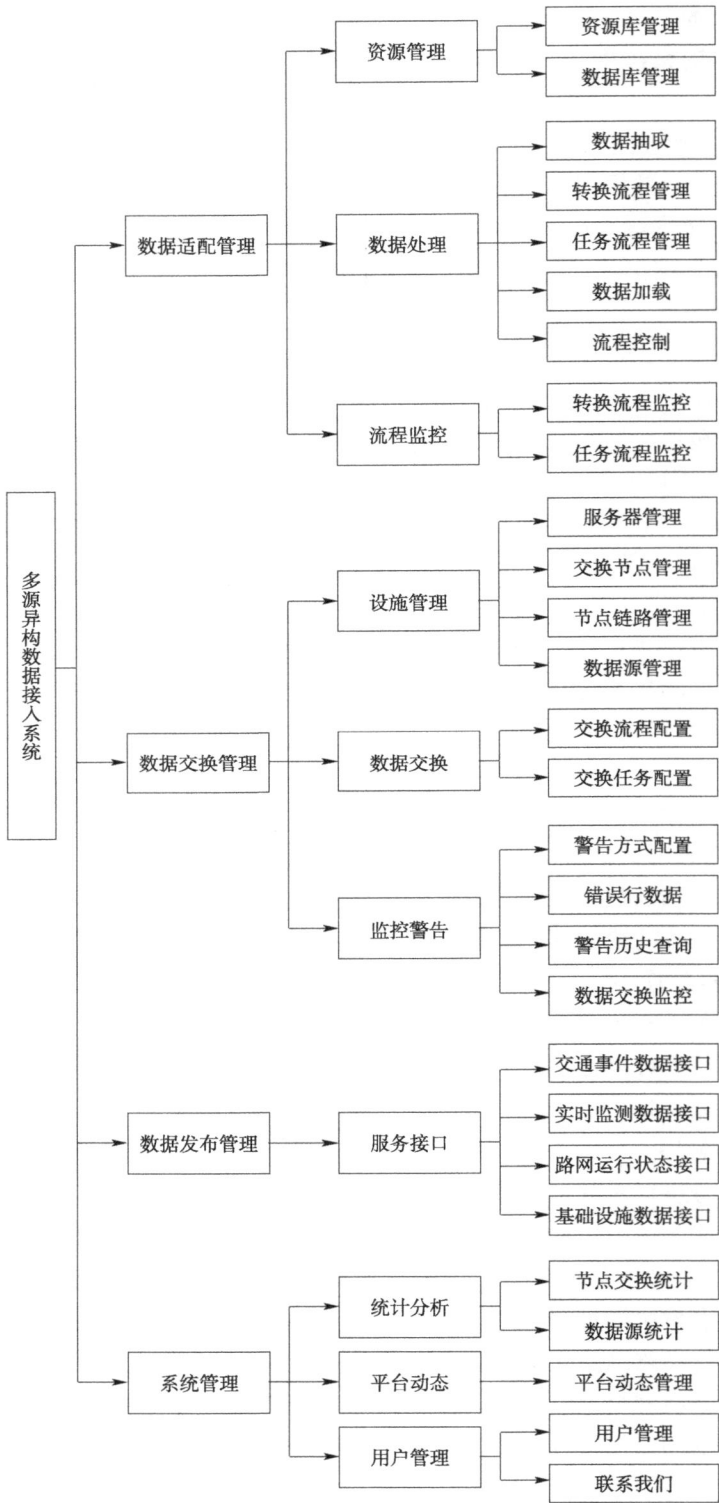

图 3-11　异构系统接入与互操作服务平台功能结构

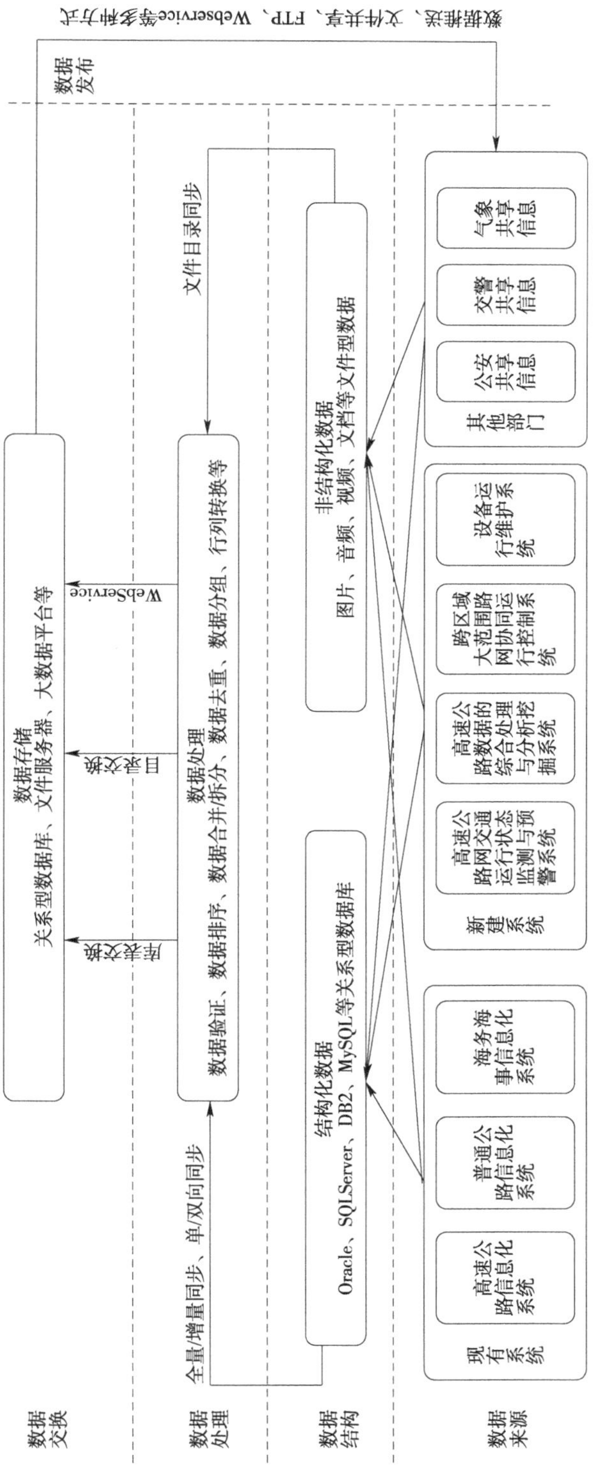

图3-12 异构系统接入与互操作服务平台系统示意图

第4章　路网支撑服务

4.1　路网支撑服务概述

为提升路网公共服务能力,保证路网运行的安全、顺畅,交通运输部公路局在2014年提出了如下方面的工作内容:

一是提升高速公路服务区运营管理质量。

二是加强应急能力建设。

三是强化路网运行监测体系建设,推进公路气象预报预警,继续深化公路和气象部门合作,加快公路交通气象观测站网建设。推进路网中心部级平台和省级路网平台建设。

四是推进交通出行信息服务,继续推进高速公路交通广播示范工程建设。推进全国公路出行信息服务系统改造升级,推进全国公路 GIS-T 系统建设。

五是推动京津冀公路交通一体化。

高速公路网的运行与管理现阶段已进入"智慧高速公路时代",对路网的运行状态监测、安全运行保障、应急救援与服务水平保障提出了更高的要求,需要采取智能化技术实现。

同高速公路通道和路段相比,高速公路网运行的安全服务保障技术具有技术水平更高、业务范围更广的要求,是高速公路各学科、应用、分系统所提供服务的集成,这些服务经过数据、分析、处理、资源等各方面的整合与集成,最终形成路网"运行状态智能监测与安全服务保障"体系的支撑服务。

高速公路网的运行状态智能监测与安全服务保障,需要进行跨区域、跨部门的数据、资源、业务进行整合与集成处理,同时还涉及不同部门、业务平台的信息对接等。

从业务设计层面角度,跨部门跨区域的路网监测与安全服务保障平台的路网支撑服务定义为:平台建设、实施和应用开发所涉及的最小功能单元或者接口。设计中要从服务对象、服务类型、服务方式、服务内容四个方面考虑。基于此,设计了统一服务层,针对不同应用的技术接口要求,提供对内对外的统一路网支撑服务接口,按照不同的服务粒度,分层级提供。

路网支撑服务分为三类:底层管理服务、基础服务、应用服务等,如图4-1所示。

(1)底层管理服务:实现平台的资源管理(计算资源服务、存储资源服务、网络资源服务、数据资源服务)、平台管理(服务注册、平台监控、服务部署、服务代理、路由管理、安全管理、版本控制)、数据(库)管理、用户管理、系统运行监测、互操作服务、安全管理等底层服务。

(2)基础服务:实现平台的通用性基础业务服务,如 GIS-T 服务、通信服务、设备控制服务、工作流服务等。

(3)应用服务:根据"可视、可测、可控、可服务"的要求,针对路网管理实现的各种应用所需的支撑服务,如路网监测类、应急保障类、出行服务类、路网管控类、态势分析类、决策支持类等。

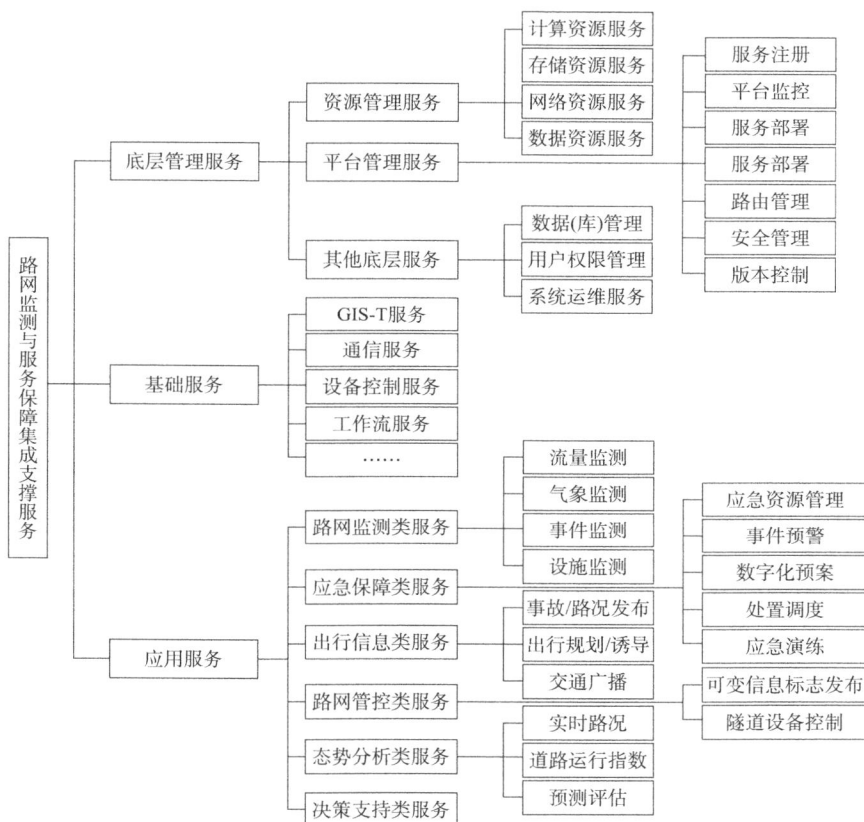

图 4-1 路网支撑服务体系示意图

从图 4-1 中可以看出,路网支撑服务按照一定业务规范、业务层级和业务主题对外提供服务接口,如:底层管理服务中的数据资源服务,提供了数据库、实时数据、文件系统等数据资源的访问接口,统一对外提供服务,屏蔽了不同数据资源之间的接口、应用差异等。

4.2 底层管理服务

路网支撑服务中的底层管理服务是所有应用服务的基础,由基础支撑硬件系统和基础支撑软件系统组成。其中,硬件系统包括服务器设备、网络设备、存储设备等,是物理基础;

软件系统包括操作系统、应用软件、服务（器）软件、应用中间件及各类数据库软件与文件,是构建于物理基础之上的上层应用。

底层管理服务按照应用分类,可分为资源管理服务、平台管理服务、其他底层服务三类,如图 4-2 所示。

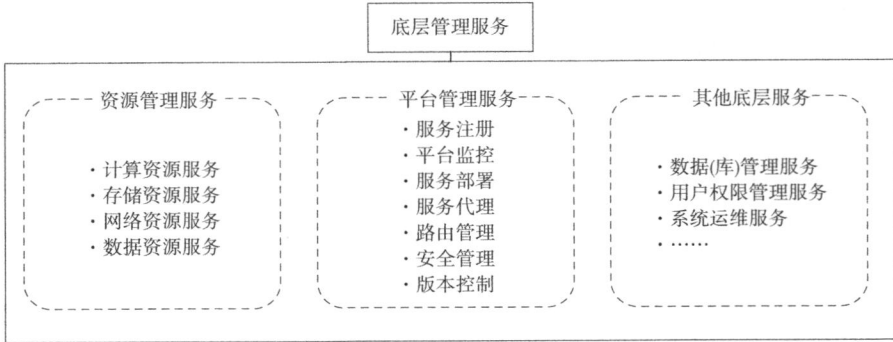

图 4-2　底层管理服务内容

4.2.1　资源管理服务

资源管理服务以硬件基础设施为主,分四类服务:计算资源服务、存储资源服务、网络资源服务、数据资源服务。

1）计算资源服务

计算资源是为高速公路网运行状态智能监测与安全服务保障平台内各类系统或用户提供数据库、大数据平台、云计算、移动应用、Web 应用等服务的小型机、服务器或计算机群,是平台的运算与数据中心的心脏,是最重要的硬件基础设施。

在高速公路网运行状态智能监测与安全服务保障平台体系中,最重要的核心数据管理采用小型机作服务器,云计算、大数据平台采用刀片服务器,对一般业务管理和数据处理则采用 PC 服务器。这类服务器通常都是软硬件一体,如数据库服务器,即可指数据库服务器软件,也可指部署发布数据库服务器软件应用的服务器。

按使用方式和用途,计算资源服务有如下内容:

（1）数据库服务器。

运行在平台网络中的一台或多台计算机和数据库管理系统软件共同构成了数据库服务器,数据库服务器为客户应用提供查询、更新、事务管理、索引、高速缓存、查询优化、安全及多用户存储管理等服务。

（2）云计算平台。

云计算是可配置计算机资源和更高级别服务的共享池,可以通过最少的管理工作快速配置（一般是用互联网）。云计算平台可以划分为三类:以数据存储为主的存储型云平台、以数据处理为主的计算型云平台以及计算和数据存储处理兼顾的综合云计算平台。从部署运营角度,云计算可分为三种:私有云、公有云和混合云。

（3）大数据平台。

大数据平台是一个集数据接入、数据处理、数据存储、查询检索、分析挖掘等、应用接口等为一体的平台。一般情况下,大数据平台使用了 Hadoop、Spark、Storm、Flink 等这些分布式的实时或者离线计算框架,建立计算集群,并在其上对大量的数据进行计算。

(4)应用服务器。

应用服务器是指通过各种协议把业务逻辑开放给客户端的程序。它提供了访问业务逻辑的途径给客户端应用程序使用。应用服务器对业务逻辑的操作类似调用对象的一个方法,如 GIS 服务器。

在高速公路网运行状态智能监测与安全服务保障平台中所包含的应用较多,每种应用都需要单独的应用服务器来处理业务逻辑,有的应用还需要多台服务器实现负载均衡。

(5)Web 服务器。

Web 服务器的主要功能是提供网上信息浏览服务。Web 服务器与应用服务器是有区别的,前者指传送页面是浏览器可以浏览,而后者提供的是客户端应用程序可以调用的方法。确切一点说,Web 服务器专门处理 HTTP 请求,但应用服务器是通过很多协议为应用程序提供业务逻辑。

(6)中间件服务器。

中间件是一种独立的系统软件或服务程序,分布式应用软件通过中间件软件在不同的技术之间共享资源。中间件独立于服务器的操作系统之上,管理计算机资源和网络通信,是连接两个独立应用程序或独立系统的软件。相连接的系统之间虽然具有不同的接口,但通过中间件相互之间仍能交换信息。执行中间件的一个关键途径是信息传递。

通过中间件,应用程序可以工作于多平台或操作系统(OS)环境。

(7)消息服务器。

消息服务器是一种特殊的中间件服务器,是用来接收、传递、转发消息的一种应用服务器,是系统中为客户端计算机提供各种消息服务的高性能的计算机。消息服务器的高性能主要体现在高速度的运算能力、长时间的可靠运行、强大的外部数据吞吐能力等方面。

(8)数据交换服务器。

数据交换服务器又称数据前置服务器,通常部署客户接入端软件,实现数据交换平台和各信息系统的有机结合,在客户接入端实现数据的自动提取与转换,同时支持手工录入与审核数据。它是一个为不同数据库、不同数据格式间进行数据交换而提供服务的平台。

数据交换服务器是很重要的应用服务器,在高速公路网运行状态智能监测与安全服务保障平台体系中涉及的信息数量庞大、资源种类繁多、存储方式多样,尤其需要一个统一的数据处理和交换平台,将异构、异地数据进行整合转换,方便子系统、用户使用。

2)存储资源服务

高速公路网运行状态智能监测与安全服务保障平台的存储资源包括存储系统、备份系统及备份策略。

存储与备份系统提供平台体系中各类应用的存储空间和备份功能。其中,存储系统除了计算机本身的存储设备以外,主要指独立于主机系统本身磁盘以外的存储设备,用来实现更多文件及数据保存,扩展了主机系统的功用。

备份系统是指文件系统或数据库系统中的数据加以复制,一旦发生灾难或错误操作时,可以及时地恢复系统有效数据并使之正常运作。

合理的备份策略是保证平台系统高效可靠运行的必要条件。存储系统与备份系统相辅相成,存储系统的主要功能便是备份,备份系统又依赖存储系统来实现其备份任务。存储备份系统的常用设备包括 IP SAN 交换机、磁盘阵列、网络存储系统(NAS)、虚拟磁带库、虚拟化灾备系统等。

(1)存储系统。

高速公路网运行状态智能监测与安全服务保障平台的存储资源服务采用 SAN。SAN 是一种将存储设备、连接设备和接口集成在一个高速网络中的技术。SAN 本身就是一个存储网络,承担了数据存储任务,SAN 网络与 LAN 网络相隔离,存储数据流不会占用业务网络带宽。

在 SAN 网络中,所有的数据传输在高速、高带宽的网络中进行,SAN 存储实现的是直接对物理硬件的块级存储访问,提高了存储的性能和升级能力。平台采用 IP SAN 技术,采用 iSCSI 标准,是一种在 TCP/IP 上进行数据块传输的标准。相对于以往的网络存储技术,它解决了开放性、容量、传输速度、兼容性、安全性等问题。

在实际应用中,基本配置为:部署 1 台高性能的磁盘阵列提供数据的存储服务,1 套虚拟磁带库系统提供数据备份功能,2 台高性能的千兆以太网交换机构建 IP 网络,为存储系统提供高稳定的传输通道,保证 IP SAN 系统的网络稳定性、高效性及安全性。

(2)备份系统。

备份是为了防止计算机数据及应用等因计算机故障而造成丢失及损坏,从而在原文中独立出来单独储存的程序或文件副本,分为系统备份和数据备份。备份是容灾的基础,是指为防止系统出现操作失误或系统故障导致数据丢失,而将全部或部分数据集合从应用主机的磁盘或阵列复制到其他存储介质的过程。

按照备份的内容,可分为全部备份、增量备份、差分备份及选择式备份。按照备份的使用方式,可分为冷备份和热备份。

(3)备份策略。

数据备份有多种方式:全备份、增量备份、差分备份、按需备份等。全备份所需时间最长,但恢复时间最短,操作最方便,当系统中数据量不大时,采用全备份最可靠,但是随着数据量的不断增大,管理人员将无法每天做全备份,而只能在定期进行全备份,其他时间采用用时较少的增量备份或采用介于两者之间的差分备份。

针对高速公路网运行状态智能监测与安全服务保障平台的特点,备份策略采用全备份和增量备份结合的方式。

3)网络资源服务

网络是高速公路网运行状态智能监测与安全服务保障平台重要的基础设施,是平台业务承载的高速公路与数据运行的神经系统。网络资源服务,必须能够提供可靠稳定、先进高效的多种电信级服务,支持应用系统数据通信要求,满足用户各项业务需求,并能适应未来的技术发展。

网络资源是由网络硬件和网络软件组成的,利用通信设备和线路将地理位置不同、功能独立的多个计算机系统、信息技术(IT)基础设施互联起来,以功能完善的网络软件实现网络中资源共享和信息传递的系统。通过系统互联实现通信,实现系统、应用、服务之间的协同工作,其本质特征是:提供应用之间的各类资源的高度共享,缩短物理空间限制,实现便捷的信息交流和沟通。

(1)网络资源服务总体规划。

网络资源的总体规划是通过区域化、层次化、模块化的设计理念,使网络层次更加清楚、功能更加明确,应按照高性能、高可用性、高扩展性、高安全性和先进性的设计原则,建设一个高安全、高性能、高可用的网络平台,为各类应用的运行提供可靠稳定的支撑环境。

①网络资源分区的优点。

a.分区结构简化了网络设计,避免了纷繁复杂的网络拓扑。

b.分区结构把网络结构模块化,可以容易地复制和重构。

c.分区结构实现了区域间的网络故障隔离,将网络运行中的故障限制在本区域当中,避免故障扩散,可以快速定位故障区域。

d.分区结构能够根据各个分区的功能要求,针对核心业务的影响制定相应的策略。

②网络资源区域的划分。

网络系统根据业务性质或网络设备的作用进行区域划分,来确定网络总体框架,通常要考虑以下几个方面因素:

a.按照服务及传送数据业务性质和面向用户的不同,网络系统可以划分为内部核心网(内网)业务专网(外网)以及直接挂接在互联网上的公众服务网(公网)等区域。

b.按照网络层次结构中设备作用的不同,网络系统可以划分为核心层、汇聚层、接入层,层次化结构将有利于网络的扩展和维护。

c.按照网络的具体功能,网络系统在逻辑上可以划分为存储区、应用业务区、前置区、系统管理区、托管区、外联网络接入区、内部网络接入区。

(2)网络资源服务分区。

网络资源服务需要根据用户的不同提供多层次的服务,同时在网络中众多设备重要性各不相同,面临的安全威胁也不同,需要按照设备的实际情况制定不同的安全策略和信任模型,因而需要将网络划分为不同区域。

网络系统架构中首先针对用户的身份、使用业务及安全等级要求,将网络划分为内部核心网、远程业务专网及公众服务网三个大的部分。

①内部核心网。

网络系统内面向平台内部的骨干网络部分,又可以称为内网平台,承载平台最核心的各种专业系统,与外部网络实行物理隔离,在国家法规允许下、采取符合规定的安全技术手段条件下,可与外界其他网络系统进行有限制的互通。

②远程业务专网。

远程业务专网是指网络系统内提供给分布在不同部门、不同区域的用户,或与平台在跨部门跨区域地运行着独立的信息系统实现互联互通,独享内部数据信息资源的部分网络,又可以称为外网平台。业务专网通过 IPsec VPN 和 MPLS VPN 等技术在网络系统建立起专网隧道,满足平台内分布在不同部门、区域的各级用户的需求。它与公共网络采用防火墙等技术实行逻辑隔离,在国家法规允许下、采取符合规定的安全技术手段条件下,可与外界其他网络系统进行有限制的互通。

③公众服务网。

公众服务网是平台网络资源为国内外、为社会、为民众提供服务的门户,是与公众进行沟通和联系的窗口。一般是指网络服务资源的互联网出口,是网络系统与互联网进行数据交换的接口与通道,同时也是面向社会提供信息资源服务的公共区域。

(3)网络资源服务功能分区。

网络资源服务按业务功能和用途可以分为存储区、前置区、应用区、托管区、接入区、系统管理区等。各个功能区之间可以按照数据流向进行直接互联,也可以统一利用系统的骨干网络进行安全的数据交换。

①存储区。

存储区主要用于对应用数据进行集中存储备份。构建存储平台主要技术有 DAS、NAS、SAN、IP SAN 等。存储区通过部署防火墙等多种安全设备实现与网络的安全连接,通过高速 Ethernet 实现与远程存储系统建立连接进行数据或业务备份。

存储系统是网络系统至关重要的一个部分,必须具备良好的可扩展性、极高的可靠性、出众 I/O 性能与容量,以及异构环境下的连通性。

②前置区。

前置区是网络内各业务系统进行数据交换的过渡区,负责和各业务系统进行交互,以及采集各业务系统、各个部门的业务数据,并经过格式转换和数据整理,将数据存入存储区,同时提供数据共享业务。前置区部署各个业务的前置服务器和数据抽取、数据交换服务器。

③应用区。

应用区用于部署各业务系统的基础系统服务器,如 DNS、FTP、E-mail 等;应用服务器,如 WEB、OA 等;数据库服务器,如 ORACLE、SQL 等。应用区为用户提供业务应用服务。

④托管区。

托管区主要用于提供主机或应用托管,并在存储区提供接口,为各个托管业务提供数据库、存储空间的共享和交换,减少重复建设。在托管区,部署高性能交换机,提供服务器接入。在交换机上为各个托管应用划分 VLAN,保证各个业务应用相互隔离、相互独立。同时通过防火墙等安全设备,对托管区向其他区的访问进行限制,为各个业务应用提供安全保障。

⑤接入区。

接入区分为内部、外部接入区。

内部接入区主要服务于系统内部用户,他们对网络资源的业务系统具有不同的控制权限和访问权限。内部用户需要经过安全认证和审计等措施来实现对网络资源的获取。

外部接入区对外提供公众访问、远程机构访问等服务,它们只能对网络资源中的特定服务具有访问权限。外部用户需要经过更严格的安全审计措施来实现对网络资源服务的获取。

⑥系统管理区。

系统管理是网络资源服务正常运行的保证。网络管理是对网络、信息及业务进行全面的监控调整、运行维护、业务和安全管理,包括主机、网络设备的可用性管理、性能管理、流量统计和分析、故障诊断和恢复、安全策略的制定和实施,以及用户管理等。

4)数据资源服务

数据资源服务是指对平台所涉及的全部信息,进行从采集、处理、传输到使用的全面业务流程与执行。在高速公路网运行状态智能监测与安全服务保障平台应用中,无时无刻都有信息及数据的产生、流动和使用。为保证平台各级用户、子系统、跨部门、跨区域之间的频繁、复杂的信息流畅通,充分发挥数据信息资源的作用,必须提供稳定、安全、高性能的数据资源服务。

目前,在部一级可提供的数据资源主要有公路基础数据库、路政管理信息数据库、桥梁信息及管理数据库、道路运输管理信息数据库、GPS 监控平台及信息数据库、高速公路联网收费数据、视频监控系统、路况报送系统、航道管理信息系统及港口管理信息系统、重点运营车辆管理信息数据等。

高速公路网运行状态智能监测与安全服务保障平台中的数据资源服务内容有:

(1)数据存储服务。

提供完备的存储设备,同时具有较完备的本分策略、容灾体系及良好的网络安全平台;能够按照实际需求为分系统、跨部门跨区域的相关业务部门提供数据存储服务。

(2)数据查询服务。

平台数据来源广泛,既包括业务系统的结构化数据,也包括大量非结构化数据。这些数据经过交换、清洗、标准化等一系列操作后集中到数据资源池,按照主题、应用场景对数据进行划分,建立了数据目录库、完备严格的权限管理机制,提供统一的基础数据查询访问,分等级为不同类型用户、应用所需的数据提供查询服务。

(3)数据订阅服务。

根据相关的获取策略,某些数据的下载请求不能达到实时响应,如数据量过大、在线无法获取、数据离线存储等,则需要进行数据订阅。

数据订阅的服务方式包括在线生成数据资源订单、传真、电子邮件、邮寄、电话、人工获取等。其中,数据资源订单是需要通过在门户填写订单而实现的。无论是数据检索下载服务方式中的数据订单还是数据接口服务中的数据订阅,都需要在线填写数据订单。

(4)数据检索下载服务。

数据检索下载服务是基于平台系统或门户网站的浏览、检索、下载、数据订单等一站式服务,授权用户可以在系统或门户网站进行数据浏览、检索,然后可以对需要的数据进行下载,相对于订阅服务而言,此种服务方式适合于数据量不大或需求频率不高的情况。

(5)数据交换服务。

数据交换服务是高速公路网运行状态智能监测与安全服务保障数据资源服务的核心,可以为行业内、外授权用户提供稳定可靠的数据交换功能。此服务适用于数据量大、时效性要求不太高的应用,如进行行业统计分析、辅助决策类系统。

（6）数据分析服务。

通过建立多维数据联机分析服务器,建立具有有代表性的网络运行状态智能监测与安全服务特点的主题及分析模型,数据资源服务可以从用户常用的多种分析角度,事先计算好辅助结构,以便在查询时能尽快抽取到所要的记录,并快速从一个维度转到另一维度,将不同维度的信息以数字、表格、曲线、各种图形等可视化手段、方式展现给用户。数据资源服务可对平台中业务数据提供一定的数据分析功能,对分析结果以图表形式进行展现,发挥数据资源服务的强大应用能力。

（7）数据归档服务。

数据资源服务具有完备的备份与安全防护体系,利用数据资源服务现有的存储与网络设备可为平台内的各级系统、分系统、用户等提供数据归档服务,将重要数据利用归档服务进行归档,有利于数据的集中存储和安全管理。

（8）移动数据核对服务。

此服务的主要对象包括外场用户、外出管理者用户及社会用户,该服务的主要内容为提供短信接口用于对平台数据的查询,是数据查询服务的延伸。

（9）数据接口服务。

针对实时性要求较高、数据请求服务频繁的用户,例如业务系统,本服务应用体系提供了数据接口满足此类需求。此种数据接口服务是通过应用程序接口（API）调用来实现的,可提供的主要服务包括:

①API调用访问的方式在于给用户提供可编程的客户端函数库,在提供基础的数据访问、数据检索、数据下载功能的同时,保障在大数据量传输时的数据可靠性和高效性。

②向用户提供具有业务功能的客户端类库,提供用户所需的数据功能。

4.2.2　平台管理服务

高速公路网运行状态智能监测与安全服务保障平台采用SOA架构,这是一种面向服务的架构,将应用程序的不同功能单元(称为服务)通过服务之间定义良好的接口和协议联系起来,它独立于实现服务的硬件平台、操作系统和编程语言,使得构建在各种这样的系统中的服务可以一种统一和通用的方式进行交互。面向服务的架构把流程从逻辑中抽象出来,逻辑成为系统对外的服务,通过统一的用户界面、流程打破竖井式结构,采用面向服务的设计方法,使平台多个应用之间成为一个有机的整体。

1）服务注册

SOA是基于服务的架构,服务消费者(Service Consumer)可以通过发送消息来调用服务。这些消息由一个服务总线(Service Bus)转换后发送给适当的服务实现。这种服务架构可以提供一个业务规则引擎(Business Rules Engine),该引擎容许业务规则被合并在一个服务里或多个服务里。这种架构也提供了一个服务管理基础,用来管理服务,类似审核、列表、日志等功能。此外,该架构提供了灵活的业务流程,更好地处理控制请求(Regulatory Requirement),并且可以在不影响其他服务的情况下更改某些服务。

SOAP、WSDL和UDDI是SOA的基础之基础部件,WSDL用来描述服务,UDDI用来注册和查找服务,SOAP 作为传输层,用来在消费者和服务者之间传送消息。SOAP 是 Web 服务的默认机制,其他的技术为可以服务实现其他类型的绑定。一个消费者可以在 UDDI 注册表(Registry)查找服务,取得服务的 WSDL 描述,然后通过 SOAP 来调用服务。

2)平台监控

对 SOA 平台的监控采用结构可视化的方式实现,遵循 SOA 的核心原则,以面向服务的视角,以服务组件为单位,把所有和业务相关的组件都按照服务提供关系层层关联,建立和 SOA 结构完全一致的监控模型,同时,为了满足 SOA 系统的运维需求,还需要实现以下功能:全局视角,看清组件之间的相互影响;深入组件,能够实时监控每个组件的性能;交易颗粒,细化到每笔交易每一步的性能;支持异构,各种跨平台的服务;同一平台,一套系统完成所有系统监控。

(1)监控数据来源。

SOA 系统中,组件之间的消息传递都是通过网络实现的。数据的格式、组件的通信必须符合网络数据包的传输标准。无论组件之间链接关系有多复杂,业务从 Web 进来到核心处理完成经过了多少个组件,都将严格地遵照网络数据的传递标准。因此,只要按照网络数据包的结构,层层解码,组件关联,提炼出相关性能,就可以实现面向业务的应用性能监控。

无论 SOA 对 IT 架构产生多大变化、业务系统的逻辑变得如何复杂、物理连接关系变得如何离散,其中始终不变的是,所有业务的运行都是基于网络的,网络的数据中天然包含了业务相关的全量信息。

(2)SOA 监控的核心要素。

和传统的 IT 系统相比,SOA 在应用交付和业务服务之间多了一层服务组件层。在实际环境中,SOA 的消息传递,是以主机网络设备为基础,通过 ESB、负载均衡等交付设备传递给各个服务组件,服务组件层层处理后给用户提供了服务,产生了价值。对于服务来说,无论其他哪一层出现问题,都无法实现业务。因此,业务性能监控,必须覆盖与此相关的所有设备及组件。

基础架构:主机是 SOA 服务组件运行的平台,网络是服务之间进行通信的基础,如果这一层出现了问题,则服务运行的最基本平台都无法得到保证,服务的可用性也就无从谈起。因此,网络性能的监控是 SOA 服务性能监控中最基本的要求。

应用交付设备:通常 SOA 服务会选择负载均衡设备将服务请求分摊给多台服务器,来达到性能和冗余的要求,因此负载均衡设备的运行状态会直接影响服务的状态,此类设备典型的问题包括:不可用、负载不均衡、Bug 引起流量异常等。而防火墙和加速器等设备也会因为处理性能、错误的配置而成为瓶颈,造成服务品质的下降。因此,必须将负载均衡设备作为一个基本故障点纳入 SOA 服务性能监控中。

服务组件:服务组件是组成服务的基本单元,主流应用会按照一定的规则把不同类型的组件组合成服务,例如 Web 服务器、应用服务器、数据库等,同时也与第二层相互融合,在服务内部建设负载均衡等机制。通常服务发生问题时,定位问题所在成了一大挑战。除了网络设备故障外,服务组件的工作状态必须准确快速地判定,以便引入正确的后续处理流程。面向服务进行性能监控,对整个服务路径上的各个组件分别监控且统一呈现,使问题能够被快速定位。

服务：一旦从下往上的三层中的任意一个环节出现性能下降、性能瓶颈或故障，并且未能快速被发现并修复，那么，最终会导致服务状态的变化。但由于服务是抽象层，用户很难快速搞清楚服务处于不可用状态或性能不佳状态其背后的原因，因此需要逐层分析。

监控的实现必须以服务为核心，建立囊括服务组件、应用交付设备、基础架构和服务相关的所有设备，严格按照 SOA 的结构，建立服务路径图，实现服务路径的全面监控。

3）服务部署

高速公路网运行状态智能监测与安全服务保障平台应用需要相对简单而实用的中间件技术来简化和统一越来越复杂、烦琐的企业级信息系统平台。采用面向服务体系架构（SOA），能够将应用程序的不同功能单元通过服务之间定义良好的接口和协议联系起来。SOA 是用户可以不受限制地重复使用的软件，可以对各种资源和服务进行部署。

通过选用标准接口封装旧的应用程序，把新的应用程序构建成服务，则其他应用系统就可以很方便地使用这些功能服务。

在 SOA 架构中，服务部署的关键支撑技术是企业服务总线（ESB）。ESB 是传统中间件技术与 XML、WEB 服务等技术相互结合的产物，用于实现企业应用不同消息和信息的准确、高效和安全传递。ESB 可以提供比传统中间件产品更为高效的解决方案、消除不同应用之间的技术差异，让不同的应用服务协调运作，实现不同服务间的通信与整合。

4）服务代理

服务代理充当了 ESB 服务的代理，通常是一个已经存在的服务端点，代理服务可以使用不同的传输方式。

服务代理定义如下四种基本功能：

（1）服务之间的消息路由——"路由器"：根据信息内容，在不同应用和服务之间进行信息传输和路由。

（2）请求者和服务之间的传输协议转换——"转换器"：进行应用之间的通信协议转换。

（3）请求者和服务之间的消息格式转换——"翻译机"：进行应用之间的消息格式转换。

（4）处理各种来自不同业务的事件——"收发室"：处理来自不同渠道的业务事件（同步传输、异步传输、发布、订阅等方式）。

5）路由管理

路由管理服务是高速公路网运行状态智能监测与安全服务保障平台底层管理服务的重要内容。平台网络建设根据实际应用和结构采用适合的路由协议，能够实现优化的网络路径选择，同时具有路径均衡功能，在网络结构发生变化时，数据能够通过其他路径迂回，保证网络畅通。

6）安全管理

高速公路网运行状态智能监测与安全服务保障平台的安全管理服务包括以下三个方面的内容。

（1）链路与网络安全管理。

网络系统的风险来自外部网络和内部网络的安全威胁，因此网络安全管理服务内容有：

①划分安全区域。

安全区域是指同一系统内有相同安全保障需求、相互信任、具有相同的安全访问控制和边界控制策略的子网或网络。安全区域划分是保证网络及基础设施稳定正常的基础。

安全区域划分为安全服务域、有线接入域、无线接入域、安全互联域和安全支撑域。统一安全区域内的资产实施统一的保护,如进出信息保护机制、访问控制、物理安全特性等。

②边界安全防护。

边界安全防护是指安全域之间的边界防护。安全域之间互联接口数量越多,安全性越难以控制,必须在保证各种互联需求的前提下对安全域边界进行合理整合,通过对系统接口的有效整理和归并,减少接口数量,提高接口规范性。边界整合最终要实现不同类别边界链路层物理隔离,边界设备实现硬件独立。

边界保护技术主要包括防火墙、接口服务器、病毒过滤、入侵防护、单向物理隔离、拒绝服务防护等。

③入侵防护。

入侵防护系统(Intrusion Prevention System,IPS)倾向于提供主动防护,预先对入侵活动和攻击性网络流量进行拦截,避免其造成损失,它是通过直接嵌入网络流量实现这一功能的。

④内网安全审计。

内网安全审计包括主机审计、网络审计、数据库审计三个方面。

⑤漏洞扫描。

漏洞扫描是指对重要计算机信息系统进行检查,发现其中可被黑客利用的漏洞。通过扫描,能够发现所维护的服务器的各种 TCP 端口的分配、提供的服务、服务软件版本和这些服务软件呈现在网络上的安全漏洞,从而在平台网络系统安全防护中做到有的放矢,及时修补漏洞。

⑥终端安全管理。

终端安全管理一般选择开放式 B/S 体系结构和标准化数据通信方式,对局域网内部的网络安全行为进行全面监管、监测并保障桌面系统安全。

(2)计算机系统安全。

计算机系统安全包括操作系统安全、数据库安全及病毒防治。

①操作系统安全服务。

操作系统安全服务是整个主机系统安全的基础,没有操作系统安全,就不能真正解决数据库安全、网络安全和其他应用软件的安全问题。

操作系统安全服务的主要内容包括:

a.提供周期性设备弱点安全加固工作,针对不同目标系统,提供相应的系统加固服务。通过打补丁、修改安全配置、增加安全机制等方法,合理进行安全性加强。设备弱点安全加固,包括设备安全配置、加固、优化和安全方面的系统升级。在经过设备的安全配置、加固和安全优化以后,可以基本上消除这一类安全弱点和安全威胁。

b.账号与口令安全服务,提供账号的权限管理、申请和变更管理、口令长度管理、口令复杂度管理、口令缺省及时效性管理等服务。

②数据库安全服务。

数据库安全服务除进行周期性设备弱点安全加固、账号与口令安全管理外，还需要进行数据库加密和审计。

a. 数据库加密。

数据库安全防护服务提供一个安全适用的数据库保密支撑平台，对数据库存储的内容实施有效保护，最终增强普通关系数据库管理系统的安全性。数据库加密服务有以下功能：身份认证、通信加密与完整性保护、数据库设计存储加密与完整性保护、数据库加密设置、多级密钥管理、安全备份。

b. 数据库审计。

数据库审计服务能够提供高性能和高稳定性的审计功能，捕获信息通过网络旁路的方式实现，不改变被审计数据库的任何设置，不影响被审计数据库的任何服务性能。服务能实时解析网络上和被审计数据库相关的数据库的登录、注销、插入、删除、修改、执行存储过程等操作，具有精确的 SQL 语句操作，并能及时判断出违规操作行为并进行记录、报警，实现数据库的实时监控，建立审计安全告警和审计机制。

③病毒防治服务。

病毒防治服务是确保整个系统信息安全的重要功能。该服务对全网范围内的关键组件和信息资源实行全方位、立体、动态、实时的病毒防护，提供灵活、可统一实施的防病毒策略和集中的管理、事件监控等必要手段，支持自动下载并分发最新的病毒特征码和扫描引擎，提供病毒响应和处理，支持大型网络跨地域跨网段的部署和管理，具有全网统一杀毒和升级功能。

（3）应用安全服务。

应用安全服务的主要内容有数据传输安全、日志安全审计、业务日志管理、应用安全保密。

①数据传输安全。

数据安全服务保证传输数据的真实性、完整性、机密性。采用如下方式：

a. 使用加密技术，对传输中的数据流加密，防止通信线路上的窃听、泄露、篡改和破坏。使用加密技术，可以认证通信的参与者，确认数据传输的完整性，可以保证通信的私有性。

b. 利用 VPN 技术构筑安全的数据传输通道。VPN 即虚拟专用网络，通过利用互联网现有的物理链路，虚拟构建一条逻辑专用通道，并且在数据发送服务器端对数据加密，然后通过这条通道将数据快速高效地传输到数据接收端，通过数据解密，将数据还原提交用户。VPN 为用户提供了一种通过互联网安全地对内部专网进行远程访问的连接方式。

②日志安全审计。

日志安全审计服务提供对事件的实时监控和关联、自动事故应急处理和合乎规范的报告。服务能自动监控策略违反事件、识别并应对违反事件并提交合乎规范的数据。服务包括多个模块，可让管理人员实时地从每秒数千个事件中收集、关联、监视和显示数据。

③业务日志管理。

网络设备、主机服务器、应用程序、安全设备与产品等在运行中产生各类业务日志，业务日志管理服务能够对各类日志进行统一管理和分析,并快速定位故障点。对日志的分析管理在追查责任和系统恢复等方面都起着至关重要的作用。

④应用安全保密。

应用安全保密服务具有三个功能:建立电子身份注册和实体鉴别;基于角色的访问控制与授权;业务应用系统的安全保密。

这三部分功能可通过建立网络用户身份识别系统和完善的访问控制与授权机制,采用加密、数字签名等先进密码技术,保证网络用户身份的真实性,不同角色的人对应用系统只能访问安全策略允许其访问的信息,同时保证信息再传输及存储过程中的保密性、完整性和不可否认性。

7)版本控制

版本控制是指对软件开发过程中各种程序代码、配置文件及说明文档等文件变更的管理,是软件配置管理的核心思想之一。要管理和维护任何运行时系统,需要一个全面的版本控制策略,没有明确策略,无法计量更新的服务和API是否已部署。

版本控制包括检入检出控制、分支和合并、历史记录。

(1)检入检出控制。

软件开发人员对源文件的修改不能在软件配置管理库中进行,对源文件的修改依赖于基本的文件系统并在各自的工作空间下进行。为了方便软件开发,需要不同的软件开发人员组织各自的工作空间。一般来说,不同的工作空间由不同的目录表示,而对工作空间的访问,由文件系统提供的文件访问权限加以控制。

同步控制的实质是版本的检入检出控制。检入就是把软件配置项从用户的工作环境存入软件配置库的过程,检出就是把软件配置项从软件配置库中取出的过程。检入是检出的逆过程。同步控制可用来确保由不同的人并发执行的修改不会产生混乱。

(2)分支和合并。

版本分支的人工方法就是从主版本——称为主干上复制一份,并做上标记。在实行了版本控制后,版本的分支也是一份复制文件,这时的复制过程和标记动作由版本控制系统完成。版本合并有两种途径:一是将版本A的内容附加到版本B中;另一种是合并版本A和版本B的内容,形成新的版本C。

(3)历史记录。

版本的历史记录有助于对软件配置项进行审核,有助于追踪问题的来源。历史记录包括版本号、版本修改时间、版本修改者、版本修改描述等最基本的内容,还可以有其他一些辅助性内容,比如版本的文件大小和读写属性。

4.2.3　其他底层服务

其他底层服务包括数据(库)管理服务、用户权限管理服务、系统运行监测与维护服务等必要的支持服务,这类服务是每个系统平台必备的支持底层服务。

1)数据(库)管理服务

数据(库)管理服务属于偏底层的数据基础性工作,在功能性、易用性、交换性能、数据实时性(最小延迟)、可靠稳定性、可运维管理性等方面有具体明确的指标要求。

数据(库)管理服务主要需满足如下需求:

(1)支持实时数据同步场景,保证事务复制的完整性和时间次序性。

(2)数据交换性能要支持多任务、大数据的场景下,计算资源可控。

(3)支持数据管理的断点保护,具备断点恢复的能力。

(4)数据管理操作流程耦合程度要低。

(5)支持日益增加的异构数据源环境,包括各种关系型数据库、结构化及非结构化数据,以及 NoSQL、MPP 数据库/仓库和大数据平台 Hadoop/Kafka 的应用环境。

(6)具备必要的数据异常处理和监控运维等管理功能服务。

2)用户权限管理服务

用户权限管理服务,一般指根据系统设置的安全规则或者安全策略,用户可以访问而且只能访问自己被授权的资源。用户权限管理服务是具有权限需求的系统的核心功能,它一般涉及用户、角色及权限三部分。

现有的用户权限系统通常基于 RBAC(Role-Based Access Control)的思想设计,通过角色和权限绑定、角色和用户之间的松耦合、多对多的关系来实现授权和授权的快速变更,从而控制用户对系统的功能使用和数据访问权限,以达到企业或机构安全管控的目的。

权限系统要实现的核心目标是对业务的安全管控,根据业务对安全性要求的级别,实现安全管控的粒度,是设计、开发权限服务的核心问题,一般采用通用的思考模型"角色→场景→任务"来梳理。

3)系统运行监测与维护服务

系统运维服务的提供者基于服务级别协议向运维服务的使用者提供各类运维服务。不同服务级别对应的服务质量指标是服务级别协议的重要组成部分,服务质量指标体现服务提供的系统运维服务质量。

系统运维服务可分为 IT 基础设施运维服务、应用系统运维服务、安全管理服务、网络接入服务、内容信息服务和综合管理服务等。

(1)基础设施运维服务对 IT 基础设施进行监视、日常维护和维修保障。服务涉及的基础设施包括网络系统、主机系统、存储/备份系统、终端系统、安全系统、机房动力及环境等。

(2)应用系统运维服务对应用系统进行设计、集成、维护及改进。应用系统运维服务涉及的应用系统包括办公自动化(OA)及内部办公系统、政府网站、面向企业和组织的应用系统、面向公众的应用系统以及城市管理类应用系统等。

(3)安全管理服务对 IT 环境涉及的网络、应用系统、终端、内容信息的安全进行管理,包括安全评估、安全保护、安全监控、安全响应及安全预警等服务。

(4)网络接入服务提供网络规划和接入,包括互联网接入服务、专网接入服务等。

(5)内容信息服务对内容信息进行采集、发布、巡检、统计、编辑、信息挖掘以及汇报,为内容信息的获取和进一步处理提供支持。

(6)综合管理服务包括咨询与培训服务、技术支持服务、综合系统服务等。

4.3　基础服务

基础服务包括 GIS-T 服务、通信服务、设备控制服务、工作流服务等。这些服务是平台运行的基础,为平台各业务服务、对外服务等提供基础数据、运行支撑、流程控制等服务功能。

4.3.1　GIS-T 服务

地理信息系统(GIS)在交通领域的推广与应用在国内外受到了极大重视。目前,GIS 已经被广泛应用到智能交通与交通运输管理的各个方面,并正逐步发展成为一门新兴学科——交通地理信息系统(Geographic Information System for Transportation,即 GIS-T),即面向交通行业的地理信息共享服务系统(简称"GIS-T 服务系统")。

GIS-T 服务系统架构如下:

(1)建立统一的、标准化的交通空间数据库。

(2)基于商业 GIS 平台软件发布各种地理信息服务,形成统一标准的服务平台。

(3)建设统一的门户系统和服务运维管理平台,实现对服务的注册、审核、发布、授权、运维监控等管理操作,实现用户的权限管理等功能。

(4)对外提供 GIS-T 服务。

GIS-T 服务架构如图 4-3 所示。

GIS-T 服务的主要分为六类。

1)基本功能

基本功能用于编辑、显示和测量图层,主要包括对空间和属性数据的输入、存储、编辑,以及制图和空间分析等功能。编辑功能允许用户添加和删除点、线、面或改变它们的属性,综合制图功能可以灵活多样地制作和显示地图,分层输出专题地图,如交通规划图、国道图等,显示地理要素、技术数据,并可放大缩小,以显示不同的细节层次。测量功能用于测定地图上线段的长度或指定区域的面积。

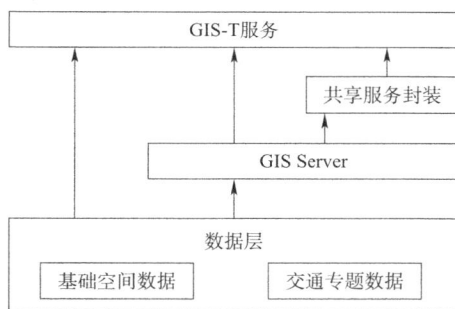

图 4-3　GIS-T 服务架构

2)叠加功能

叠加功能允许两幅或更多图层在空间上比较地图要素和属性,分为合成叠加和统计叠加。合成叠加得到一个新图层,它将显示原图层的全部特征,交叉的特征区域仅显示共同特征;统计叠加的目的是统计一种要素在另一种要素中的分布特征。

3)动态分段

动态分段功能是将地图网络中的连线根据其属性将特征相近的连线分段。分段是动态进行的,因为它与当前连线的属性相对应,如果属性改变了,动态分段将创建一组新的分段。如交通路网路段、节点的修改、增加或者删除等。

动态分段引入 GIS-T 软件是为了分析以线为基础的运输系统的属性,如路面管理中,路网图将以路面铺装采用沥青或混凝土来"自动分段",以便每种类型的路面含在同一个组中。如果需要采用路面类型和车道数这两种属性进行分段,那么,每类路面中车道数相同的又自动形成一组。

4)地形分析

地形分析功能主要通过数字地形模型(DTM),以离散分布的平面点来模拟连续分布的地形,为道路设计创建一个三维地表模型,这在道路设计中是十分需要的。实际的道路设计采用另一软件在导入 GIS 的三维地模后进行,然后将设计的结果再导出到 GIS 中,以供将来分析。

5)栅格显示功能

栅格显示功能允许 GIS 包含图片和其他影像,并可对这些图片对应的属性数据进行叠加分析,从而对图层进行更新。如可以通过添加新特征建筑,如桥梁和交叉口以及更正线形等,对原有的道路图层进行更新。对带状(或多边)图层进行叠加可以标出土地的用途和其他属性。

6)路径优化功能

最短时间路径分析模型在运输需求模型中已经使用了很多年,GIS-T 服务具有这一功能,而无须与其他软件创建链接。

智能交通的发展,使得 GIS-T 服务作为基础服务愈发重要,尤其与云平台服务结合,其服务内涵与外延也日益拓展。

4.3.2 通信服务

通信服务是平台基础建设最重要的一个环节。智能交通系统(ITS)主要由交通信息采集、交通状况监视、交通控制、信息发布和通信五大系统组成。实现各种信息传输的通信服务是 ITS 的运行基础,根据通信对象的不同,路网监测与服务保障平台涉及三个方面的通信服务:

一是以路网基础设施为主的信息传输服务,它是利用高速公路沿线或城市道路铺设的电缆或者光纤,将沿线的收费站、管理站、服务区、货运站、客运站、治安卡口、十字路口等基础设施连接成通信网。

二是路侧通信单元与车辆之间的通信(Road Vehicle Communication,RVC),主要是利用无线通信技术(如广播或者专用短距离通信 DSRC 等方式)完成车路之间信息交换,实现车路协同。

三是车辆之间的通信(Inter Vehicle Communication,IVC),目前主要是利用无线通信技术,未来应用第五代移动通信技术(5G)可以实现更好的服务能力。

现代通信的发展主要有四个趋势:

(1)正逐步转向智能化、自动化、移动化。

(2)现代通信技术正向全光网络发展。

(3)现代通信技术要求其终端标准化、智能化。

（4）现代通信技术越来越多媒体化。

通信服务要具有三个特性。

1）可靠性

可靠稳定的通信网络服务是路网监测与服务保障平台得以承载智能交通业务的基石，网络可靠性的基础——网络服务质量保证（Quality of Service，QoS）指的是数据网络中的一种控制机制，根据不同业务数据的优先级，有针对性地分配宽带、缓存等网络资源。当网络资源不足时，QoS可以保证优先级高的数据包得到优先处理，从而使对应的上层业务获得更好的网络服务。

2）安全性

路网监测与服务保障平台的网络架构和系统组成，在满足传统的业务网络接入的同时，需要适应云计算、物联网、大数据等新技术，全面贯彻落实国家网络安全等级保护新制度、新标准，遵循规范性、合理性、实用性和经济性原则，按照专网专用、分区分域、纵向认证、横向隔离的方针，针对性地为路网安全重点保护对象提供相应的安全技术保护。

3）灵活性

云计算、物联网、5G等新技术的出现，使用户与计算资源都表现出巨大的移动性，终端用户的广泛性要求通信网络服务要更加灵活。

我国现有的公路通信由长途通信、地区通信、移动通信和紧急通信组成，其主要实现的业务有常规电话业务、移动调度通信业务、紧急电话业务、数据传输业务和图像视频传输业务等。公路通信的主要任务是为公路紧急救援、抢险清障、监控管理、路况安全信息播发提供公益安全服务；为公路管理、路政管理、智能化管理提供行业管理通信服务；为公路收费联网、自动收费、账单拆分结算等经营性活动提供服务。需要特别指出的是，公路通信不但是公路运输行业的重要基础设施，更是国家公网不可替代的专用通信。

4.3.3　设备控制服务

交通控制设备的布设是为了保证公路网安全和高效运转，它向道路使用者传达交通规则和控制信息，并为交通流提供与安全相关的警示。交通控制设备包括静态和动态两种。

静态的交通控制设备主要是指静态标志（如管控标志、警示标志）、路面标志（如路面路边标线、导流）和道路照明等，这类设施一般在设计阶段就确定了。

动态的交通控制设备与服务主要是针对"实时"的公路运营管理策略与技术，用于适应性地改进公路的运营，尤其是安全性和驾驶的便利和舒适性。

交通控制设备要满足五个基本要求：

（1）满足需求；

（2）能够引起注意；

（3）传达明确而简单的意义；

（4）应受到道路使用者的服从；

（5）为响应提供足够的时间。

跨部门跨区域路网监测与服务保障集成平台的设备控制服务，主要是指动态交通控制设备提供的基础服务,它包括以下部分。

1)收费站或匝道管理与控制

收费站或匝道管理与控制是通过对收费站或匝道控制设备,如交通信号灯的指令、控制以及对进出高速公路的机动车总量进行控制,来实现高速公路的正常管理,以达到高速公路的供需平衡、避免拥堵和减少事故发生。

收费站或匝道控制服务主要有五种:入口流量控制、入口关闭、出口流量控制、出口关闭和汇合控制。

2)车道管理与控制

动态车道管理是针对道路的实时状态,随时调整车道管理措施,使交通运行效率更高。典型的车道控制设备包括可变信息标志、可变限速标志、车速预警设备、车道信号控制、临时交通控制设备等。

3)服务区管理与控制

高速公路服务区是指专门为乘客和驾驶员停留休息的场所,应提供停车场、公共厕所、加油站、车辆修理所、餐饮与小卖部等设施,平均间距约50km。根据功能、规划大小和功能齐全程度由大到小,分为1~3类服务区。

高速公路服务区的特点包括服务对象的流动性和机动性、服务对象的一次性和单一性、客流量的不稳定性、服务需求的多样性和地理位置的特殊性等,属于特定区域服务类的管控,需要控制出入口流量、停车服务、加油服务、综合服务等。

4)特殊车辆管理与控制

特殊车辆的管理是道路运营管理的重要一环,包括"两客一危"车辆、绿通车等。"两客一危"车辆,是指从事旅游的包车、三类以上班线客车和运输危险化学品、烟花爆竹、民用爆炸物品的道路专用车辆,安装了符合《道路运输车辆卫星定位系统车载终端技术要求》(JT/T 794—2011)的卫星定位装置,并接入全国重点营运车辆联网联控系统,保证车辆监控数据准确、实时、完整地传输,确保车载卫星定位装置工作正常、数据准确、监控有效。绿通车是指整车合法装载运输鲜活农产品的车辆,在高速公路出口走特殊的绿色通道,免收通行费。特殊车辆的管控需要结合特定的流程进行。

5)交通事故管理

交通事故是引起车道通行能力下降或需求异常增加的、发生在公路及其周边的非频发性事故,如由车辆碰撞、机动车的损坏、货物的泄漏、公路养护或改扩建等引起的事故。交通事故管理是一项有计划,需要协调各方机构与资源,以快速处理和减小交通事故影响,提高驾驶者、交通事故受害者、交通事故急救伤员等安全,同时提高公路运营效率、安全性、流动性的系统工程。

交通事故管理主要包括检测、核查、乘客信息、反应、现场管理、交通管理、清理、恢复等阶段,为各个阶段提供交通设备控制服务。

6)有计划的特殊事件管理

有计划的特殊事件是指在特定的时间和地点发生的一件或一系列活动以及与之相关的事件,这种事件会影响高速公路正常的交通,特殊事件包括大型体育活动、演唱会、节假日等。特殊事件管理的主要目标是尽可能减少高速公路相对区域的拥堵,涉及匝道、收费站、服务区、车道等管控服务。

正确预测事件可能产生的交通需求和交通系统所具有的最大容量,在于了解事件的特点以及它们是如何影响交通系统的运行。事件分类要从事件类型、区域类型、事件位置、事件开始时间、事件持续时间、观众位置、预期参加人数、事件影响区域等因素考虑。有计划的特殊事件管理涉及五个阶段:大纲编制、操作计划、训练和执行、事中活动及事后活动。

7)紧急疏散管理

紧急情况是指没有任何计划的事件,导致严重的环境或者运营影响,必须采取疏散的行动,比如自然灾害、恐怖袭击等。在紧急情况处理和疏散期间,高速公路网运营和管理只是庞大而又复杂问题的一个方面,但其管理的重要性不言而喻。

紧急疏散管理包括应急路线、道路封闭管理、交通基础设施保护、广域报警、灾难应急与恢复、疏散与重新管理、灾区出行信息发布等管控方面,尤其是可能涉及逆向车流的管控。

8)信息发布管理与控制

一个有效的结合多重信息模式的交通信息发布体系,可以及时地满足不同类型出行的信息需求,包括静态信息和实时信息。信息发布管理与控制直接影响公路网的运营管控信息的传达,涉及匝道控制、事故管理、紧急疏散等。

信息发布管控设备一般根据信息发布影响范围来定义,包括可变信息标志、区域交通广播、高速公路路况广播、手机 App、车载设备等。

设备控制服务作为公路网管控的基础服务,分权限和层级纳入路网管理的方方面面。

4.3.4　工作流服务

工作流服务是系统实现流程审批功能的核心。工作流服务可以在不修改原程序的情况下,让用户自己添加、修改相关的审批业务,使系统更加具备灵活性和可扩展性。

1)工作流服务功能

工作流服务将业务流程中工作如何组织协调在一起的规则抽象出来,从而分离了具体工作的逻辑和流程组织的逻辑,为基于流程整合应用提供强大的底层支撑平台。工作流服务的主要功能有:流程实例的启动、停止,环节实例的启动、结束,任务的分配等。工作流服务包括用户界面、流程引擎、流程定义工具、运行管理工具、API 系统,可以集成已有系统。

2)工作流服务基本部件

(1)工作流执行服务,是工作流服务的核心部件,功能包括创建、管理流程定义,创建、管理和执行流程实例。在执行上述功能的同时,应用程序可通过编程接口同工作流执行服务交互,一个工作流执行服务可包含多个分布式工作的工作流引擎。

(2)工作流引擎,是为流程实例提供运行环境并解释执行流程实例的软件部分。

(3)流程定义工具,是管理流程定义的工具,可通过图形方式把复杂的流程定义出来并加以操作。

(4)客户端应用,是通过请求的方式同工作流执行服务交互的应用。

(5)调用应用,是被工作流执行服务调用的应用,调用应用同工作流执行服务交互。

（6）管理监控工具，是指实行组织机构、角色等数据的维护管理和对流程执行情况进行监控的工具，管理监控工具同工作流执行服务交互。

3）工作流服务接口

（1）工作流定义交换接口：用于在建模和定义工具与执行服务之间交换工作流定义，主要是数据交换和 API。

（2）工作流客户端应用接口：用于工作流客户端应用访问工作流引擎和工作列表，通过 WAPI 完成。

（3）被调用的应用接口：用于调用不同的应用系统。

（4）工作流系统互操作接口：用于不同工作流系统间的互操作。

（5）系统管理和监控接口：用于系统管理应用访问工作流执行服务。

工作流服务接口如图 4-4 所示。

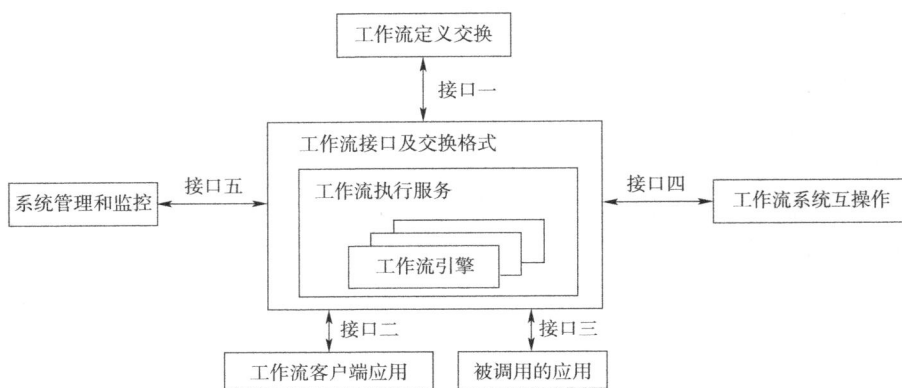

图 4-4　工作流服务接口

4.4　应用服务

应用服务内容如图 4-5 所示。

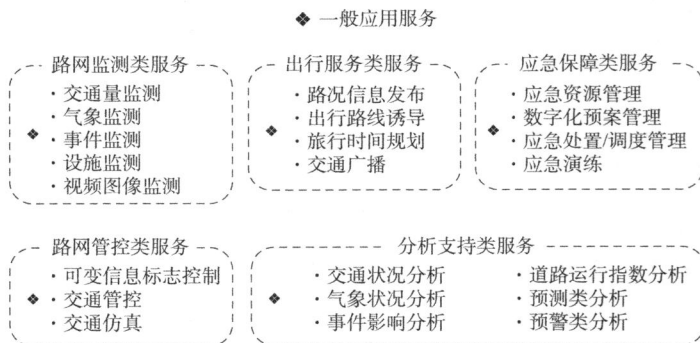

图 4-5　应用服务内容

4.4.1　路网监测类服务

1)交通量监测服务

本书中的交通量指道路交通量。通过对不同的交通信息采集设备获得的道路交通量数据进行融合处理,实现数据间的优势互补,获得比单信息源更具有价值的信息,进而实现对道路交通量的监测、统计分析,以及多源交通信息综合展示与发布,为各分系统、不同业务需求、不同用户提供服务。

(1)监测数据来源。

交通量数据来源多种多样,目前有如下种类:

①外场监测器信息采集:高速公路外场通常布设有地感线圈、微波车检器、激光车检器、红外线车检器、视频事件监测设备、隧道环境检测设备等多种传感器,构成了综合交通信息采集系统,可以获得路网的流量数据、车辆速度、占有率等数据信息。

②DSRC交通信息采集:电子不停车收费(ETC)用户的车载单元(OBU)是一个具有唯一识别码的信息载体,在高速公路沿线合理布设多个基于 DSRC 的交通信息采集设备,利用车辆装载的 ETC 车载设备,基于 DSRC 的交通信息采集设备的信号覆盖区域,被连续发射的微波信号唤醒,与该交通信息采集设备发生信息交互过程,由上传数据分析出当前路段的交通量及拥堵程度,实现交通量统计、交通拥堵程度分析等服务。

③移动终端的交通信息采集:把路网中的重点车辆多制式卫星定位移动终端和车上乘客的手机作为采集对象,利用移动终端的信息和手机信令,在现有的移动通信网络中应用手机定位技术对移动终端或手机进行位置跟踪,同时,结合地图匹配技术、冗余信息处理技术、低定位精度下的位置推算技术等,构建高速公路网交通流特征模型,从而获取交通量信息。

④无人机交通信息采集:目前的无人机主要应用在路网关键路段、重要互通、桥梁等重点部位的巡查,一般提供视频信息,通过视频分析平台,提取相关交通流信息。

(2)监测服务功能。

在交通量监测中,融合不同交通检测器、移动终端、DSRC 等的数据,利用地图匹配技术、路径推测技术、数据管理技术、地理信息技术、数据融合与挖掘技术等,重点分析逻辑推理法、交通流机理法、阈值判别法和移动窗口法,选择合适的数据异常、缺失鉴别方法。考虑断面交通流检测器、重点车辆多制式卫星定位移动终端和手机客户端上传交通流检测数据时间间隔的差异性,通过多源交通流数据时间、空间匹配方法,构建多源数据的时空数据模型,并进行轨迹识别和特征参数估计。

基于不同源数据替换、相邻路段时空关联、历史数据预测等方法,利用多源交通流数据之间的互相校正技术,采用基于神经网络和模糊理论的人工智能融合算法,建立路网交通流特征模型。

监测服务可实现的功能有:路网调度,进行交通诱导,公众出行服务,出入口控制,路网运行状态监测,实时、历史统计分析,路径规划与分析,行程时间估计分析,高速公路网络 OD时空分布等。

借助交通基础地理信息平台、全时空多源交通动静态信息库,对多源交通信息进行融合与处理系统,实现多源交通信息综合展示与发布。

2)气象监测服务

高速公路网气象监测服务属于交通气象范畴,是一个交叉学科,涉及气象、交通、通信、计算机等多个学科领域,技术复杂性较大,高速公路的安全服务保障与交通气象监测服务水平和能力是密不可分的。

高速公路气象监测服务,通过交通气象的监测,分析灾害性天气对交通产生影响的特点和规律,进行交通气象灾害的预警、预报和采取相应的防御对策应急措施,可以有效预防和减少交通事故的发生,保障交通运行安全与畅通,更好地服务高速公路网运行与出行服务。

(1)气象监测服务内容。

高速公路气象监测服务包括高速公路交通气象环境感知监测和高速公路交通气象监测预警。

①气象环境感知监测。

气象环境感知监测是利用布设于公路沿线、路面等处的设备、传感器等,采集道路、空气等的监测数据,进行分析处理后,得到公路交通气象的实时信息。

常用的公路气象感知设备有能见度仪、路面状态传感器、道路气象站、移动气象监测数据采集器。

可采集的数据有能见度,路面温度,潮湿存在及类型,结冰点温度,冰晶百分比含量,积水深度,道路结冰,积雪融雪剂浓度,积水、水、冰、雪的量,道路表面湿滑度等。

采集数据的准确程度与传感器的测量量、测量范围、测量精度等参数密切相关。

②交通气象监测预警。

通过对公路交通气象实时监测,实现对公路交通气象监测信息(路面温度、能见度、路面状况、降水等)的采集,实现区域范围内公路交通气象监测站点的联网运行监测以及相关气象信息的融合集成。

将采集的实况监测气象信息第一时间与交通管理部门共享,并根据需求进行不同方式报警。

交通气象预警信息实现快速发布,一旦发布交通气象预警,能够在1min或更短时间内通过网络传送到交通管理部门。

(2)气象监测预警功能。

本服务可实现的功能有气象数据采集与传输、气象外场设备监测及控制、道路气象综合数据发布、交通气象服务基础数据库、数据存储、数据查询统计、气象数据处理分析、公路交通气象监测与预警、数据异常报警诊断、数据交互共享服务、预警信息发布。

3)事件监测服务

高速公路网交通事件根据发生原因可分为两类:计划事件和突发事件。

计划事件通常有施工、养护、节假日7座及以下小客车免费通行等;突发事件一般指交通事故、自然灾害、恶劣气候等。

事件监测服务是指对交通事件的监测、数据采集及分析,通过服务接口,将事件信息接入高速公路运行状态监测与预警系统中,把监测数据与结果提供给相关使用单位,作为实现高速公路运营管理、应急指挥调度、应急预案管理等的基础服务。

(1)事件监测内容。

事件监测的主要内容有:

①视频事件检测信息:在高速公路事故多发路段、弯道、特大桥、纵坡较大等处及具备全程监控的高速公路路段,设置交通事件自动检测分析设备,实现对交通事件的自动识别和快速报警。

②人工报送事件信息:道路使用者或社会公众,通过电话等手段上报的事件信息。

③周边路网联动事件信息:周边相关路网运营管理单位通过系统或其他方式报送的事件信息。

④基于移动终端的事件信息:道路使用者或社会公众,通过手机App、微信、移动设备等手段上报的事件信息。

⑤无人机采集的视频事件信息。

(2)事件监测服务功能。

①为上级管理部门提供数据对接,主要包括两类数据的对接:道路事件的上报、应急事件的处理指令等。以数据交换中间库或Web服务的形式,提供满足上级管理部门的数据标准接口,完成数据对接。

②为公安交警部门提供数据对接,主要完成四类数据的对接:道路运行状态、道路发生的各类事件、事件的指挥调度、事件处理结果等。可建立以数据交换中间库或Web服务,也可由系统自动生成文本文件的形式,完成数据对接。

4)设施监测服务

本服务中的设施指高速公路的道路、桥梁、隧道等重要公路基础设施,以及标志标牌、安全护栏等交通设施。

设施监测服务由数据采集与分析、状态信息发布服务两部分组成。

(1)设施监测服务内容。

①在公路基础设施运营安全状态关键监测点布设状态传感器阵列,构建公路基础设施传感网络,采集监测点的环境、结构、位置、时间、类别特征等数据,结合数据挖掘及信号关联方法,计算分析出设施安全状态与检测结果,并输出结果。

②对设施安全状态与检测结果进行接入管理,依据安全保障平台规定的数据、通信、内容等规范,对输入数据进行协议转换、数据格式转换、内容处理等工作,生成符合接口规范的输出内容,提供给发布服务的接口进行输出。

③对高速公路出入口、长大桥隧、互通等重点路段的警告标志、指路标志、安全护栏等交通设施,提取设施的关键特征参数,如:交通设施的位置、方向、类型、故障、更换等状态,利用电子标签或者智能设备存储的编码格式与数据传输要求,在此基础上形成明确的交通设施编码规则,解释每一位编码的实际意义,对交通设施的关键特征参数进行编码。

(2)设施监测服务功能。

本服务提供的功能有:

①公路基础设施的位置、构造等信息以及关键设施(桥梁、隧道)的应变、位移、振动、风速、温度等信息。

②公路基础设施的建造信息、几何信息、监测信息等。

③公路基础设施的结构安全的统计、分析、评估结果。

④形成交通设施的具有普适性的易于数据读取、满足自动接入、系统互操作特性的交通设施数字化标识编码。

5)视频图像监测服务

视频图像监测服务主要是在高速公路网的 GIS 中通过前端摄像头(固定、移动视频终端设备及无人机系统)获取视频与图像,实现对重点区域,如事故易发地、重点路段、桥梁、隧道、互通立交、收费站、服务区等进行监测,提供包括视频点定位、视频显示、视频管理、照片管理和监控点维护等服务功能。

(1)视频图像监测服务内容。

①在平台 GIS 中通过前端摄像头实现对重点地区、重点路段、收费站、服务区等位置进行监测,包括视频点定位、视频显示、视频管理、照片管理和监控点维护等功能。

②实现对移动视频的实时监测。

③在平台 GIS 中通过前端摄像头实现对重点桥梁、隧道、互通立交的监测,包括视频点定位、视频显示、视频管理、照片管理和监控点维护等功能。

视频信息采用调用的方式进行监控,不在本地进行存储,系统可以采用触发的方式对现场视频进行随时查询。

(2)视频图像监测服务功能。

视频图像监测服务功能包括视频监控列表管理、视频监控管理、视频录像管理、视频照片管理、移动视频管理等。

①视频监控列表管理:系统将监控点的基本信息与 GIS 地图相结合,通过与 GIS 地图关联,可以清晰地查看到各监控点分布情况,从而为监控点的统计分析提供数据支撑。该监控点的主要基础数据包括设备编码、监控点名称、设备地址、设备类型等。

②视频监控管理:系统可接入固定视频监控点、移动单兵系统和智能手机等各监控点,采集视频数据后,经过统一编码,接入视频监控网络的流媒体服务器,再通过视频服务器进行命令转发、统一编解码,将数据流输出,从而实现视频的浏览、拍照、录像、历史视频检索回放等常规功能,为重点区域监测提供有效的数据支持。

③视频录像管理:用户在向视频服务器发送视频录像请求,视频服务器在接收请求后,会返回本次视频录像的网络路径,用户可以根据提供的路径将视频录像信息添加到系统数据库中。该模块的基础数据有预警信息标号、监测点位置、拍摄时间、文件的网络路径等。

④视频照片管理:用户在向视频服务器发送拍照请求,视频服务器在接收请求后,会返回本次拍照产生图片的网络路径,用户可以根据提供的路径将视频照片信息添加到系统数据库中。该模块的基础数据有预警信息标号、监测点位置、拍摄时间、文件的网络路径等。

⑤移动视频管理:充分结合视频监控技术特点和无线应用优势,实现手机、PAD、车载等无线设备的视频监控业务应用,功能主要包括视频采集及上传、现场事件采集及上传、参数

设置及管理。

4.4.2 出行服务类服务

1)路况信息发布服务

路况信息是交通信息发布的一项主要内容。路况信息发布服务主要提供路况信息采集、道路基本信息、路况信息的发布与查询功能。

(1)路况信息发布服务内容。

路况信息主要包括公路维修养护、占道施工、交通流量、突发事件等信息的发布与查询。公路施工养护信息包括近期计划实施养护或改造路段的路线编号、路线名称、施工路段起止点、预计工期,以及绕行路线等交通组织措施、安全措施等。交通流量信息主要根据交通量采集设备采集的交通量信息,为出行者提供出行线路通行状况信息。突发事件信息是指影响公路交通正常运行的自然灾害、事故灾难、公共卫生事件、社会安全事件等突发公共事件。

(2)路况信息发布服务功能。

路况信息发布服务的功能有:通过互联网、手机或车载终端、短信、交通服务热线、交通广播、电子屏幕显示等方式或途径,提供直接向公众发布路况信息的服务,同时设置数据接口向其他行业或出行信息服务商或社会团体提供信息发布支持。

①互联网发布:通过互联网将路况信息发布在公众出行信息服务门户网站,网站具有强大的交通信息查询功能,各类用户可以随时进行交通出行信息的查询,合理选择出行方式和安排出行时间。

②手机或车载终端:利用手机 App、车载终端设备进行实时信息发布,也可利用路侧设备或无线通信运营商设备可以直接接入网络,不仅可以实时接收各类动态、静态进行,还可以将路况信息直接发送出来,使这些终端成为信息采集设备。

③短信:通过与当地短信运营商的合作,向社会提供路况信息手机短信服务,将适合短信方式发布的出行交通信息提供给出行者。作为互联网、热线电话等服务方式的有效补充,手机短信服务方式将为出行者提供更加便捷的路况信息服务。出行者可以通过手机进行短信定制,系统将根据用户的不同需求,将适合通过短信发布的路况信息,通过手机短信的形式向出行者进行发布。

④交通服务热线:构建公众出行交通服务热线,并根据各类出行者的不同需求,为其提供个性化的路况信息服务。出行用户可以通过拨打交通出行服务热线,接受人工电话语音服务,满足涉及出行路况信息的查询需求。

⑤交通广播:利用广播电台的信息传递特点和优势,随时将路况交通信息以交通广播的专业形式向社会公众进行播报,以便出行者及时进行合理的出行安排和出行路径调整,有效地提高出行效率,并缓解公路交通压力,从而进一步突出路况信息服务的多样化和人性化特点。

⑥电子屏幕显示:在公路沿线和客运站场内,通过设置可变信息标志、大屏幕显示屏、触摸屏等电子显示装置,为出行者提供路况等出行交通信息的直观显示以及查询服务。

2）出行路线诱导服务

出行路线诱导服务,也称交通流诱导服务,是出行服务中的一项重要内容,是基于电子、计算机、网络和通信等现代技术,通过路况信息发布服务获得的路况信息,结合 GIS 服务、路网状态监测分析服务等综合信息的汇总、运算,根据出行者的起讫点,向其提供最优路径引导指令或是通过获得实时交通信息帮助道路使用者找到一条从出发点到目的地的最优路径的服务。

出行路线诱导服务把人、车、路综合起来考虑,通过诱导道路使用者的出行路线来改善路面交通系统,防止交通阻塞的发生,减少车辆在道路上的逗留时间,并且最终实现交通流在路网中各个路段上的合理分配。

（1）出行路线诱导服务内容。

根据出行路线诱导信息的作用范围,出行路线诱导服务可以分为车内诱导服务和车外诱导服务。

在车内诱导服务中,实时交通信息在车辆和信息中心之间传输。这种诱导服务诱导对象是单个车辆,也称车辆个体诱导服务,该服务的诱导机理比较明确,容易达到诱导的目的。

在车外诱导服务中,出行路线诱导信息在车流检测器、信息中心和外场信息显示设备（可变信息标志、交通诱导屏等）之间传输,诱导对象是车流群,也称群体车辆诱导服务。

现阶段,一般采用的出行线路诱导服务是属于车外诱导系统。这种服务对群体车辆有较好的诱导作用。车外诱导服务又可分为城市交通诱导系统（包括城市街道诱导信息发布系统、城市停车诱导服务等）和公路交通诱导系统（含高速公路交通诱导服务等）。

（2）出行路线诱导服务功能。

①交通信息采集。

从交通网络中收集各种实时的交通信息,并进行信息处理。通过交通信息采集单元,采集系统所需原始数据,如道路现状、交通流量、交通流速、道路占有率等,并形成交通信息数据库,供路线诱导信息服务及子系统共同使用。交通信息采集单元的核心是信息检测器,主要种类有感应线圈检测器、微波检测器、红外检测器、雷达检测器、视频检测器等。

②交通信息处理、分析及线路诱导发布。

对采集到的交通信息进行处理与分析,主要是完成数据获取、数据处理、诱导方案制定、数据存储等功能。计算机系统接收经过工作人员人工确认后的交通信息和指挥管理信息并进行处理,生成可输出的出行路线诱导信息。

③出行路线诱导信息发布。

出行路线诱导信息发布,主要是指通过移动或车载终端、电台及电视台、互联网、外场诱导显示设备（可变信息标志和交通诱导显示屏）把交通诱导信息发布出去,设置可变信息标志和交通诱导屏的显示参数等。

出行诱导服务体系如图 4-6 所示。

3）旅行时间规划服务

旅行时间规划服务是出行服务中的一项重要内容。好的旅行时间规划,可以帮助出行者减少在道路上拥堵的时间,降低旅行成本,提高道路通行效率,减少拥堵与事故。

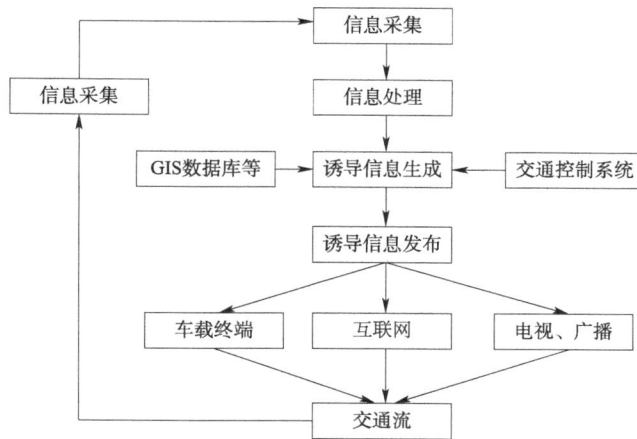

图4-6　出行诱导服务体系

（1）旅行时间规划服务内容。

①出发时间选择服务。

根据出行者的旅行需求,综合旅行的可能路径、实时及预测路况、气象信息、施工信息、路网信息、道路设施信息等,提供合理的旅行出发时间选择范围。

②旅行时间。

在旅行出发时间确定的条件下,综合旅行的可能路径、实时及预测路况、气象信息、施工信息、收费站信息、道路设施信息等,规划出不同旅行路径下的旅行时间,并根据实时变化的旅行路径相关因素与条件,调整旅行时间规划。

（2）旅行时间规划服务功能。

①旅行时间计算功能。

根据路径、实时及预测路况、气象信息、施工信息、道路管控信息、道路设施信息、旅行方式信息等,计算出旅行所用时间。

②旅行时间预测功能。

根据路径、历史路况与旅行时间、气象信息、施工信息、季节因素、道路设施信息、旅行方式信息等,通过计算预测出旅行所用时间。

4）交通广播服务

交通广播服务是公路出行的信息服务手段之一,目前在我国,交通广播服务主要服务于城市道路交通,在公路领域应用较少。

交通广播服务除提供日常出行服务信息、交通服务信息外,还可以在相关的政策、技术条件下,接入路网监测与安全服务保障平台中的公路网运行状态、事件、应急处置等相关信息,具有平时服务、突发应急功能,可根据紧急事件区域,有针对性地发布相关信息,为出行中的使用者提供实时的、推送式的交通信息。

交通广播服务是集信息寻址、快速审核、数据处理于一体的综合服务子系统。该服务是在交通信息采集机制以及跨行业交通信息交互的安全机制保障下,由与交通广播信息采集系统对接模块、信息处理模块、与广电部门信息交换与共享模块、公路交通信息安全审核与管理模块、差异化与推送式交通信息服务寻址模块构成。交通广播服务平台构成如图4-7所示。

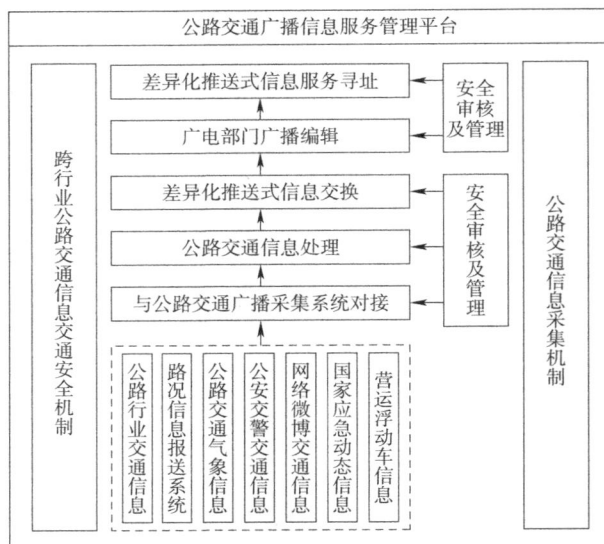

图4-7　交通广播服务平台构成

（1）交通广播服务内容。

交通广播服务可提供交通行业信息，为其他广播电台、互联网用户等提供信息丰富的相关内容。

①各类交通及路况信息，包括高速公路阻断信息和阻断解除信息、普通公路阻断信息和阻断解除信息。

②交通气象信息，包括恶劣气象影响路段信息、重大气象预报预测信息以及重大节假日气象预报预测信息等。

③为互联网用户提供信息服务，通过互联网、手机或其他途径向用户提供路况、事故等交通信息。

④为其他广播电台提供内容，按照预先协商后的数据格式，对信息进行处理后，向中央广播电台、各省（区、市）广播电台等发送交通广播信息。

（2）交通广播服务功能。

交通广播服务具备三大功能，分别是信息采集功能、信息交换功能以及信息发布功能。

①信息采集功能：在实现与现有部分行业内信息采集系统对接的同时，为行业外信息对接预留接口。

②信息交换功能：实现与中央广播电台、各省（区、市）广播电台数据的推送，并能与其他系统对接预留接口，以及与其他信息平台的数据交换。

③信息发布功能：信息发布功能包括广播专用终端后台系统和通用终端信息发布后台系统，专用终端后台系统可实现对关系数据系统（RDS）数据的实时推送，通用终端可实现实时路况信息的发布，以及互联网、移动终端发布功能。

4.4.3　应急保障类服务

1）应急资源管理服务

应急资源是应急处置与应急救援的物质基础,做好应急资源管理,对应急处置意义重大。

（1）应急资源管理服务内容。

应急资源管理服务主要是指对应急资源的管理、为其他系统提供应急资源的物资储备、配置调度、资源使用的跟踪反馈、应急资源分布等。

应急资源包括:

①应急物资:包括抢通物资和救援物资两类。抢通物资主要包括沥青、碎石、砂石、水泥、钢桥、钢板、木材、编织袋、融雪剂、防滑料、吸油材料等;救援物资包括方便食品、饮水、防护衣物及装备、医药、照明、帐篷、燃料、安全标志、车辆防护器材及常用维修工具、应急救援车辆等。

②空间数据:指应急使用的矢量数据及相关联的空间数据,包括多比例尺的路网地图数据库、航空摄影、卫星遥感影像等。

③案例:国内外典型的有重大影响的公路交通突发事件案例,为决策提供参考。

④知识:各类突发事件的法律法规、专家知识和经验等信息。

⑤文档:日常工作中流转的公文和各类文档信息。

⑥预案:各类文本的应急预案。

⑦其他:应急救援专业队伍、救援装备、通信保障及医疗救护等。

将上述资源进行数字化编码管理,建立应急资源数据库,实施对应急资源的动态管理,为应急指挥调度提供保障。

（2）应急资源管理服务功能。

①应急资源数据管理:建立应急资源数据库,包括高速公路路网基本信息数据库和高速公路网应急预案数据库,实现各类应急资源数据的录入、查询、修改、保存等操作。

②基础数据采集与处理:主要包括路网现有应急资源分布数据采集、路网交通事故多发地段数据分析与处理、路网应急资源统计与分析、路网地理信息采集与处理等。

③基于 GIS 的应急资源优化:利用 GIS 平台,对路网的应急资源配置进行优化与管理。

④恶劣气象条件下应急资源配置与调度:利用恶劣天气条件下应急事件及其对路网运行影响的诊断、等级评定及态势预测模型,建立各种类型、不同程度恶劣气象条件下应急机械、物资、人员等资源的配置规则,形成配置方案库;利用恶劣气象条件下路网交通流诱导、调度方案生成技术,建立应急处置机械、物资的调度算法,对机械、人员、物资信息进行调度和管理。

2）数字化预案管理服务

数字化应急预案管理服务,是利用计算机与网络技术,根据应急事件的处理流程,在应急事件发展即时信息的基础上,形成全面、具体、针对性强的直观高效的应急预案,使预案的制定和执行达到规范化、可视化的水平,通过对应急预案结构化、信息化、智能化的处理,使应急预案在应急管理工作中可视、可操作,事后可考察、可量化。

(1)数字化预案管理服务内容。

数字化预案管理服务的系统架构分四层:通信网络层、基础信息层、信息展示层、系统应用层。

通信网络层负责以有线或无线方式把系统所有用户连接起来,保证信息在任何应急事件条件下都能畅通、准确、迅速地传输。

基础信息层负责存储、处理系统中的各项信息,包括基础数据和应急事件处理过程中的实时更新状态信息及数据,实现各子系统间的数据信息共享。

信息展示层采用以交通共享平台 GIS-T 为基础的地理信息系统为支撑,以交通突发事件管理流程为主线,以各类交通突发事件的不同特性和不同的文本预案为依据,建立功能完备的数字化预案管理体系,在 GIS 中显示不同主题的信息,如交通信息、事件影响范围、应急资源分布及状态等。以可视化的方式展示信息为决策者提供有力决策依据。

系统应用层为用户提供各项业务操作功能,如事件报告、预警发布、会商决策、指令下达、预案执行等,提供应急处置全过程的业务功能支撑。

数字化预案管理服务的主要内容包括:公路、水路应急预案管理;公路、水路突发事件的预警等级与信息发布;交通应急方案的优化确立;应急预案的功效评估;应急预案的培训与演练。

通过数字化预案,可以快速明确在交通突发事件的事前、事中、事后的各个环节,谁来做,怎样做,何时做,以及用什么资源来做。充分发挥应急预案的管理、协调、指挥的作用。

(2)数字化预案管理服务功能。

①组织机构管理。

与应急处置有关的机构一般有三类:各级应急指挥中心、专家咨询委员会、应急救援队伍。当应急事件发生时,系统服务能够自动通知相关机构及成员,并在事件处置过程中随时将处置情况信息发送给相关成员。

②事件状态报告。

自动生成预案的主要依据是事件发展的即时报告,系统服务需要按照逐级上报的原则将事件上报。

③发布预警信息。

按照各类事件的预警级别,在事件状态报告过程中系统一旦发现预警指标达到阈值,就自动给出预警信号,启动预警发布流程。

④应急资源管理。

进行各类应急资源数据的录入、查询、修改等。

⑤指令发布。

根据应急处置决策,发布应急处置指令,所有指令都可以按照指令编号、发布者、发布时间、行动者、行动内容等形式来描述。

⑥处置反馈。

将应急处置的信息、执行结果反馈回指令发出者,所有反馈结果可按照指令编号、是否完成、结果状态等形式记录。执行记录可用于事后总结经验和分析处置过程。

⑦处置回顾。

在一个应急事件的处置或预案执行完成后,能够从系统中调出从事件触发到处置完成的所有处置决策与行动,按时间顺序显示,可对整个事件处置进行回顾。

3)应急处置/调度管理服务

应急处置/调度管理服务是应急体系中的执行服务内容,对处置结果的评价具有重要意义。此服务需要三类主要应急相关服务及业务数据的支撑,包括应急预案服务、应急资源服务、应急机构信息服务。只有具备了这三类数据,才可以充分发挥应急处置/调度管理服务的实际作用。

(1)应急处置/调度管理服务内容。

当路网发生交通突发或应急事件时,应急处置服务执行相应的流程、提供服务功能,辅助控制、减轻和消除交通突发事件引起的严重社会危害,及时恢复路网交通正常运行,保障路网运行畅通,满足交通突发事件的应急处置需要。主要内容有:

①确定预警级别:依据事件的类型及严重性,确定突发事件的预警级别,启动相应响应机制。

②生成处置的协调组织措施:根据突发事件类型及发生地点,生成应急事件处置协调组织措施。

以公路交通事故为例,如事件比较严重已造成单方向交通中断的情况,可采取适当的组织措施:事件发生点一侧的上游车辆通过中央分隔带开口借用对向部分车道,避开事件影响路段,再通过下游的中央分隔带开口驶入本方向路段,如图4-8所示。

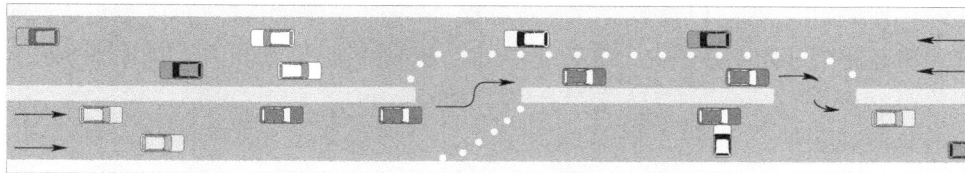

图4-8 公路交通事故协调组织措施示例

③预案调用:实现应急预案的自动分析流转,例如发生跨省道路拥堵时,立即给出提示是哪个省(区、市),省(区、市)里涉及哪些路段。

④资源调配:给出现有应急资源分布的状况图,为用户提供应急物资的调配服务,包括物资类型、物资所在地、发往目的地、数量、时间等信息。

应急指挥调度主要通过智能化系统自动预警/报警、可视化应急过程监视、动态应急流程监控、应急辅助评价以及指挥调度、辅助决策、处置工作提示等服务实现路网应急处置全过程管理。利用基于公网建立数字集群通信系统,实现路政人员、路政巡查车辆位置的准确定位和有效调度,并将事故现场即时视频、事故周边状况、天气情况在监控中心系统中进行实时展示。

(2)应急处置/调度管理服务功能。

①资源管理功能:实施对专业队伍、储备物资、救援装备、通信保障和医疗救护等应急资

源的动态管理,为应急指挥调度提供保障。

②监测预警功能:利用监测网络,掌握重大危险源、关键基础设施以及重要防护目标等空间分布和运行状况信息,进行动态监测,分析风险隐患,对可能发生的突发公共事件进行预测预警。

③信息接报与发布功能:实现突发事件信息的接报处理、跟踪反馈和情况综合等应急值守业务管理;接收上级部门下达的指挥协调指令,并按照统一格式,在事发时及时向有关部门报送特别重大、重大突发公共事件信息。

④分析功能:突发事件发生后,通过汇总分析预测结果,结合事件进展情况,对事件影响范围、影响方式、持续时间和危害程度等后果进行综合研判。

⑤通知功能:包括通知发起人、接收人、通知方式、通知内容,是否需要接收人响应(回复),通知界面选择接收人(根据配置的人员增删)、通知方式后采用对应通知内容通知,文字、短信方式录入后点击发送,电话方式确认后通过呼叫中心自动呼出,并全程录音。

⑥指挥功能:指挥与通知类似,但必须包括被指挥人的行动确认,并自动启动过程监控功能,其他非命令授予对象,则处置方法与通知相同。指挥包括发起人、被指挥人、其他信息接收人、命令接收方式、命令内容、被指挥人回馈、是否启动过程监控、是否需要接收人响应(回复),指挥界面包括被指挥人选择、接收人选择、通知方式、回馈选项、过程监控选项,命令内容录入、确认发送或电话呼出。

⑦辅助决策功能:根据有关应急预案,利用对突发公共事件的研判结果,通过应急平台对有关法律法规、政策、安全技术要求以及处理类似事件的案例等进行智能检索和分析,并咨询专家意见,提供应对突发公共事件的指导流程和辅助决策方案。

⑧综合评估功能:自动记录事件的应对过程,根据有关评价指标,对应急过程和能力进行综合评估;同时,可在应急平台上进行应急处置模拟推演,提高相关人员突发事件处置的能力和效率。

4)应急演练服务

应急演练服务是指在系统平台中设计应急演练的方案、对应急事件进行模拟处置、对演练结果进行输出与评估、演练过程的存储与回放。

(1)应急演练服务内容。

应急演练服务以开放式演习方式替代传统表演性演习方式,通过对各类灾害数值模拟、重大事故模拟和人员行为数值模拟的仿真,在虚拟空间中最大限度模拟真实情况的发生、发展过程,以及人们在灾害环境中可能作出的各种反应,通过对演练过程与结果的评估,可以达到演练目的、增加应急处置经验、培训应急处置队伍、发现应急处置中可能存在的问题等,从而更好地改进应急预案、应急处置等环节与措施。

(2)应急演练服务功能。

①演练设计(事件模拟)。

通过人工设定方式,在演习服务中模拟事件发生,并可模拟次生事件发生(通过人工设定,而非系统仿真)。设计界面包括设备模拟类的设备数、设备显示数值、显示时间;人员模拟类的节点(人员)的信息提示和提示条件。例如,显示某高速公路的 K7 + 340 视频事件检测器在×年×月×日22:00显示交通事故报警,K7+550的车辆检测器在×年×月×日22:15显示交通量为20辆/5min,车速为6km/h,××路政人员在报告"到达指定位置"后,提示其向监控中心上报"××桩号××方向已经封闭,车辆排队至据××收费站200m处"。

②模拟处置。

与应急处置服务功能类似,不同之处在于演练服务在预案的启动时提供一个演练选项,通过选择该选项,所有系统运行将进入演练状态,进入后具体设备不参与实际联动,仅根据事件仿真提供的事件情况通报、指挥各相关部门,相关人员不用真实处置,而仅需根据流程模拟演练。

该功能下设备类控制、外部机构人员联络不实现,仅内部人员联络实现,并强调演习活动,并非真实事件。

③演练回放。

可以记录、存储演练的全过程及过程中的各操作数据、信息等,根据条件进行演练情况的回放,数据、信息查询等。

④演练评估。

通过对演练过程中的数据、信息等的统计分析,实现对演练效果的评估,发现应急处置中可能存在的人员、流程、资源调配等问题,通过评估改进应急预案、针对性地解决问题,加强培训。

4.4.4 路网管控类服务

路网管控类服务,是路网支撑服务的重要组成部分,该类服务利用先进的信息化、智能化技术手段,集成数据采集、视频监控、通信传输、信息处理、主动管控、诱导发布等多功能于一体,通过对各类交通运行信息的动态监测、汇集和分析,全面掌握高速公路网的运营状态,实现高速公路网运行状态的集中展示、智能调度、应急指挥和出行服务发布等,从而为安全、畅通、高效的智能高速公路网运行提供基础支撑服务。

管控类服务包括数据源、数据采集层、基础技术支撑层、应用系统层等,具体如下。

1)数据源

管控类服务的数据源包括两类:外场设备和地理信息。外场设备指视频摄像机、气象检测器、交通流检测器、DSRC路侧采集天线(RSU)、道路事件采集(人工、视频事件检测器等)、移动终端采集设备、收费站数据采集等。地理信息指GIS相关基础数据和专题数据。

2)数据采集层

数据采集层是指从数据源采集的各类业务数据信息,包括视频信息、交通流数据、交通气象数据、交通事件数据、收费数据、应急数据,高速公路地理信息、收费站、服务区、路桥隧等交通基础信息及沿线设施信息,外场设备信息等。数据采集层为路网管控服务的应用系统提供了数据支撑。

3)基础技术支撑层

基础技术支撑层介于数据采集层和物理应用层系统之间,其功能是面向不同系统服务,为系统的数据集成、应用集成和用户界面集成提供各类数据服务和功能服务支撑。基础技术支撑层以"服务"为核心，基于中间件技术，形成统一的体系结构和完整数据链，主要的基础技术包括：

（1）GIS 服务：包括 GIS 图层、GIS 桩点定位、GIS 服务接口等。

（2）数据交换与共享服务：包括数据 ETL 处理、数据存储管理、数据共享管理、数据标准化建设、数据安全管理以及大数据处理等。

（3）统一通信服务：进行动态路由设计及进行接口映射，有效地将异类基础数据对象统一起来，提供即插即用的构件框架和服务发布机制，为业务系统提供统一的通信服务。

（4）流程管理服务：由一系列在逻辑上相关的任务组成，根据恰当的顺序和正确的业务规则来执行这些任务。

（5）逻辑功能服务：为系统业务接服务，利用 Web Service 技术，通过对 GIS、设备、监测、应急、信息服务等多个不同应用的需求拆分，形成多个可复用的服务接口。

4）应用系统层

应用系统层由可变信息标志控制服务、交通管控服务、交通仿真服务等组成。

（1）可变信息标志控制服务。

高速公路可变信息标志作为高速公路对外信息发布的主要展示系统，从可变信息标志的应用场景和功能来说，其属于面向公众提供高速公路信息服务、支撑交通枢纽正常运行的重要信息系统和重要交通控制系统，属交通关键信息基础设施。

①可变信息标志控制服务提供的发布内容一般包括：向高速公路使用者提供某个区段内的气象、事故、施工等道路行车条件信息；发布交通管制指令。

在特殊地点提示和发布交通流调节信息，如桥梁、隧道、山口、称重站、收费站等位置附近。

在道路施工及养护过程中发布管理信息，提前告知道路施工及养护，限速、道路控制、特殊用途车道及道路调节、可逆车道、专用车道、受限道路等。

②可变信息标志控制服务的通信要求：高速公路可变信息标志发布一般使用交通专网通过内部联络进行信息传输，信息发布服务器位于路段监控中心或省级监控调度中心（区域路网中心）。

③可变信息标志控制服务的安全性要求：通常，根据发布信息的内容分类或重要程度，分配不同的发布权限；对发布内容，要求发布服务端具备监测功能。

（2）交通管控服务。

高速公路网的交通管控服务核心是路网流量的动态分配。

其原理一是根据当前交通参数对路网进行动态配流，得到被认为是最优路网流量分布结果的配流结果；二是通过优化协同各区域的信息发布设备和内容以及收费站的流入调控，使得路网的总体流量分布尽量向动态配流的结果去靠拢。

交通管控服务涉及的方面有：协同控制范围的确定、控制周期以及触发机制等。

①交通管控服务内容。

计划事件（施工、养护等）条件下，构建面向路网运行效率的路网计划性事件影响模型、计划事件条件下的交通流动态配流模型,实现计划事件条件下路网运行的最优交通流组织方案。

突发事件条件下路网交通流动态分配、交通分流关键节点动态判别和区域交通流协同调度,实现突发事件条件下交通流的有效调度。

重大节假日免费通行条件下的路网大流量导致的拥堵影响程度和范围建模,对各种交通组织措施(如分流、速度控制等)提出最优交通组织方案。

②交通管控服务功能。

交通事件上报功能;免费通行条件路网交通运行数据的采集和分析功能;路网数据分析功能;路网预警功能;区域路网交通流反馈协同控制功能;路网诱导与交通控制信息发布功能。

(3)交通仿真服务。

交通仿真是指采用计算机数字模型来反映复杂道路交通现象的交通分析技术和方法。

交通仿真服务是根据交通系统内部各元素之间的相互关系作用,得出的交通状态变化。当网络内部仅有部分数据时,交通仿真服务依然能够提供有效的状态估计,而统计方法则无法进行预测。

①交通仿真服务内容。

宏观交通仿真:从全局角度来研究交通系统的特性。建立宏观仿真模型,交通流被视为一个可压缩的流体或车辆团,交通流的运动按照流体特性来处理。宏观交通模型通过流量-密度函数来控制交通流的运行,不对单车运行特征进行描述。宏观交通仿真中常用的交通仿真模型有 TransCAD、Cube、Visum 等。

中观交通仿真:模型能够进行基于交通控制的动态交通分配、交通信号配时、匝道测定分析等。中观交通仿真中比较成熟的模型包括 DYNAMIT、DTALite、DYNEMO、DYNASMART 和 METROPOLIS。

微观交通仿真:重点是单个的"驾驶员-车辆元素"在交通网络环境下的动态变化,采用的规则包括 3 个重要方面:车辆移动基本规则(跟车模型与换道模型)、服务优先规则及信号约束规则。以跟车模型为基础,追踪每个车辆的移动过程,车辆的移动由驾驶员的特性、车辆性能、车辆周围的环境和道路几何条件来决定。常用的微观交通仿真模型有 VISSIM、CORSIM 等。

②交通仿真服务功能。

高速公路出行路径选择功能;高速公路路网交通流量分配功能;交通标志设置功能;交通量预测估算功能;交通诱导功能;出行者信息系统功能;实际速度测算功能;旅行时间分析功能;拥堵时间分析功能。

4.4.5　分析支持类服务

分析支持类服务,是路网支撑服务的重要组成部分,该类服务通过对采集到的路网各类运行、控制、气象、基础设施等信息和数据的分析,全面掌握高速公路网的运营状态,实现高速公路网运行状态的集中展示、智能调度、应急指挥和出行服务发布等服务。

1)交通状况分析服务

高速公路网交通状况分析服务,是在大数据环境下,通过深入挖掘路网运行态势数据间的时空关联关系,从网络层面分析路网运行态势演变规律,提出有效的路网运行状况分析研判和预警等信息,为路网管理提供支撑。

高速公路网是一个时变的、复杂的、非线性的系统,多种多样的内部和外部因素(如交通事故、交通管制以及天气变化等)导致系统具有高度的不确定性,使交通状况分析服务具有一定的难度。

实现交通状况分析服务,要以路网交通流运行数据、气象数据、阻断报送等大数据为基础,建立多层级、多粒度的路网运行状况分析指标体系,并能够面向路网交通运行、设施运行、安全监管与信息服务等不同业务领域,涵盖微观、中观、宏观等不同粒度,考虑路段、省域路网与国家路网等不同层级。交通状况分析服务内容包括:

(1)路网运行态势研判,基于海量的多源异构数据,建立基于混杂系统的路网运行行为模型;基于提取计算理论,利用路网运行模态的提取和辨识技术,构建不同信息颗粒的路网运行模态集;通过路网运行模态转移过程建模技术,确定路网运行模态阈值体系,建立基于模态转移的路网运行态势分析研判模型;基于交通运行、交通基础设施等历史及实时数据实现对未来一定时间路网运行状态的预测;构建路网运行状态预警阈值体系,实现对路网运行态势的研判。

(2)路网运行态势可视化仿真分析,利用路网运行态势可视化仿真平台,建立路网运行状态评估和交通态势分析模型,实现公路网及其附属设施的可视化表达、公路网运行状态的直观展示,实现基于仿真的公路网运行态势分析。

2)气象状况分析服务

气象状况分析是基于卫星云图、多普勒雷达等大尺度气象数据,以及路侧气象设备、车载式移动气象监测系统等采集的中尺度数据,研究采用多源数据融合分析技术,分析高速公路沿线及附近区域雾的时空分布规律和特征,开展降水、雾、气温、风力风向等预报前提下的湿滑路面状况、低能见度、路面温度和冰冻、横风等灾害天气环境的分析、预报。气象状况分析服务内容包括:

(1)道路状况预报,依据不同预报时段降水区域的降水性质(如降雨、降雪、雨夹雪、冻雨等),水平分辨率精细到3~5km;确定不同预报时段的降水强度(单位时间降水量)。分别根据不同降水性质的降水,分析、确定不同相态、不同强度的降水对路面湿滑状况的影响,得出路面状况(干燥、潮湿、积水、有雪、冰冻等)。

(2)道路能见度预警预报,对大雾、降水等不同天气状况下的道路交通中出现低能见度的可能性分析,对重点是500m检测范围内和200m检测范围内的能见度进行预警预报。

(3)路面高、低温预报,基于路侧气象检测器、车载式移动气象监测系统采集的大气温度、路面温度等指标参数,利用气温预报数据,制作路面高低温预报模型,通过气象站实测最高、最低温度与路面实测温度作对比分析,得出环境温度与路面温度间的差值,并基于地表热量平衡方程,综合考虑太阳短波辐射、大气和地面长波辐射、感热和潜热的影响,利用数值预报输出的气温等与实际路面温度进行拟合,实现公路路面高、低温预报。

（4）风向风力预报与道路横风预报,基于常规风预报,结合中尺度数值预报输出的定量化风速和风向预报,与在高速公路气象站测得的风向风速进行对比分析,进行常规风向风力预报与道路横风预报。

3）事件影响分析服务

高速公路事件分为计划事件和突发事件两类事件。在事件条件下,交通流管控能力较弱、管控手段受限,面向路网交通流组织及管控等管理需求较高,通过事件影响分析服务,实现事件条件下动态交通配流、路网交通流组织、路网联动预警与协同运行控制等方面的联动,形成大范围路网交通协同管理,实现事件影响情况下交通需求估计、配流方案的生成与优选、对应管控方案的生成及反馈调整,真正实现高速公路的"引导控制可干预"。

在事件影响条件下分析得到路网交通配流和组织技术,理论上是最优的交通配流策略,可实现基于实时交通态势的路网联动预警与协同运行控制,采用多种诱导及控制策略将前述理论上的最优交通配流策略转化为具有较强操作性的协同运行控制方案,最终实现跨区域大范围路网协同运行控制系统。

4）道路运行指数分析服务

道路运行指数是对高速公路路网整体运行状况的量化评估重要指标体系,包含一些具体项目指标。参照城市的做法,运用"道路交通指数"来综合评价高速公路的交通运行质量。"道路交通指数"根据机动车运行速度与道路饱和度等指标综合计算而成,指数越大,表明交通运行质量越好、道路资源利用率越高、交通安全性越好。

高速公路网的道路运行指数分析,分区域和路段指数两类,其中区域指数包括车公里数、区域流量指数、区域车道指数、区域不便系数、区域速度指数、区域出行延误时长、拥堵成本和交通拥堵权重等;路段指标包括路段拥堵天数、路段拥堵概率、复发拥堵路段长度、拥堵期间平均速度、拥堵期间平均流量等。这些指数或指标从不同角度反映了路网或路段交通运行状态,但部分指标不能实时计算获得。

5）预测类分析服务

对交通流态势预测分析主要有两类方法:一类是数理统计方法(如时间序列法),另一类是动态仿真法。前者采用测量数据的统计关系、相关关系等去预测短期交通状态,计算速度较快,在对有检测数据的断面的预测效果较好。仿真方法则是根据交通系统内部各元素之间的相互关系作用,基于网络分析得出的交通状态变化,因此,当网络内部仅有部分数据时,仿真方法依然能够提供全面和有效的状态估计。

各类数理统计方法在交通流态势预测技术领域获得广泛的应用,并表现出两个特点:一是主要针对有检测器路段的预测预报,二是主要集中在常态交通状况的交通流态势预测方面。目前相关预测模型可以分为两类:参数化预测模型、非参数化预测模型。

交通仿真方法是根据交通系统内部各元素之间的相互关系作用,得出的交通流状态预测。因此,当网络内部仅有部分数据时,交通仿真方法依然能够提供有效的状态估计,而统计方法则无法进行预测。

6）预警类分析服务

路网联动预警与协同运行控制技术是通过交通控制技术,均衡路网的交通流量,使网络的总和交通能力达到最充分的利用。通过构建路网运行状态预警阈值体系,实现对路网运行状态的短期预警和中长期预警。

基于实时交通态势的路网联动预警包括两个方面:

(1)跨部门的路网联动预警。跨部门联动预警主要涉及交警、路政、高速公路管理公司,需要建立横向的联络与合作机制。目前各省(区、市)高速公路管理普遍采用"一路三方"的会商管理机制处理高速公路的日常事务。针对具体的交通事件,根据确定的联动范围、协调部门进行协同管理,协同管控过程中以协同运行控制系统为平台,为跨部门的路网联动预警与系统管控提供专业的技术支持和决策支持。

(2)跨区域的路网联动预警。涉及管理主体不同、管理级别不同的情况,采用信息共享、协同管控、逐级上报的原则和策略对高速公路网实时协同管控。当交通事件引发的协同管控范围未超过某分中心管理范围时无须进行区域协同预警管控。如果协同预警管控范围仅仅发生在省(区、市)内相邻的两个控制辖区(如高速公路管理分公司或高速公路大队管理范围),则通过相邻的两个辖区的交通管理部门直接协同实施预警管控,并报备省级路网监控中心;当协同预警管控范围为省(区、市)内两个辖区以上时,则应直接由省一级监控中心进行协同管理。对于协同预警管控范围跨省(区、市)的情况,如果事件范围仅覆盖跨省(区、市)的两个相邻辖区(某高速公路管理分公司或高速公路大队管理范围),则由两辖区协调信息共享[各省(区、市)之间相邻辖区应事先建立直接的沟通联络机制],协同进行预警控制管理,并将预警管控方案上报各自省级路网控制中心;当协预警同管控范围跨省(区、市)且超过2个时,则需要从国家路网中心的层面上进行协同,并对协同预警管控方案进行备案。

第5章 交通大数据分析与云计算平台构建技术

5.1 交通大数据分析与云计算平台概述

2015 年 1 月,国务院发布《国务院关于促进云计算创新发展培育信息产业新业态的意见》,云计算成为"互联网+"行动计划的新基础设施。

2015 年 7 月 4 日,国务院印发《关于积极推进"互联网+"行动的指导意见》,该意见指出,加快互联网与交通运输领域的深度融合,通过基础设施、运输工具、运行信息等互联网化,推进基于互联网平台的便捷化交通运输服务发展。

2016 年 11 月世界互联网大会,交通运输部发出以整合资源、开放共享为重点,以泛在互联、全面感知、便捷交互为目标,推动"互联网+"与交通运输融合发展的倡议。

2017 年 9 月 14 日,交通运输部办公厅印发《智慧交通让出行更便捷行动方案(2017—2020 年)》,在"不断完善智慧出行发展环境"的要求中提出"深化出行公共信息资源开放示范。推动相关政府部门、事业单位加快交通出行公共信息资源开放,充分利用以综合交通出行大数据开放云平台为代表的各类数据开放平台,支撑各类出行信息服务产品的研发推广。鼓励各类主体利用开放信息资源开展出行服务创新。"

2017 年 12 月 26 日,交通运输部召开的全国交通运输工作会议提出"要充分利用互联网广泛覆盖、高效连接等特性,解决传统产业中存在的信息不对称、中间环节多等问题,以旅客便捷出行、货物高效运输为导向,全面推进'互联网+交通运输'行动,要坚持以信息化驱动交通运输现代化,推动云计算、物联网、大数据、移动智能终端等技术在交通运输领域的深度应用,推动交通运输传统产业向自动化、智能化转变。"

为了推动云计算平台作为新的基础设施,国家陆续提出并实施了一系列促进的政策和措施:

(1)《云计算发展三年行动计划(2017—2019 年)》:此行动计划由工业和信息化部制定,旨在推动云计算健康快速发展。计划包括提升技术水平、增强产业能力、推动行业应用、保障网络安全和营造产业环境等多个方面,以及建立制造业创新中心、加快标准体系建设、开展服务能力测评、加强知识产权保护等措施。

(2)《推进综合交通运输大数据发展行动纲要(2020—2025 年)》:交通运输部发布的这份纲要,旨在推进交通运输治理体系和治理能力现代化,提升综合交通运输服务水平。主要任务包括完善标准规范、强化数据采集、加强技术研发应用、深入推进大数据共享开放等。

(3)《交通运输领域新型基础设施建设行动方案(2021—2025 年)》:该方案旨在推动交

通运输高质量发展,以数字化、网络化、智能化为主线,着力推进交通运输提效能、扩功能、增动能。包括智慧公路、智慧航道和智慧港口的建设,以及智慧枢纽建设等多个方面。

(4)《中华人民共和国国民经济和社会发展第十四个五年规划和 2035 年远景目标纲要》:在《中华人民共和国国民经济和社会发展第十四个五年规划和 2035 年远景目标纲要》中,云计算成为重点发展产业之一。该规划强调了加强云计算基础设施建设,提升云计算与大数据产业的安全保障,推动云计算等产业深度融合,以及通过云计算等技术加强数字社会、数字政府建设。

这些政策和措施共同构成了中国推动云计算和大数据在交通运输领域应用的基础,旨在通过技术创新和基础设施升级,支撑"互联网 + 交通运输"行动计划,提升交通运输的效率和安全水平。

国家这一系列的政策与倡议的出台,推动了云计算平台作为新的基础设施结合交通大数据支撑"互联网 + 交通运输"行动计划的实施。

本章阐述云计算平台作为新基础设施的发展趋势,分析云计算在交通行业上的应用模式,以及大数据平台和人工智能在智能交通领域的融合发展。

5.2 云计算平台

5.2.1 云计算概述

云计算作为一种独特的 IT 服务模式,其本质是一种服务提供模型,通过这种模型可以随时、随地、按需地通过网络访问共享资源的资源,资源池的内容包括计算资源、网络资源、存储资源等,这些资源能够被动态分配和调整,在不同用户之间灵活地划分。凡是符合这些特征的 IT 服务都可以称为云计算服务。一个标准的云计算具备五个基本元素:通过网络分发服务、自助服务、可衡量服务、资源灵活调度以及资源池化。根据用户角度划分,云平台的类型主要有公有云、私有云、混合云及社区云。

云计算的五大要素描述了一个云计算平台的特征,只有具备这五点的 IT 框架才能被称为云计算平台(图 5-1)。

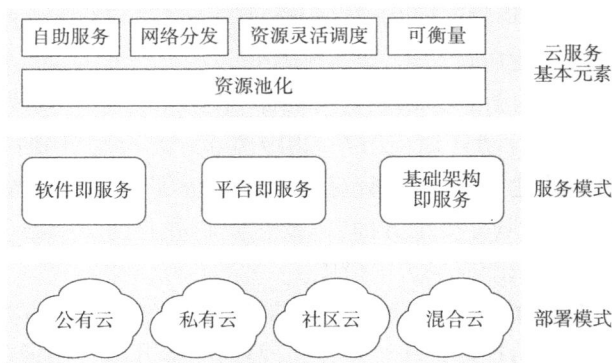

图 5-1 云计算架构

云计算最质朴的理念,就是把计算机资源集中起来并放在网络上,供大家使用,实现资源管理的灵活性。道理很简单,但其实现方式就复杂了。我们可以想象如下一个业务场景案例:

(1)业务场景:"双11"的淘宝购物节,全球几十亿用户访问阿里巴巴的淘宝网站,单日几十拍字节(PB,1PB = 1024TB = 1024 × 1024GB)的访问量,每秒几百吉字节的流量。

(2)设计目标:一个超大容量、超高并发(同时访问)、超快速度、超强安全的云计算系统,才能满足业务平稳运行的要求。

(3)结论:不同规模的业务需求(容量、并发、速度、安全)决定了云计算的实现方式。

根据计算资源的需求,云计算按照服务类型可以分为基础设施即服务(Infrastructure as a Service,IaaS)、软件即服务(Soft as a Service,SaaS)及平台即服务(Platform as a Service,PaaS)三种(图5-2),对应计算资源的三个层次:

第一层次(IaaS)是最底层的硬件资源,主要包括中央处理器(CPU)(计算资源)、硬盘(存储资源)、网卡(网络资源)等。IaaS通过虚拟化技术将服务器等计算平台同存储和网络资源打包,通过API接口的形式提供给用户

第二层次(PaaS)要高级一些,不直接使用CPU、硬盘、网卡,而是希望服务商把操作系统(例如Windows、Linux)装好,把数据库软件装好,再让客户来使用。

第三层次(SaaS)是最上层,不但要装好操作系统,还要把具体的应用软件装好,例如FTP服务端软件、在线视频服务端软件等,客户可以直接使用服务。SaaS的目标是将一切业务运行的后台环境放入云端,通过一个瘦客户端——通常是Web浏览器——向最终用户直接提供服务。最终,用户按需向云端请求服务,而本地无须维护任何基础架构或者软件运行环境。

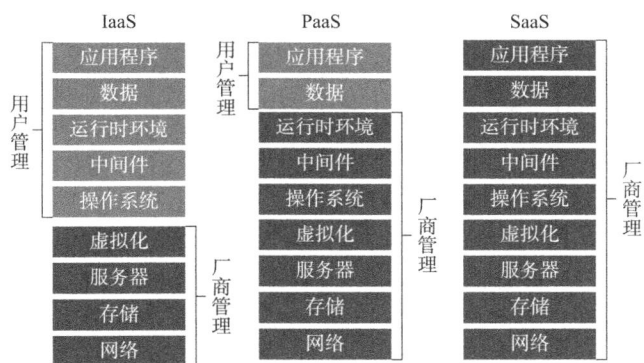

图5-2　云计算服务类型

简单而言,IaaS提供的是用户直接访问底层计算资源、存储资源和网络资源的能力;PaaS提供的是软件业务运行的环境;SaaS是将软件以服务的形式通过网络传递到客户端。

目前主流的云计算服务提供商,例如亚马逊AWS、阿里云、腾讯云、华为云等均可以提供以上三种服务。

多样化多层次的云计算服务要做到五要素,自然要依赖对应的各种软件和平台,负责对资源进行调用和管理,其中最重要的一项技术就是虚拟化技术。

5.2.2 虚拟化技术

虚拟化是云计算的基础。简单来说,虚拟化就是在一台物理服务器上,运行多台"虚拟服务器"。这种虚拟服务器,也叫虚拟机(Virtual Machine,VM)。从表面来看,这些虚拟机都是独立的服务器,但实际上,它们共享物理服务器的 CPU、内存、硬件、网卡等资源。物理机,通常称为"宿主机"(Host Machine)。虚拟机,则称为"客户机"(Guest Machine)。

实现物理资源虚拟化的软件就叫作超级监督者(Hypervisor),也叫作虚拟机监视器(Virtual Machine Monitor,VMM)。它不是一款具体的软件,而是一类软件的统称。通俗来讲,Hypervisor 是一种将操作系统与硬件抽象分离的方法,以达到 Host machine 的硬件能同时运行一个至多个虚拟机作为 Guest machine 的目的,这样能够使得这些虚拟机高效地分享主机硬件资源。

Hypervisor 有如下优点:

(1)提高主机硬件的使用效率。因为一个主机可以运行多个虚拟机,这样主机的硬件资源能被高效充分地利用起来。

(2)虚拟机移动性强:传统软件强烈捆绑在硬件上,转移一个软件至另一个服务器上耗时耗力(比如重新安装);然而,虚拟机与硬件是独立的,这样使得虚拟机可以在本地或远程虚拟服务器上低消耗转移。

(3)虚拟机彼此独立。一个虚拟机的崩溃不会影响其他分享同一硬件资源的虚拟机,可大大提升安全性。

(4)易保护,易恢复。Snapshot 技术可以记录下某一时间点下的虚拟机状态,这使得虚拟机在错误发生后能快速恢复。

Hypervisor 根据安装方式的不同,分为两大类(图 5-3):

(1)Bare-Metal Hypervisors(裸机型或裸金属型):直接运行在物理机之上,虚拟机运行在hypervisor 之上。VMM 直接运作在裸机上,使用和管理底层的硬件资源,Guest OS 对真实硬件资源的访问都要通过 VMM 来完成,作为底层硬件的直接操作者,VMM 拥有硬件的驱动程序。裸金属虚拟化中 Hypervisor 直接管理调用硬件资源,不需要底层操作系统,也可以理解为 Hypervisor 被做成了一个很薄的操作系统。这种方案的性能好于主机虚拟化。裸机型技术代表有 VMware ESX Server、Citrix XenServer、Microsoft Hyper-V、Linux KVM 等。

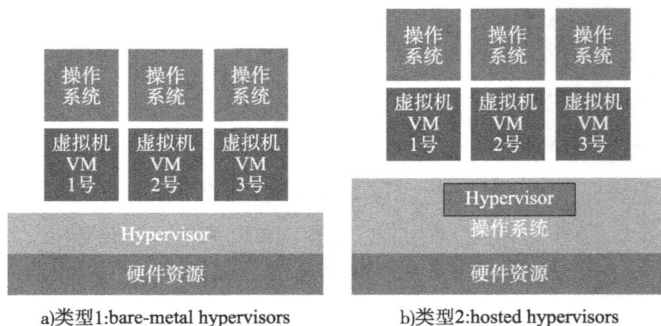

a)类型1:bare-metal hypervisors   b)类型2:hosted hypervisors

图 5-3   Hypervisor 类型

（2）Hosted Hypervisors（宿主型或寄居）物理机上安装正常的操作系统（例如 Linux 或 Windows），然后在正常操作系统上安装 hypervisor，生成和管理虚拟机。VMM 之下还有一层宿主操作系统，由于 Guest OS 对硬件的访问必须经过宿主操作系统，因而带来了额外的性能开销，但可充分利用宿主操作系统提供的设备驱动和底层服务来进行内存管理、进程调度和资源管理等。主机虚拟化中 VM 的应用程序调用硬件资源时需要经过：VM 内核 < － > Hypervisor < － > 主机内核，导致性能是虚拟化技术中最差的。主机虚拟化技术代表有 VMware Server（GSX）、Workstation 和 Microsoft Virtual PC、Virtual Server、Virtual Box 等。

目前市场主要厂商及产品包括 VMware vSphere、微软 Hyper-V、Citrix XenServer、IBM PowerVM、Red Hat Enterprise Virtualization、Huawei FusionSphere、开源的 KVM、Xen、VirtualBSD 等。

开源的 KVM、Xen、VirtualBSD 等虚拟化软件由于开源社区的支持，得到了迅猛发展，其中 KVM（Kernel-based Virtual Machine，基于 Linux 内核的虚拟机）是目前最热门、最受追捧的虚拟化方案。自 Linux 2.6.20 之后，KVM 集成在 Linux 的各个主要发行版本中。它使用 Linux 自身的调度器进行管理，所以相对于 Xen，其核心源码很少。KVM 的虚拟化需要硬件支持（如 Intel VT 技术或者 AMD V 技术），是基于硬件的完全虚拟化。而 Xen 早期则是基于软件模拟的准虚拟化（Para-Virtualization），新版本则是基于硬件支持的完全虚拟化。但 Xen 本身有自己的进程调度器、存储管理模块等，所以代码较为庞大。广为流传的商业系统虚拟化软件 VMware ESX 系列是基于软件模拟的 Full-Virtualization。

需要特别指出，"容器"（Container）技术也算是虚拟化的一种类型。虚拟机运行在传统操作系统上，创建一个独立的虚拟化实例（容器），指向底层托管操作系统，被称为"操作系统虚拟化"，是在操作系统中模拟出运行应用程序的容器，所有虚拟机共享内核空间，性能最好，耗费资源最少。容器系统的缺点是底层和上层必须使用同一种操作系统。

容器技术的出现，是基于这样的需求场景：不同的用户，有时只是希望运行各自的一些简单程序，跑一个小进程。为了不相互影响，就要建立虚拟机。如果建虚拟机，显然浪费较多，而且操作也比较复杂，花费时间也会比较长。而且有时想要迁移自己的服务程序，就要迁移整个虚拟机。显然，迁移过程也会很复杂。虚拟机与容器的比较见表 5-1。

虚拟机与容器比较　　　　　　　　　　　　　　　　　　　　　　　表 5-1

特性	虚拟机	容器
隔离级别	操作系统级	进程级
隔离策略	Hypervisor	CGroups
系统资源	占 5% ~ 15%	占 0 ~ 5%
启动时间	分钟级	秒级
镜像存储	GB ~ TB	KB ~ MB
集群规模	上百	上万
高可用策略	备份、容灾、迁移	弹性、负载、动态

我们常说的 Docker 本身并不是容器，它是创建容器的工具之一，是一种应用容器引擎。

Docker 技术的三大核心概念分别是镜像(Image)、容器(Container)及仓库(Repository)。

Docker 镜像是一个特殊的文件系统。它除了提供容器运行时所需的程序、库、资源、配置等文件外,还包含了一些为运行时准备的一些配置参数(例如环境变量)。镜像不包含任何动态数据,其内容在构建之后也不会被改变。容器引擎 Docker 可以创建、运行容器。负责对 Docker 镜像进行管理的,是 Docker Registry 服务,Docker Registry 服务对镜像的管理是非常严格的。最常使用的 Registry 公开服务,是官方的 Docker Hub,并拥有大量的高质量的官方镜像。

容器技术的一些缺点:仍然不能做到彻底的安全隔离,技术栈复杂度飙升,尤其是在应用了容器集群技术之后。

5.2.3 容器集群管理平台

容器是很轻量化的技术,相对于物理机和虚机而言,这意味着在等量资源的基础上能创建出更多的容器实例出来。一旦面对着分布在多台主机上且拥有数百套容器的大规模应用程序时,传统的或单机的容器管理解决方案就会变得力不从心。此外,由于为微服务提供了越来越完善的原生支持,在一个容器集群中的容器粒度越来越小、数量越来越多。在这种情况下,容器或微服务都需要接受管理并有序接入外部环境,从而实现调度、负载均衡以及分配等任务。简单而高效地管理快速增长的容器实例,自然成了一个容器编排系统的主要任务。

容器集群管理工具能在一组服务器上管理多容器组合成的应用,每个应用集群在容器编排工具看来是一个部署或管理实体,容器集群管理工具全方位为应用集群实现自动化,包括应用实例部署、应用更新、健康检查、弹性伸缩、自动容错等。

当前的容器编排和管理系统主要有以下三种:

(1)Kubernetes:Google 开源的容器管理系统,起源于内部历史悠久的 Borg 系统。Kubernetes 这个单词来自希腊语,含义是舵手或领航员。K8S 是它的缩写,用"8"字替代了"ubernete"这 8 个字符。K8S 因为其丰富的功能被多家公司使用,其发展路线注重规范的标准化和厂商"中立",支持底层不同的容器运行时和引擎(比如 Docker、AppC 和 Rkt),逐渐解除对 Docker 的依赖。K8S 的核心是如何解决自动部署,扩展和管理容器化应用程序。

(2)Docker Swarm:在 Docker 1.2 版本后将 Swarm 集成在了 Docker 引擎中。用户能够轻松快速搭建出来 docker 容器集群,几乎完全兼容 docker API 的特性,而后 Docker 公司又推出的 Swarmkit。

(3)Mesosphere Marathon:Apache Mesos 的调度框架目标是成为数据中心的操作系统,完全接管数据中心的管理工作。Mesos 理念是数据中心操作系统(DCOS),为了解决 IaaS 层的网络、计算和存储问题,Mesos 的核心是解决物理资源层的问题。Marathon 是为 Mesosphere DC/OS 和 Apache Mesos 设计的容器编排平台。

其中 Kubernetes 是云原生(Cloud Native Computing)哲学的体现,通过容器技术和抽象的 IaaS 接口,屏蔽了底层基础设施的细节和差异,可实现多环境部署并可以在多环境之间灵活迁移;这样一方面可以实现跨域、多环境的高可用多活灾备,另一方面帮助用户不必被某个云厂商、底层环境所绑定。

在全球范围内,除了各大公有云已经竞相支持 Kubernetes,在企业私有云场景下,Kubernetes 也在互联网、金融、通信、能源、电商和传统行业中获得了极为广泛的应用,并有适配底层裸机环境、OpenStack 环境、VMWare 环境等多种案例。仅在中国,Kubernetes 就已经拥有了诸如京东、国家电网、锦江集团、上汽集团、某大型银行组织等 500 强企业用户。

一个 K8S 系统,通常称为一个 K8S 集群(Cluster,图 5-4),这个集群主要包括两个部分:一个 Master 节点(主节点)和一群 Node 节点(计算节点)。Master 节点主要还是负责管理和控制,Node 节点是工作负载节点,里面是具体的容器。

我们不具体讨论 Kubernetes 的技术细节,最近两年,Kubernetes 在可扩展性、稳定性和可靠性上取得了飞速发展和完善。

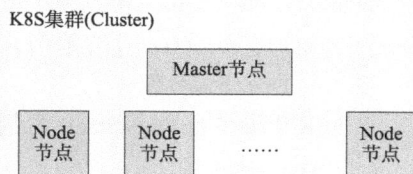

图 5-4　K8S 集群

以集群规模为例,两年前的 Kubernetes 1.0 版本只能支持单集群 100 个节点,而在 2017 年 3 月发布的 1.6 版本中,单集群已经可支持 5000 个节点,同时 API 相应延时更小。而集群联邦功能更是可以跳出单集群的限制,让集群规模几十倍、上百倍地增加。

容器集群技术与路网监测与服务保障平台微服务架构的结合,将是未来集成技术发展的趋势。

5.2.4　云计算架构:云计算的全自动

云计算的本质是资源到架构的全面弹性,实现空间与时间的灵活性,虚拟化软件只实现了半自动。因为虚拟化软件一般创建一台虚拟的计算机,需要人工指定这台虚拟计算机放在哪台物理机上,可能还需要比较复杂的人工配置。所以,仅凭虚拟化软件所能管理的物理机的集群规模都不大,一般为十几台至几十台。随着集群的规模越来越大,基本都是千台起步,动辄上万台,甚至几十万、上百万台,因此就需要一个调度中心,几千台机器都在一个池子里面,无论用户需要多高配置的虚拟计算机,调度中心都会自动在大池子里面找一个能够满足用户需求的地方,把虚拟计算机启动起来做好配置,用户就能直接使用。这个阶段称为池化,或者云化。简单而言,就是实现一个资源池化的虚拟机管理平台,从而建立云平台架构。

云计算服务既然是一种通过网络提供的自动化服务,其架构就和传统 IT 有很大的区别。

架构有两个层面的含义:①静态层面,主要是勾画系统边界、结构、组成的组件以及组件之间的关联关系;②动态层面,主要是规范组件的行为以及组件之间的交互协议。根据一个 IT 系统的架构,可以界定该系统的功能特性和一些非功能特性。例如:一个视频服务系统,它的功能特性是分析、转发、存储、监视视频;非功能特性则包括安全措施(认证、加密等)以及响应时间、吞吐率等。

架构设计要考虑不断变化和恒久不变两方面。一个有长久生命力的系统都有一个设计合理的架构,其精髓在于架构能支持系统功能的变化、发展、演化,允许系统功能的不断变化,也就是架构必须提供灵活性;而系统对易用性、安全性、稳定性和性能却应该是恒久不变的,因此 IT 架构的设计必须强调非功能特性,其中开放性、可扩展性、可移植性、可维护性、灵活性、安全性、性能(响应时间、吞吐率、并发数等)最为重要。云计算架构尤其强调灵活性、扩展性和易用性。

云计算架构,其核心是基于面向服务(SOA)的自动化服务管理架构,其特征是资源池化、通过互联网交付的按需弹性、简易使用、可计量的服务。

目前流行的主要云计算提供商的平台架构有:①公有云提供商的典型代表——亚马逊 AWS(Amazon Web Service)的架构;②在企业私云占垄断地位的 VMWware;③在互联网企业主流使用的 OpenStack 架构。

下面以开源平台 OpenStack 为例(图 5-5),说明云计算架构的技术特征。

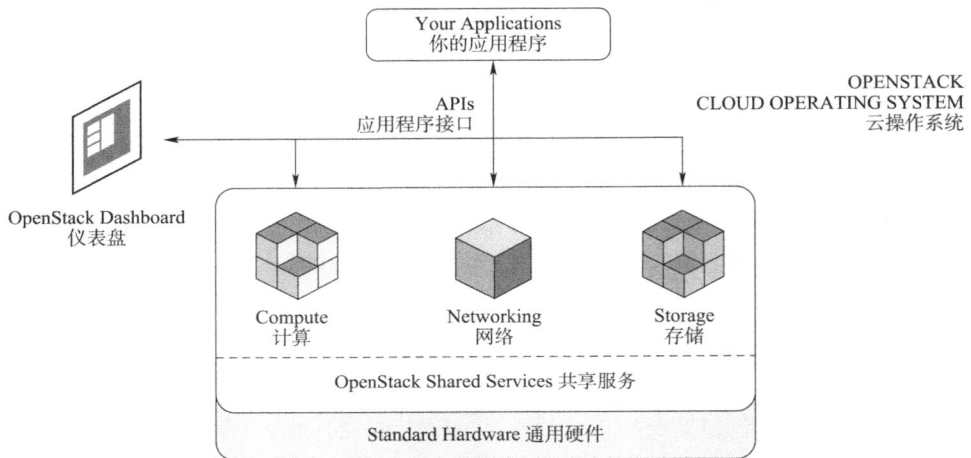

图 5-5　OpenStack 示意图

组件名称	服务类型
Horizon	Dashboard,Web前端服务
Nova	Compute,计算服务
Neutron	Networking,网络服务
Swift	Object Storage,对象存储服务
Cinder	Block Storage,块存储服务
Keystone	Identity service,认证服务
Glance	Image Service,镜像服务
Ceilometer	Telemetry,监控服务
Heat	Orchestration,集群服务
Trove	Database Service,数据库服务

存储服务 Storage Services:Swift、Cinder
共享服务 Shared Services:Keystone、Glance、Ceilometer
更高级服务 Higher-level services:Heat、Trove

图 5-6　OpenStack 组件

OpenStack 又被称为云操作系统,可控制整个数据中心的大型计算、存储和网络资源池,所有这些都通过仪表板进行管理,该控制台为管理员提供控制,同时使用户能够通过 Web 界面配置资源。OpenStack 管理"基础设施资源",主要包括三个方面:计算、存储、网络。OpenStack 组件见图 5-6。

OpenStack 分为多个项目,允许用户根据需要即插即用组件,众多的组件通过协同进行工作。Nova 是整个 Openstack 里面最核心的组件,OpenStack 云实例生命期所需的各种动作都将由 Nova 进行处理和支撑,它负责管理整个云的计算资源、网络、授权及测度。OpenStack 各组件逻辑关系图见图 5-7。

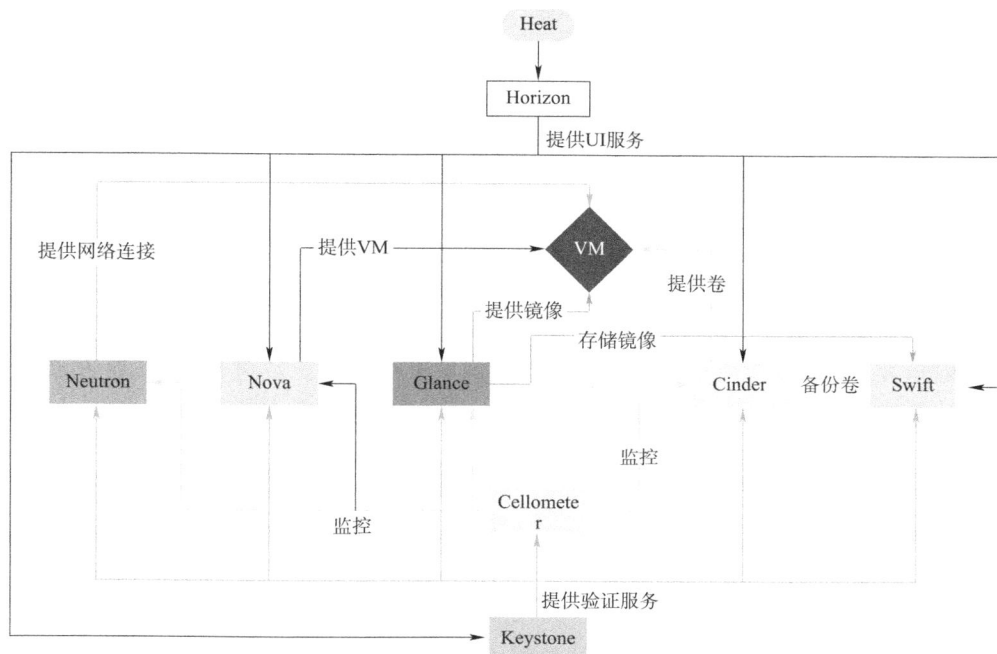

图 5-7　OpenStack 各组件逻辑关系图

为了支持虚拟化,目前 OpenStack 支持了多种 Hypervisor,例如原生 KVM、Xen、QEMU、Hyper-V、VMWare、LXC 甚至 Docker 等。OpenStack 提供很多项目让 IaaS 成为可能,能够让用户自助部署配置虚拟机,实质上是让用户能够在界面或命令行能够自己创建服务器。

Ironic 是 OpenStack 用来提供裸机服务的项目,作为 OpenStack 中的一个独立模块,它可以与 Keystone、Nova、Neutron、Image 以及 Swift 进行交互。在 OpenStack 中部署裸机就意味着用户可以直接操作硬件设施、部署应用负载(镜像)到真正的物理机器,而不是运行在 Hypervisor 之上的虚拟机中。为了实现这个功能,Nova 包含的虚拟化驱动中,其中一个就是调用 Ironic 来启动裸机节点。基于 Ironic 的虚拟化驱动,OpenStack 的用户使用计算 API 就可以像原来启动一个虚拟机实例一样启动一台裸机实例。

所谓裸机,就是指没有配置操作系统的计算机。从裸机到应用还需要进行以下操作:硬盘 RAID、分区和格式化;安装操作系统、驱动程序;安装应用程序。Ironic 实现的功能,就是可以很方便地对指定的一台或多台裸机,执行以上一系列的操作。例如部署大数据集群需要同时部署多台物理机,就可以使用 Ironic 来实现。

Ironic 可以实现硬件基础设施资源的快速交付,其优势如下:

(1)提供更强大的计算能力。

（2）有些计算任务需要接触到不能被虚拟化的硬件设备，在一些场景下，虚拟化的环境是不合适的，这些场景的用户需要的是真实的、物理的、裸金属的服务器。为了能够满足这些场景的自助服务需求，OpenStack需要支持裸机的部署。

（3）提供数据库托管能力，因为一些数据库在虚拟化设备中表现得不尽如人意。

（4）由于提供独立的物理设备，可以更好地保证安全性、独立性以及其他可靠性需求。

（5）可以快速部署云基础设施。

有一点需要说明的是，虚拟机技术和容器技术各有自己的使用场景，容器技术更适合于PaaS，虚拟机技术更倾向于IaaS的实现。OpenStack同时也开始支持容器部署。

5.3 交通大数据平台

5.3.1 大数据的定义

大数据（Big Data），指无法在一定时间范围内用常规软件工具进行捕捉、管理和处理的数据集合，是需要新处理模式才能具有更强的决策力、洞察发现力和流程优化能力的海量、高增长率和多样化的信息资产。

在维克托·迈尔·舍恩伯格及肯尼斯·库克耶编写的《大数据时代》中，大数据指不用随机分析法（抽样调查）这样的捷径，而采用所有数据进行分析处理。大数据具有5V特点（IBM提出）：Volume（大量）、Velocity（高速）、Variety（多样）、Value（低价值密度）、Veracity（真实性）。

从数据角度分为三种类型：结构化的数据、非结构化的数据及半结构化的数据。结构化的数据是指有固定格式和有限长度的数据。例如填的表格就是结构化的数据。现在越来越多的是非结构化的数据，即不定长、无固定格式的数据，例如网页，有时候非常长，有时候只有几句话；又例如语音、视频都是非结构化的数据。半结构化数据是一些xml或者html格式的数据。

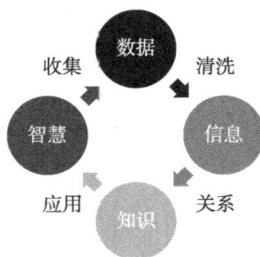

图5-8 数据应用步骤示意图

数据的应用分四个步骤：数据、信息、知识、智慧（图5-8）。传统的数据应用是侧重于通过抽样分析以推测全局，查找规律，实现知识发现和智慧。而大数据应用则是基于数据规模，采用新技术实现从低价值数据中发现知识与智慧。从技术层面说，大数据和以前的数据时代的最大差异在于：以前是数据找应用、算法的过程，而大数据时代的重要技术特征之一，是应用、算法去找数据的过程。

数据规模决定技术路线，新技术体现在大数据应用处理的八个阶段：收集、传输、存储、处理、分析、检索、挖掘和应用。

5.3.2 大数据技术生态圈

大数据需要云计算，云计算也需要大数据，两者结合相辅相成。大数据应用的蓬勃发展推动云计算技术进步,同时大数据技术生态圈也得到了迅猛发展,从理论到技术实现,形成百花齐放的局面。

应对大数据的技术特点和应用需求,开源的大数据框架越来越多,常见的大数据处理技术如下:

(1)文件存储:Hadoop HDFS、Tachyon、KFS。

(2)离线计算:Hadoop MapReduce、Tez、Spark。

(3)流式、实时计算:Storm、Spark Streaming、S4、Heron。

(4)K-V、NOSQL 数据库:Cassandra、HBase、Redis、MongoDB。

(5)资源管理:YARN、Mesos。

(6)日志收集:Flume、Scribe、Logstash、Kibana。

(7)消息系统:Kafka、StormMQ、ZeroMQ、RabbitMQ。

(8)查询分析:Hive、Impala、Pig、Presto、Phoenix、SparkSQL、Drill、Flink、Kylin、Druid。

(9)分布式协调服务:Zookeeper。

(10)集群管理与监控:Ambari、Ganglia、Nagios、Cloudera Manager。

(11)数据挖掘、机器学习:Mahout、Spark MLLib。

(12)数据同步:Sqoop、DataX。

(13)任务调度:Oozie。

庞杂的技术生态圈是不断适应技术需求的结果,本小节从 Hadoop 生态圈开始,对技术发展路径进行梳理。

Hadoop 生态圈(或者泛生态圈)基本上都是为了处理超过单机尺度的数据处理而诞生的。

1)大数据的基础是分布式存储和高效访问技术

传统的文件系统是单机的,不能横跨不同的机器。HDFS(Hadoop Distributed FileSystem)的设计本质上是为了大量的数据能横跨成百上千台廉价的机器,但是用户看到的是一个文件系统而不是很多文件系统。而且 HDFS 是一个高度容错性的系统,能提供高吞吐量的数据访问。

2)数据处理能力:大规模数据集(大于 1TB)的并行运算

虽然 Hadoop 分布式文件系统(HDFS)能够有效管理跨多台机器上的数据,但当一台机器需要读取 TB 级别甚至 PB 级别的数据时,单台机器的处理时间将变得极其漫长,这在实践中是不可接受的,有时可能需要数天甚至数月的时间。对于很多业务来说,单机处理能力是不可忍受的,比如微博要更新 24h 热博,必须在 24h 之内跑完这些处理。自然就需要具备在多台机器的并行处理能力,包括机器任务的调度、机器之间互相通信交换数据以完成复杂的计算等。这就是 MapReduce/Tez/Spark 的功能。MapReduce 是第一代计算引擎,Tez 和 Spark 是第二代。MapReduce 的设计,采用了很简化的计算模型,只有 Map 和 Reduce 两个计算过程(中间用 Shuffle 串联),用这个模型,已经可以处理大数据领域很大一部分问题。

Map/Reduce 可以理解为,把一堆杂乱无章的数据按照某种特征归纳起来,然后处理并得到最后的结果,是一个映射再化简的过程。MapReduce 的简单模型很好用,但是很笨重。

第二代的 Tez 和 Spark 除了内存之类的新特征,本质上来说,是让 Map/Reduce 模型更通用,让 Map 和 Reduce 之间的界限更模糊,数据交换更灵活,磁盘读写更少,以便更方便地描述复杂算法,取得更高的吞吐量。

3)查询分析工具

MapReduce、Tez 和 Spark 的程序写起来比较烦琐,简化写 MapReduce 程序,使用更高层、更抽象的语言层来描述算法和数据处理流程成为一种必然。于是就有了 Pig 和 Hive。Pig 是接近脚本方式去描述 MapReduce,Hive 则用的是 SQL。它们把脚本和 SQL 语言翻译成 MapReduce 程序,送给计算引擎去计算,从而从烦琐的 MapReduce 程序中解脱出来,可以用更简单、直观的语言去写程序。

Hive 提供的 SQL 描述方式,使查询分析变得更为简单,Hive 逐渐成长为大数据仓库的核心组件。很多公司的流水线作业集完全是用 SQL 描述,因为易写、易改、易维护。但 Hive 在 MapReduce 上的运行时间对于某些分析任务而言依然不能满足更快的时间要求,产生了 Impala、Presto、Drill 等交互 SQL 引擎,在降低容错性的条件下,SQL 更轻量,能更激进地获取资源,更专门地实现对 SQL 的优化。新一代通用计算引擎 Tez 或者 Spark 的发展,推动了 Hive on Tez/Spark 和 SparkSQL,也是一种 SQL 时间优化的实现方式。

一个满足中低速数据处理要求的数据仓库的基本构架采用如下设计:MapReduce/Tez/Spark 运行于底层 HDFS 上,其上运行 Hive/Pig;或者 HDFS 上直接运行 Impala/Drill/Presto。

4)高速实时处理

更新延迟在 1min 之内的业务需求,可以采用 Streaming(流)计算模型。Storm 是最流行的流计算平台。流计算的设计思路是,如果要达到更实时的更新,在数据流进来时就开始处理。流计算基本无延迟,但是它的缺点是不灵活,因为要统计的东西必须预先知道,否则数据流过就没了,没算的东西就无法补算。因此,其对特定的业务有效,但无法替代数据仓库和批处理系统,它们各自有应用空间。

还有一个有些独立的模块是 KV Store,比如 Cassandra、HBase、MongoDB 等,专门针对 key-value 数据进行处理。KV Store 的特点是,基本无法处理复杂的计算,大多无法链接,也无法聚合,没有强一致性保证(不同数据分布在不同机器上,每次读取也许会读到不同的结果,也无法处理类似银行转账那样的强一致性要求的操作),但处理速度非常快。每个不同的 KV Store 设计都有不同取舍,有些更快,有些容量更高,有些可以支持更复杂的操作,以适应差异化的需求。

除此之外,还有一些更特制的系统/组件,比如 Mahout 是分布式机器学习库,Protobuf 是数据交换的编码和库,ZooKeeper 是高一致性的分布存取协同系统等。

以上工具在同一集群平台中通过调度工具实现统一的资源和任务调度,比如 YARN、Oozie 等。

5.3.3 交通大数据平台

大数据平台是为了计算大数据,以存储、运算、展现作为目的的平台。其允许开发者们或是将写好的程序放在"云"里运行,或是使用"云"里提供的服务,或二者皆是。

大数据平台是一个集数据接入、数据处理、数据存储、查询检索、分析挖掘、数据可视、应用接口等于一体的平台。

智能交通大数据平台是跨部门跨区域路网监测与服务保障系统的智慧大脑,是交通运行管理能否实现"智慧化"的核心,是提高各级公路网部门管理效率、打破信息盲区的重要支撑。交通建设的各领域都离不开数据,智能交通的建设更会带来数据量的爆发式增长,大数据就像血液一样遍布运行监测、应急处置、出行服务等智能交通管理的各个方面,交通管理也将从"经验治理"转向"科学治理",通过对道路交通信息的实时挖掘,能有效缓解交通路网拥堵,并快速响应突发状况,为公路网的良性运转提供科学的决策依据。建立交通大数据平台,从政府决策与服务,到人们出行方式的选择,再到公路网的规划与设计,以及公路网的运营和管理方式,都将在"互联网 + 交通大数据"的支撑下走向"智慧化"。

智能交通大数据平台将公路基础数据、车辆基础数据、交通量数据、气象数据、交通安全设施数据、DSRC 数据、应急资源基础数据、路网运行状况信息、基础设施状况、外场设备状况、道路运输运行、车辆运行动态、应急预案、突发事件、风险隐患、应急统计评估、路网管控发布的信息、监控视频图像信息以及相关行业的有关信息汇聚到交通数据管理平台,通过构建多类算法模型,建立采集、存储、治理,挖掘,应用、服务一体化的大数据管理模式,把控公路网交通整体运转状况,实现跨部门资源共享与应用协同,构建公路网交通智慧大脑。其核心功能可概括如下:

(1)公路网相关数据的采集、接入、分布式存储与管理。

(2)利用知识工程相关技术,对数据按知识结构进行管理、分类和关联,将庞大无序的数据治理为分类有序互相关联的知识。

(3)构建人工智能化的智能交通公路网大数据应用。

(4)公路网交通信息的开放获取、辅助决策、接口开发、数据可视,打造公路网管理的智慧大脑。

智能交通大数据平台(图 5-9)的建设是一个规划先行、目标明确、分类分步实施的过程。通过对交通各部门的数据进行集中汇聚,有效整合分散异构的信息资源,消除"信息孤岛",打通跨区域、跨部门、跨平台不同应用系统不同数据库之间的数据通道,满足不同系统间的信息交换、信息共享与业务协同需求。建立统一数据标准,采用分布采集、集中处理、集中交换、集中管理、全局应用的模式,建立一体化数据管理流程。

其中最重要的是在设计阶段,要明确不同区域、不同部门数据共享的范围边界和使用方式,加快政府交通管理部门、区域路网管理企业、交通运输企业、互联网企业、公安、交警、气象、救援等跨行业部门以及社会公众等之间的互联互通和信息共享,打造智能交通大数据生态体系。

智能交通大数据平台的硬件设施将基于路网中心已搭建的私有云平台进行构建。

为实现交通智慧大脑的建设需求,跨部门跨区域路网监测与服务保障系统以构建智能交通大数据管理平台为核心,完成数据采集、数据存储、数据治理、智能分析、数据应用、数据服务等一体化数据管理流程。该流程的核心内容可概括为如下内容(图 5-10):

（1）数据采集：主要包括五类数据，分别是行业内应用数据、相关行业应用数据、支撑类应用数据、互联网应用数据等。

（2）数据存储：采用关系型数据库和大数据存储相结合的方式，主要包括关系型数据库集群、HBASE 分布式实时数据库、HDFS 分布式文件系统等。

（3）数据治理：实现从数据到知识的构建过程，包括知识抽取、清洗转换、知识融合、知识推理、知识验证、知识构建等。

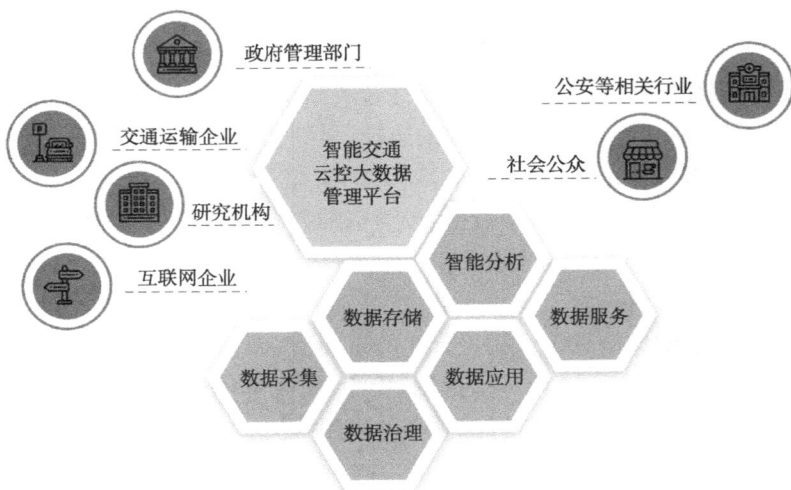

图 5-9　智能交通大数据平台

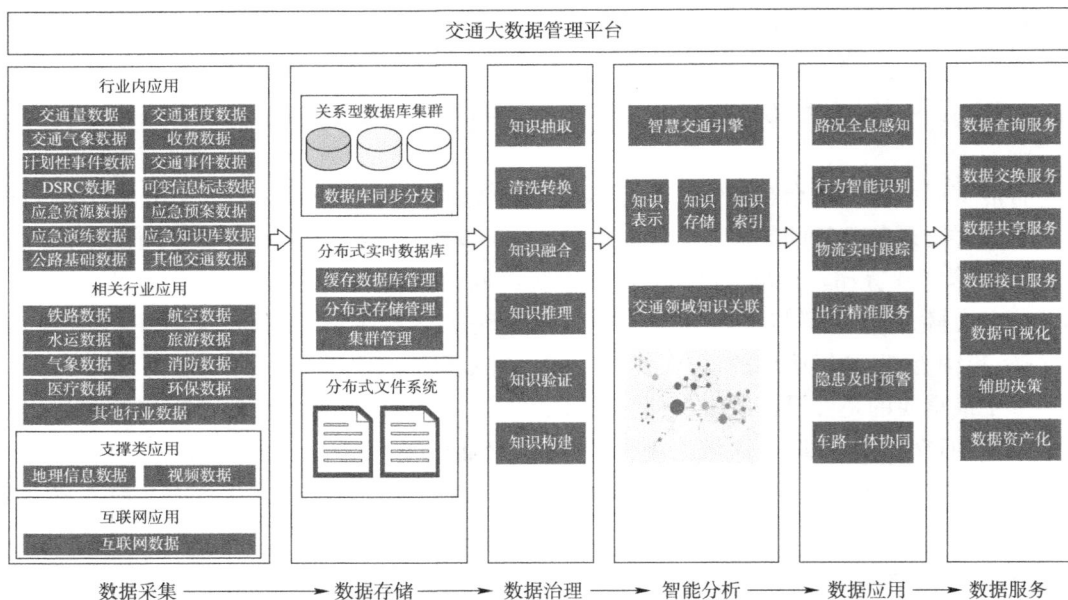

图 5-10　智能交通大数据平台管理流程

（4）智能分析：建立多种业务相关算法模型，实现路网管理各类知识的关联和图谱构建，建立智能交通大数据分析引擎。

（5）数据应用：利用智能分析结果，实现路况感知、重大事件智能识别、特种车辆实时跟踪、车路一体协同支持等行业应用目标。

（6）数据服务：构建数据查询、交换、共享、接口、可视、辅助决策、资产化等多类交通数据服务。

交通大数据平台通过相关软硬件系统建设，实现了自动部署、承载大数据基础应用及信息安全措施完善的分析管理平台，如图 5-11 所示。

图 5-11　交通大数据平台系统组成示意图

智能交通大数据平台是一个长期建设、运营和完善的系统工程，未来的应用发展更有赖于机器学习和人工智能的底层支撑，大数据和机器学习相辅相成。AI 技术为大数据应用提供了高效的手段，大数据为 AI 提供了海量的学习素材，随着人工智能技术的进步，交通大数据应用必然会为交通运营和交通出行带来更大的便利。

第6章　路网监测与服务保障系统集成

6.1　路网监测与服务保障系统集成概述

高速公路作为交通运输的关键枢纽,承载着我国大量的交通运输需求。伴随着我国经济的发展,我国高速公路里程逐年增加,高速公路凭借其独特的优势、良好的出行环境,已经成为驾乘人员的出行首选。然而我国的机动车保有量也在急剧增长,这势必会增大高速公路交通的出行压力,导致驾乘人员对高速公路提供的服务要求越来越高,高速公路管理者对运营效能的需求也随之增加。我国高速公路传统的机电系统已经不能完全满足驾乘人员与高速公路管理者的需求,交通供需矛盾越发严峻。

随着我国科技技术水平的发展,高速公路信息化建设被认为是能够提升高速公路安全、出行服务及运营管理等性能的有效途径。基于此,我国投入了巨大的人力、物力、财力对高速公路信息化展开研究,并取得了显著效果。但是,我国的高速公路信息化建设大都是局限于单项技术的智能化,各个智能交通系统相互独立,无法实现各智能交通数据之间的共享,并不能解决我国高速公路交通的难题。

2014年,交通运输部提出了"四个交通"建设,其中智慧交通是关键。智慧交通相对于单项智能交通技术,能从总体层面分析现有交通的各种问题。物联网与云计算等高新技术发展得相对成熟,为高速公路智慧交通的建设提供了技术可行性。

本章将着眼于路网监测与服务保障系统集成,从业务需求、实际应用以及未来扩展角度出发,建设路网监测与服务保障集成平台,以满足现有系统和未来新增应用系统的无缝接入,建立统一可视化的工作平台、工作界面以及对外服务接口,实现高度灵活的规范化标准平台架构。本章重点描述的内容为一个综合的交通信息系统集成平台所具备的功能,并阐述将各类相关支撑服务进行融合应用,形成多个可运行的应用系统。

本书将应用系统的建设归类为典型应用和专题应用两类。其中,典型应用是指路网监测与服务保障系统集成应具备的基本功能,包括交通运行实时监测平台、突发事件应急处置平台、路网运行分析平台、出行信息服务平台等;专题应用是指各级路网管理平台形成的一些专题应用系统,例如重大节假日7座及以下小客车免费通行数据报送系统、公路气象预报预警系统、国家公路网综合养护管理系统等。

6.2 交通运行实时监测平台

6.2.1 概述

交通运行实时监测平台是路况数据和事件采集的主要来源,是高速公路道路交通运行系统的核心,主要利用外场交通自动采集设备(例如视频监测器、微波检测器、高清红外摄像仪、环形线圈检测器、气象检测仪等)和人工方式(例如人工巡查、驾驶员电话呼叫、上下级传达等)获得实时的公路交通运行动态、异常交通事件、公路气象环境、基础设施运行状态等综合交通动态信息、外场设备运行状态信息,按照一定的数学模型进行计算,并据此判断当前交通运行状况,得出最优分析结果。

近年来,随着信息技术在智能交通领域的发展,路网监测的手段越来越多,主要体现在以下几个方面:

(1)实现高速公路联网收费,长三角、京津冀等区域实现了跨省(区、市)的联网收费,提高了道路的通行效率。

(2)实现高速公路联网监控,路网监控与信息采集设备布设逐步加密,部分高速公路重要路段实现了全程监控。

(3)建立全国公路阻断信息报送体系,覆盖50余万公里干线公路和2000多个路段基层单位,实现了公路阻断信息的实时报送。

(4)建设交通量观测站点、公路气象观测点以及路网监测点,覆盖重要通道和主要收费站、长大桥隧、服务区、治超站等。

(5)与中国气象局、中央电视台、中央人民广播电台等合作形成涵盖公路气象、路况、公路出行服务信息的广播、电视和网站等公众出行信息发布体系。通过网站、智能客户端App发布交通信息。

交通运行监测的信息包括交通流量信息、环境气象信息、地质灾害信息、外场设备信息、基础设施运行信息、道路拥堵与阻断信息、突发事件信息、超限信息、视频信息等。交通运行实时监测平台通过对采集到的信息进行整合,实现对全路网、重点通道、重要节点运行状态全面实时监测与预测预警。

6.2.2 体系架构

交通运行实时监测平台的处理流程见图6-1。

通过接口等方式自动采集、汇总公路网运行监测的相关各类信息,实现对公路网运行状况的全面监测,并保障信息的时效性,为后续的分析、预警、处置及出行服务等提供基础数据,对采集到的各类信息在GIS上进行实时展示。

将各类信息开展多源数据融合分析,系统建立后台实时比对模型,对分析结果与设计阈值进行对比,对异常临界的数据系统给出实时预警。预警的方式包括图形方式、声音方式、短信方式、邮件方式等。

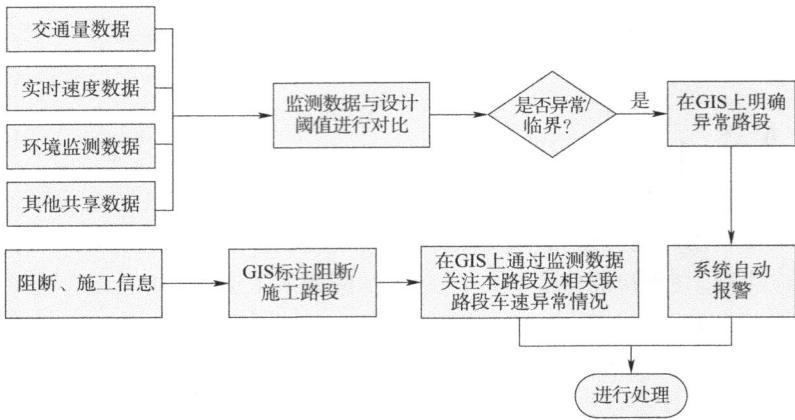

图 6-1　交通运行实时监测平台处理流程

6.2.3　主要功能

交通运行实时监测平台可对高速公路的运行状态进行监测,包括对路网交通量的实时监测、环境气象信息的实时监测、地质灾害的实时监测、超限实时监测、交通事件的实时监测、外场设备状态的实时监测、基础设施的实时监测、拥堵与阻断监测、实时视频监控等。交通运行实时监测平台的功能模块划分图如图 6-2 所示。

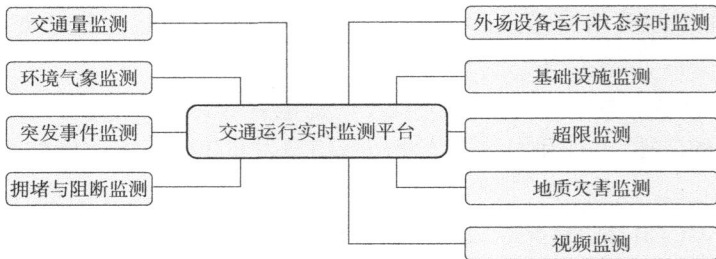

图 6-2　交通实时监测平台功能模块划分

1）交通量监测

通过道路沿线车辆检测器采集、分析处理的交通量信息,交通量监测模块能够实现对所辖路段交通量、平均速度、占有率等的实时监测,进而判断和获得道路的整体交通状况、当前的服务水平等级、交通堵塞或拥挤程度等信息内容,并可生成各区段在不同时段的统计分析数据。

通过和阈值设置模块预先设置的阈值进行比较,当处理分析后获得的结果达到或超过预先设定的阈值时,根据颜色显示隧道、路段交通运行状态,最终通过颜色的不同显示路网上下行不同方向道路的路况信息,如以红色表示严重拥堵、黄色表示拥堵、绿色表示畅通,直观地展示在地图中,并能够自动发出警示,用以提醒监控人员,以便及时响应和核实确认,作进一步的交通管控。

2)环境气象监测

通过对气象检测器、能见度检测器、一氧化碳检测器、光强实时检测器等外场环境状况监测设备采集的各类环境气象数据的分析处理,实现对各种交通环境信息如道路气象信息、隧道环境信息等的监测,主要包括温度、能见度、一氧化碳浓度、亮度(照度)、风向风速等环境状态显示,若分析结果超过系统预先设定的标准阈值,系统应自动发出警示用以提醒监控人员,并采用图标和文字信息相结合的方式在交通模拟图形中进行实时监测数据的展示,以便操作人员及时响应和核实确认,然后实施进一步的交通管控措施。

该模块还可通过点击交通模拟地图中环境状况监测设备,实时地显示该设备实时采集的环境气象信息,及时发现环境异常情况。同时可以与历史的同期数据进行查询比对,为下一步工作决策提供服务。

(1)道路环境实时监测。

对道路上的各类气象检测设备(气象检测器、能见度检测器、路面检测器等)检测获得的各类气象参数信息(能见度、大气温湿度、风向、风速、降雨雪量、路面温度以及结冰积雪等)进行处理,可利用这些气象参数信息综合分析道路的天气状况、气象条件。若分析结果超过系统预先设定的标准阈值,可在交通模拟地图中自动发出警示以提醒监控人员,以便作出及时响应和核实确认。

(2)隧道环境实时监测与展示。

对隧道内的一氧化碳检测器、能见度检测器的原始检测数据进行处理和分析,能够检测和判断出隧道内的一氧化碳浓度、能见度可视距离情况。若分析结果超过系统预先设定的标准阈值,交通模拟地图中自动发出警示,用以提醒监控人员,以便监控人员及时响应和核实确认,然后作进一步的交通管控。

对隧道洞内外的光强检测器的原始检测数据进行处理和分析,检测和判断出隧道洞内、洞外的光亮度差和光强值。

3)突发事件监测

突发事件监测对交通事件自动检测设备(视频事件分析仪)的检测结果进行处理和分析,对检测出的各类交通异常事故事件进行分类、分级,判断道路沿线与隧道的交通状况和事故事件严重程度。同时,平台应具备与视频监控系统及视频摄像机联动的能力,可根据需要启动遥控摄像机的自动跟踪定位功能以及监控视频画面的切换显示功能。

(1)交通事件自动检测设备监测数据。车辆停驶、车辆逆行、行人穿越、交通拥堵、火灾、遗撒物及养护施工等。

(2)隧道环境检测设备监测数据。隧道烟雾、火灾、有毒物质泄漏等。

(3)人工填报事件数据。各类舆情、交通事故等事件信息。

4)拥堵与阻断监测

路况/通车信息管理系统主要采集国家高速公路、国省干线公路网阻断事件、通车信息管理情况。系统采用"路段—省级—部级"三级管理体系,系统中有关公路网路况信息、新(改)建路段通车信息的报送、审核与发布体系在交通运输部有关制度规范的基础上,提供数据填报、审核、发布的快捷通道。系统具备数据直接采集接口和与各省(区、市)相关信息化系统的数据对接。其中,与省级的数据接口以省(区、市)交通运输主管部门为单位,将省域公路网的路况信息、新(改)建路段通车信息实时传输至部路况/通车信息管理系统中,同时部级系统将影响跨省市、跨区域的公路阻断信息、新(改)建路段通车的信息在中国公路信息服务网站予以发布。

拥堵与阻断监测的数据主要采集自路况/通车信息管理系统,由各地依据《公路交通阻断信息报送制度》上报的阻断信息,主要包括公路交通阻塞及公路交通中断两类,在填报信息中均采用事件起讫桩号描述事件所在位置。

5)外场设备运行状态实时监测

外场设备运行状态实时监测与展示功能能够对各类监控设备的运行状态数据、设备通信状态数据进行处理,判断设备运行的稳定性、通信线路的稳定性,包括通信是否正常、设备状态(开启、关闭)等信息,分析获得设备故障、通信故障的原因、类型,系统对其故障情况可自动发出警示,并可对故障设备名称、位置等信息在交通模拟图形中进行展示,还可弹出提示信息后记录故障信息。

6)基础设施监测

与国家公路网养护管理系统对接,接入公路技术状况检测数据和评定数据,以及桥梁、隧道技术状况评定数据,全面掌握公路基础设施技术状况。

根据公路基础设施技术状况的监测数据,对基础设施的技术状况进行综合评估,并根据评估结果,对基础设施技术的安全性进行分级预警。

从国家公路网养护管理系统中获取公路基础设施的小修保养、中修、大修和改建工程等养护工作记录,获取公路基础设施定期检查、特殊检查的结果记录以及对公路基础设施监测预警后的养护维修情况记录。对检查结果异常及预警后维修不及时的记录进行更高级别的预警。

7)超限监测

接入全国治超联网管理系统中称重检测数据、高速公路车辆称重数据等,监测国省干线、高速公路等重要路段的车辆荷载情况,开展公路网车辆轴载分析。

8)地质灾害监测

对接中国地震台网等渠道,获取各类地质灾害信息,并对受影响公路进行分析,实现对地质灾害信息的实时监测。

9)视频监测

对组织机构以树状图的形式进行组织,实现对视频设备的选择,以及对选中的视频调阅视频图像,并对云台进行控制。

6.3 突发事件应急处置平台

6.3.1 概述

随着社会经济的快速增长和生活水平的不断提高,特别是机动车保有量的持续增长,交通运行的环境越来越变成一个庞大、开放的动态系统,其路况随时间变化而变化,公共交通突发事件的发生频率越来越高,且造成的伤亡损失很大。因此,充分利用现代信息技术,建立有效的突发事件应急处置平台是保证社会治安与人们平安出行的必要措施之一。

道路突发事件通常包括:

(1)大范围的交通阻塞,如车辆故障所致的抛锚事故,行驶车辆上落下物品所致的突发事故,都可能引发大范围交通事故。

(2)恶劣天气,如大雨或大雾造成的能见度降低;异常路面条件如结冰等导致路面摩擦因数降低等。

(3)重特大交通事故,如在高速公路重要节点发生的重特大交通事故,可能引起更严重的交通事故以及交通阻塞。

(4)群体性事件,如集会、游行、示威、恐怖暴力活动等可能造成的交通异常。

(5)临时性交通管制、道路施工养护,使其所在路段形成瓶颈,造成交通阻塞。

(6)火灾、爆炸、危险品泄漏等事件。

(7)大型政治、经济活动的举办,如2008年的北京奥运会、2010年的上海世博会等都属于另一特殊交通事件活动。其间客流集中,交通压力大,也容易发生突发事故,事故的处置和客流的疏散也与一般情况不同。因此,必须建立相应的事件处置平台,以尽快生成应急方案,保证交通通行。

随着高速公路交通负荷迅速上涨,高速公路应急管理面临事件数量多、涉及范围广、协调难度大等诸多困难,建立高效的突发事件应急处置平台,能够适应复杂的应急管理主体间组织架构,使应急管理工作切实地与日常业务工作结合,实现"平战结合"。突发事件应急处置管理主要实现如下功能:

(1)实施对专业队伍、储备物资、救援装备、通信保障和医疗救护等应急资源的动态管理,为应急指挥调度提供保障。

(2)利用监测网络,掌握重大危险源、关键基础设施以及重要防护目标等空间分布和运行状况信息,进行动态监测,分析风险隐患,对可能发生的突发公共事件进行预测预警。

(3)实现突发事件信息的接报处理、跟踪反馈和情况综合等应急值守业务管理;接收上级部门下达的指挥协调指令,并按照统一格式,在事发时及时向有关部门报送特别重大、重大突发公共事件信息。

(4)突发事件发生后,通过汇总分析预测结果,结合事件进展情况,对事件影响范围、影响方式、持续时间和危害程度等后果进行综合研判。

(5)根据有关应急预案,利用对突发公共事件的研判结果,通过应急平台对有关法律法规、政策、安全技术要求以及处理类似事件的案例等进行智能检索和分析,并咨询专家意见,提供应对突发公共事件的指导流程和辅助决策方案。

(6)自动记录事件的应对过程,根据有关评价指标,对应急过程和能力进行综合评估。同时,可在应急平台上进行应急处置模拟演练,提高相关人员突发事件处置的能力和效率。

对于应急处置管理,从业务支撑层面定义了三类主要应急数据的支撑,包括应急预案体系、应急资源信息、应急机构信息。只有具备了这三类数据,才可以建设相对完备的应急处置信息平台,如果没有这些数据做支撑,建设的信息系统将无法发挥太多的实际作用。

6.3.2 体系架构

突发事件应急处置涉及的业务部门有高速公路管理中心、高速公路交警部门、高速公路路政部门、高速公路医疗部门、高速公路环保部门、高速公路消防部门等,各业务部门在突发事件应急管理中发挥不同的作用。各部门之间必须紧密配合,协调工作,才能有效降低事件的影响和损失。目前,在高速公路应急管理方面,各部门基本是独立工作,相互之间的协调和配合不密切,缺乏统一的指挥和协调调度,事件应急救援效率有待提高。跨部门跨区域路网监测与服务保障集成的根本目的之一,也是拟建立行之有效的跨部门事件协调指挥调度,保障高速公路的服务管理工作有效开展。

突发事件应急处置平台的体系框架如图 6-3 所示。

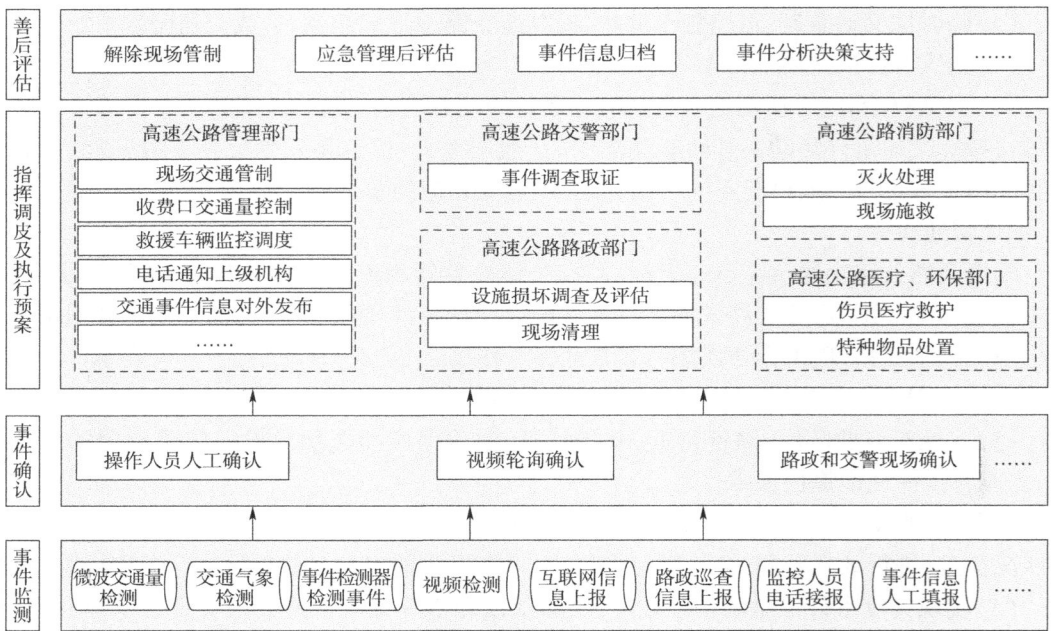

图 6-3　突发事件应急处置体系框架

1)事件监测

突发事件的来源主要依托于各类信息的实时监测,包括微波交通量检测、交通气象检测、事件检测器检测事件、视频检测、互联网信息上报、路政巡查信息上报、监控人员电话接报、事件信息人工填报等。事件监测是突发事件处置体系构建的基础。

2)事件确认

由于监测手段多种多样,特别是采取各类检测器实时监测的信息存在较多误差,事件确认是突发事件处置体系中不可或缺的关键环节。事件确认的方式主要包括操作人员人工确认、视频轮询确认、路政和交警现场确认等。

3)指挥调度及执行预案

指挥调度及执行预案是突发事件处置的核心环节。对于不同的机构,执行不同的功能。

对于高速公路管理部门,所执行的工作主要包括现场交通管制、收费口交通量控制、救援车辆监控调度、电话通知上级机构、交通事件信息对外发布等;对于高速公路交警部门,执行的工作主要是事件调查取证;对于高速公路路政部门,执行的主要工作包括设施损坏调查及评估、现场清理等;对于高速公路消防部门,执行的主要工作包括灭火处理、现场施救等;对于高速公路医疗、环保等部门,执行的主要工作包括伤员医疗救护、特种物品处置等。

4)善后评估

突发事件处置结束后还应进行的一项工作是善后评估。善后评估的内容包括解除交通管制、应急管理后评估、事件信息归档、事件分析决策支持等。

6.3.3　主要功能

突发事件应急处置平台主要基于应急预案管理与应急资源管理,实现应急事件的指挥调度和处置效果评估等功能,应急演练及辅助决策等扩展功能在很大程度上关系到应急管理的成败。突发事件应急处置平台的功能模块划分如图6-4所示。

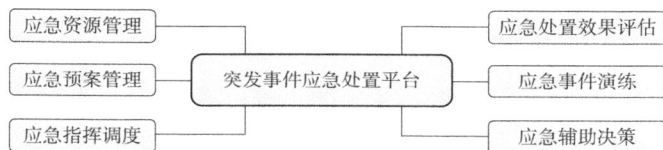

图6-4　突发事件应急处置平台功能模块划分

1)应急资源管理

应急资源管理实现对应急勤务保障中相关资源的管理,能够对机构、参与各方人员、抢险物资等应急事件调度过程中的应急资源信息进行维护,查询相关人员及车辆等应急物资的在岗情况及定位情况,并在应急调度过程中自动关联应急资源信息,迅速调动应急资源,快速处置。对交警、路政、医院、消防等外单位相关应急资源,通过接口实现调度功能。实现应急机构、人员、物资及救援队伍等的信息管理。

(1)应急人员管理。

应急人员管理主要实现道路抢险保通应急队伍,以及公路养护、大型专业机械操作、风险源检测分析等各方面专家、相关机构等信息的存储管理、更新和查询。主要包括应急人员与专家的增加、修改、删除、查询等功能。应急人员信息包括应急人员编号、应急人员姓名、所属机构名称/小组名称、职务、性别、出生日期、学历、专业、办公电话、传真、家庭地址、紧急联系人名称、紧急联系人电话、备注等信息。人员机构信息包括应急救援或保障队伍类型、人员组成、人员姓名、技术专长、管理单位、联系电话等。

应按事件的类别形式对专家人员进行组织和管理,包括各个部门的专家及专家的专业方向等相关数据信息。相关数据信息主要包括应急专家姓名、所属专业、技术专长、参与案例、联系电话等信息。

(2)应急机构管理。

应急机构管理不仅包括上级主管机构、执行机构,还包含指挥小组、临时指挥小组及临时事件指挥小组。对各级组织机构、临时指挥小组进行添加、修改、删除、查询等;实现各类应急救助队伍、公路养护队伍、公路工程队伍、交通清障队伍等所处位置信息的管理。同时，为了实现应急情况下与社会单位之间的应急联动，应实现应急协作单位相关机构信息的管理。应急机构信息包括应急机构编号、应急机构代码、应急机构名称、应急机构类型、应急机构地址、应急机构电话、应急机构传真等信息。

（3）应急物资管理。

应急物资管理主要实现公路重要安全生产和应急物资装备（运输工具、装备、应急物资等）储备和使用信息的汇总、更新和查询。实现跟踪和报告资源功能，可为事件管理者提供一幅资源储存地点的清晰画面，包括储备点布局、各物资储备数量、种类、状态等，有助于工作人员做好接收物资的准备，保证各项物资和设备的协调。物资装备数量低于系统初始设置的库存最低限制值时，系统可自动提醒管理人员制订物资设备采购计划。

物资管理包括各种应急运输可能用到的仪器、设备、装备等物资，主要信息包括物资名称、类型、应存数量、实存数量、存放位置、负责单位、负责人、联系方式等信息。车辆信息主要包括车辆的类型、号牌、核载、所属单位、驾驶员、联系方式、使用时间、当前位置、目前状态（正常、维修、报停、报废）等。

2）应急预案管理

建立以组织机构为基础、应急预案为依据的集应急流程设计、处置功能生成、流程监测为一体的数字化应急预案功能，实现应急预案的增、删、改、查及审查、发布等基本管理功能。

（1）数字化预案编辑。

根据高速公路应急预案进行数字化编辑，将处置流程通过预案生成处理形成配置流程，支持应急管理系统的处置。

（2）模拟检测。

预案生成后，可以通过模拟运行检测各部分运行的可行性、正确性，发现流程运行过程中的各种配置问题、逻辑问题。

（3）数字预案审批。

预案生成后需要经过预案审批方能进行发布，审批人具有模拟检测预案的权限，其检测无误后预案方可进行发布。

（4）预案发布。

通过审批的数字化应急预案按照既定的下发策略下发到系统中，下发策略包括下发平台、节点选择、下发后各节点属性匹配性检测、测试验证。

3）应急指挥调度

应急指挥调度通过智能化系统自动预警/报警、可视化应急过程监视、动态应急流程监控、应急辅助评价以及指挥调度、辅助决策、处置工作提示等功能模块实现高速公路应急处置全过程管理。利用基于公网建立的数字集群通信系统，实现路政人员、路政巡查车辆位置的准确定位和有效调度，并实时展示事故现场即时视频、事故周边状况、天气情况在监控中心软件界面。

（1）事件填报及启动。

事件填报功能实现事件启动所需的各类信息的填报或选择，包括事件发生的触发类型，事件的类型、时间、位置、描述或摘要、程度、处置流程(或快速流程),操作员等信息,其中触发时间、填报时间、操作员等信息系统自动填报。事件的填报分为通过系统自动触发和人工启动两类,其中人工启动也分为人工填报启动和系统辅助填报后人工启动两种。事件填报后即进行启动或关闭。

(2)调度方式选择。

事件启动后可进行调度方式的选择,调度方式选择分为启动预案、事件快速处置、人工处置三个选项。

①启动预案。

根据突发事件类别及突发事件级别,检索预案库,生成突发事件处置方案,实现预置流程的选择功能。当需要对外场设备进行控制时,如车道控制标志、限速标志、可变信息标志、有线广播等,系统可根据已经配置好的组合控制策略,启动该策略实现设备的自动控制。

②事件快速处置。

对于轻微事件,且事件未进行过流程上的预案设置,则也可实现快速处置。该选项提供一种简单的处置方式,即可根据具体事件情况修改该简化处置流程,并保存为配置文件供下次类似事件使用。

快速处置流程较为简化,一般包括"发现→确认→处置→结束",处置过程一般不需要其他部门参与,或通知较少的其他部门人员。

③人工处置。

人工处置主要针对事件不需要系统处置或者需要采用本系统之外的其他系统处置,采用人工处置主要填报一些人工处置的概要信息,留作记录之用。

4)应急处置效果评估

通过对应急处置过程信息的记录,利用应急处置过程中各岗位处置时间、具体岗位人员处置绩效、某一类事件平均处置时间等内容的查询和统计,实现对事件本身及其应急处置效果的分析和评估,主要包括:事件造成的人员、财产损失的评估;应急处置措施的后评估;事件处置过程的成本与费用核算;事件处置过程的奖励与责任追究等。

(1)事件分析评价。

事件分析评价主要针对各类交通事件、安全事件、火灾事件等的处置,通过统计事件发生时间(或某一处置过程的时间、结束时间)、类型、等级、损失情况(财产和人员)、决策人员(启动预案人员)、处置时间长度、处置过程涉及的部门(或人员)、设施设备及各类应急资源的类型、状态(正常、故障、维修)、位置、人员姓名、岗位、工作年限、岗位年限、处置事件数量(事件可分级别)、处置事件的平均时间(可选定某一特殊事件)等各种数据,按照一定统计周期进行评测,如某一响应环节的平均处置时间、参与人数、资源利用情况等。

(2)人员分析评价。

根据部门、岗位、人员统计日常监控及应急处置的统计事件发生时间(或某一处置过程的时间、结束时间)、类型、等级、损失情况(财产和人员)、决策人员(启动预案人员)、处置时间长度、处置过程涉及的部门(或人员)、设施设备及各类应急资源的类型、状态(正常、故障、维修)、位置、人员姓名、岗位、工作年限、岗位年限、处置事件数量(事件可分级别)、处置事件的平均时间(可选定某一特殊事件)等各种数据,按照一定统计周期进行评测,如相应时间统计、事件处置数量统计等。

(3)工作绩效分析。

该功能与人员分析评价功能类似,主要从人员工作绩效角度出发,按人员情况统计人员工作的能力水平(通过人员在事件处置过程中的效率、及时性、正确性等指标反映)、工作量(事件处置数量、任务完成数量)情况。

(4)系统故障分析。

该功能实现所有设备故障数据的统计分析,具体包括设备类型、品牌、位置、故障发现时间、维护时间、故障类型等信息的统计。

(5)应急过程记录与回放。

系统记录系统应急调度的全过程,包括各指令、时间、结果等,生成应急处理报告,可对应急调度事件进行回放。

5)应急事件演练

尽管突发事件具有随机性和非常规性等特征,但各类突发事件的发生过程及其自身的规律和特点,其情景是可以模拟和假设的。应急演练就是假设和模拟突发事件发生的场景,通过演练的方案设计和事件模拟处置,以开放式演习方式替代传统表演性演习方式,通过对各类灾害数值模拟、重大事故模拟和人员行为数值模拟的仿真,在虚拟空间中最大限度模拟真实情况的发生、发展过程,以及人们在灾害环境中可能作出的各种反应。系统可以训练各种预案、各级决策与指挥人员、事故处置人员;发现应急处置过程中存在的问题;检验和评估应急预案的可操作性和实用性;加强各部门协调能力和应急能力,使应急演练科学化、智能化。

6)应急辅助决策

应急辅助决策支持功能是在应急处置过程中辅助操作人员进行处置的功能。通过建立知识库、模型库,为在应急处置过程中提供历史事件处置情况,相关应急事件处置要求、标准、案例等信息检索,或计算模型推演辅助决策的支撑手段,实现突发事件跟踪、突发事件态势分析以及应急方案生成等功能。应急辅助决策可为以后事件的发生和处理提供经验型决策支持。

6.4　路网运行分析平台

6.4.1　概述

路网运行分析平台主要通过接入的交通流检测设备、视频摄像机、路面状况检测设备、能见度检测设备等数据,实现高速公路交通运行状况的综合评估;基于交通态势推演模型,实现异常交通事件对交通流时空影响范围的确定;通过合理的阈值设置,对可能或将要发生突发事件的情况进行及时预警,在此基础上,针对不同的预警级别,通过合理的分析,采取有效措施,实现日常运行管理和协调调度。

6.4.2 主要功能

路网运行分析平台,重点实现基于计算机视觉的运动目标智能分析、基于深度学习的交通状态判别与预测、多源传感器数据的交叉分析与预警、公路网事件相关分析、公路网运行综合指标分析等。

路网运行分析平台的模块划分如图 6-5 所示。

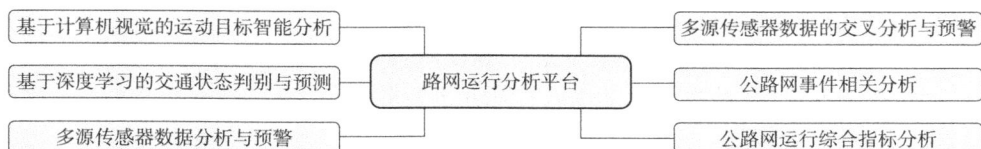

图 6-5 路网运行分析平台模块划分

1)基于计算机视觉的运动目标智能分析

目前,越来越多的高速公路实现了全程视频监控,视频数据成为最常用、最直观也最易于获取的数据,能够提供过去或实时的、动态的现实场景信息,是传感器网络数据的重要组成部分。计算机视觉领域技术的发展为高速公路视频数据提供了更广阔的应用前景,例如图像处理与分析、目标检测与跟踪、内容理解与检索、三维重建等。

传统的高速公路视频监控系统主要是利用计算机视觉对车辆速度、车辆数目、车辆分类以及道路事件进行检测,对道路进行宏观的监控。首先是对车辆和行人进行跟踪和分割,其次是对车流量进行分析和计算,并且计算车辆的平均速度和道路上车辆的队列长度,最后根据以上信息评判道路交通状况。

近年来,伴随着摄像机设备的发展以及深度学习、人工智能等技术的成熟,智能交通对计算机视觉技术在交通领域的应用提出了更高的要求。高清摄像机的布设提供了更多画面细节,使图片和视频的辨识度更高;人工智能芯片的发展使越来越多的厂家将芯片植入摄像机内部,使智能化的分析在前端就可以完成,极大提高了图片和视频的分析效率;深度学习、人工智能技术的日渐成熟为计算机视觉的发展提供了重要的基础支撑。以上这些条件,使计算机视觉在交通领域实现更深层次、更精细化的发展提供了可能。

采用基于计算机视觉的运动目标智能分析技术可充分发挥现有技术的优势,同时克服现有计算机视觉技术在背景复杂、光线变化、尺度旋转等情况下存在的抗动能力差、鲁棒性低的问题。利用去噪自编码神经网络构造车辆特征识别与跟踪算法,通过稀释各属性之间的相关性和约束性,来增强算法的鲁棒性,提高信息表达的全面性和准确性。最终实现在场景光照剧烈变化、车辆发生遮挡、三维旋转、尺度变化及快速移动等较强干扰下,能够对车辆特征及轨迹进行较准确的识别。

快速、准确的车辆特征识别在高速公路运管过程中有着非常重要的意义与应用前景,是进行图像智能化分析的底层保障。通过对视频/图片的实时分析,在车辆特征识别的基础上,将实现车辆对比分析、道路状态评估、偷逃费稽查、套牌车识别、重点车辆轨迹跟踪等功能,提升计算机视觉技术在智能交通领域的应用。

2）基于深度学习的交通状态判别与预警

现代高速公路的信息采集手段日渐丰富，从传统的线圈检测器、微波检测器、气象检测器、视频检测器，到新型 DSRC 检测器、雷达事件检测器等，这些设备为高速公路信息系统提供了丰富的数据基础。然而，面对高速公路交通流表现出随机性、复杂性和不确定性，传统数据分析方法往往具有特定的模型结构，难以满足处理不同类型数据的需求，在交通状态判别与预测方面无法获得良好的准确率。此外，数据缺失和噪声干扰在一定程度上降低了数据的质量，这对交通数据分析方法提出了更高的要求。

深度学习数据挖掘、人工智能和模式识别等领域具有天然的优势，它不受固定模型结构的限制，以数据为驱动，从数据中自动提取特征并进行分析，利用数据不断改善自身性能，表现出良好的准确性和适用性。采用基于深度学习的交通状态判别与预测技术，以改善交通状态判别与预测效果为研究目标，可在分析交通数据特征的基础上，通过深度学习等先进方法，深入挖掘丰富的交通信息。

研究交通运行状态与相关属性的关联性，多角度、多维度综合分析影响交通流的特征向量。通过归纳交通流参数、路面状态参数、环境状态等基础数据，结合量化的节假日等特殊时段数据，采用深度学习的自编码网络方法从无标签数据集中学习获取可表征数据深层特征的隐层参数并生成新特征集，并对有标签的新特征集进行学习生成预测分类器，可构建基于深度学习的交通状态判别与预测模型。

3）多源传感器数据分析与预警

高速公路视频事件自动检测是高速公路管理单位常用的技术手段之一。及时检测到交通事件并采取相应措施，不仅能够有效减少事件引发的交通拥挤，而且可以降低二次事件发生的概率，最大限度地减小生命和财产损失。准确的交通状态预测能够帮助交通管理者预防交通拥挤的发生，而不是在拥挤发生后再采取措施。然而，由于摄像机分辨率、事件检测算法、能见度等原因，视频事件检测器始终存在较高的误报率及漏报率。本项目提出的多源传感器数据的交叉分析与预警技术将视频事件检测器采集的信息与交通流数据、气象数据、路边状况等数据相结合，形成多源数据的交叉分析，以提高交通事件检测及预测的准确率。

利用成熟的自动监测装备，如感应式线圈、微波车辆检测器、视频监控设备、固定式路侧气象站等，实时采集交通流量、平均车速、交通流密度、车道占有率等交通流关键参数和能见度、降雨量、道路表面状态等交通气象要素，对可能发生的交通事件进行风险状态的辨识与评估；对已确认发生的交通事件进行事件持续时间预测，使道路管理者正确评估事件对道路交通的影响，采取更为合理的处置措施；并通过路侧可变信息标志、可变限速标志、隧道智能卡口等实时预警设备，面向交通流发布实时风险预警提示和交通控制信息。同时，针对高风险路段易发生的车-车或车-道路设施相撞情形，开发隐患短临预警模块，构建面向车辆的风险监测与预警系统，实现短临预警信息的实时发布，降低重特大事故发生的可能性。

4）实时路况分析

以沿线互通立交控制节点/分界点，将高速公路划分成若干路段，如果互通立交间的交通检测器较多（如大于 2），可对路段进行进一步划分。总体划分原则是：一是以立交为分界点（如果有 2 个检测器，需要对数据进行加权处理）；二是立交间如果检测器大于 2 个，则对路段进一步细分,细分路段的边界为两相邻检测器的中点。

利用交通检测器采集的实时交通流量、车速、占有率参数值,合理设定参数阈值及运算规则,将交通运行状态划分为顺畅、拥挤和阻塞等状态,分别用不同的颜色来表征路段的通行状态,如表6-1所示。

拥挤度等级划分标准 表6-1

路段拥挤度等级	级别描述	划分标准	对应运营风险等级
		速度(km/h)	
A	畅通	>80	五级
B	基本畅通	60~80	四级
C	一般	40~60	三级
D	拥挤	20~40	二级
E	堵塞	<20	一级

5)事件影响分析

本功能实现对应急事件动态变化评估与预测功能。主要包括两个方面:一是事件影响持续时间预测;二是事件影响范围预测。

(1)事件影响持续时间(预测)。

事故事件较难预测,受交通、救援、事故严重性本身等诸多因素影响,能够预测的仅是少数情况,如车流量大造成交通拥堵事件(两种情况中,一种交通需求大于通行能力,造成车辆行驶缓慢;另一种是受恶劣天气影响,道路实际通行能力下降,造成交通延误)。

(2)事件影响范围预测。

划分为天气类交通事件影响范围和非天气类交通事件影响范围的预测,设置合理的算法执行预测并输出结果。

6)公路网运行综合指标分析

按照《公路网运行监测与服务暂行技术要求》中的指标定义和计算方法,计算中断率、拥挤度、环境指数、节点通阻度、设施健康状况、突发事件等级、服务区质量等级等单项指标,并进一步计算运输通道综合运行指数 C 和公路网运行综合指数 N。

两项综合指标分别用于描述通道整体运行状况和公路网整体运行状况,均采用上述7个单项指标的综合评估结果进行表征,可按设定的时间间隔动态更新显示指标计算结果。

6.5　出行信息服务平台

6.5.1　概述

为满足社会民众日益增长的出行需求,高速公路运营单位通过出行信息服务平台向社会公众提供高速公路运行状态信息、交通突发事件信息、道路施工养护信息、交通管制等动态信息,同时向社会公众提供服务区、加油站等道路沿线设施查询、事故点预警、报警电话查询、收费信息查询、抓拍点查询以及天气情况、旅游信息等静态信息。出行信息服务平台对出行信息的发布方式、发布内容、发布范围、发布时间、发布优先级以及发布流程进行管理和规范，并为可变信息标志、服务区智能终端、微博、微信、交通信息服务 App 等提供统一的高速公路出行信息发布渠道。高速公路出行信息服务平台可实现公众出行前及出行中及时、便捷地获取相关信息，提高公众出行的可靠性、安全性，同时提高相关高速公路管理机构的服务水平。

出行信息服务平台直接与社会公众进行交互，是智慧交通贴近生活的热点领域之一。它利用先进的通信、电子、多媒体、计算机网络等技术，使出行者(包括驾驶员和乘客)从出行前、出行中乃至出行后的整个旅行过程中，能够随时获取道路交通状况、出行时间、最佳出行路线方式、所需通行费等信息，指导出行者选择合适的交通方式和路径，以最高的效率和最佳的方式完成出行。在物联网、移动互联网时代，出行者信息服务支持多途径、科学便捷的信息交互方式，及时将个性化的信息服务传递给交通出行者，以提高出行的机动性、方便性及安全性，最终提高交通运输系统的社会效益和经济效益。

出行信息服务平台可在为公众提供交通信息服务的同时，为政府管理部门的交通管理业务提供决策支持，并形成持续长效的交通信息服务与交通管理应用平台。系统直接带来的社会效益主要表现为缓解道路交通拥挤、减少交通事故、提高对交通事故的反应能力，从而减少交通事故的损失、降低车辆行驶的噪声和空气污染、降低出行成本、减少出行时间、提高车辆利用效率等；间接带来的社会效益主要表现为提高道路的通行能力、满足交通参与者的出行需求、提高交通管理水平和运行效率、增加群众对交通系统的满意度等。出行信息服务平台带来的经济效益主要体现在缩短交通时间和距离，缓解交通拥堵，使个人的出行成本及交通整体运行成本更加经济；此外，不断丰富的交通信息服务及其延伸服务，带动了信息消费、汽车消费、餐饮消费等，增强了城市经济活力。

出行信息服务平台按照出行的目的可以划分为通勤、旅游、探亲、娱乐、务工、其他等；按照出行服务的对象可以划分为出行前、出行中、出行后等；按照服务的内容可以包括交通基础信息服务、路况信息服务、应急处置服务等；按照服务方式可以划分为出行服务网、呼叫中心、可变信息标志、交通广播、移动终端等。出行信息服务平台如图 6-6 所示。

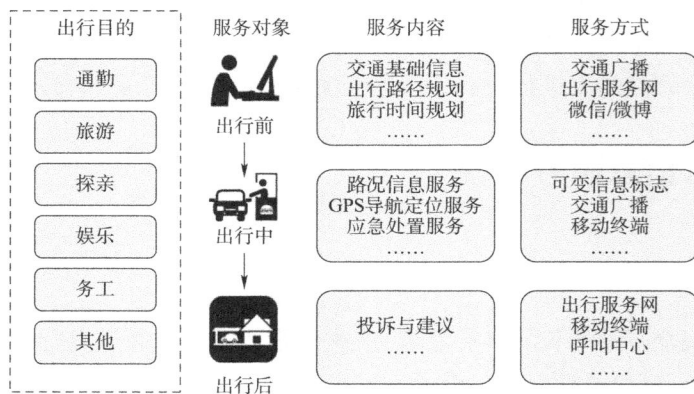

图 6-6　出行信息服务平台构成

6.5.2 体系架构

出行信息服务平台体系采取分层架构实现,主要包括数据采集层、信息服务层、信息发布层、用户层等,如图6-7所示。

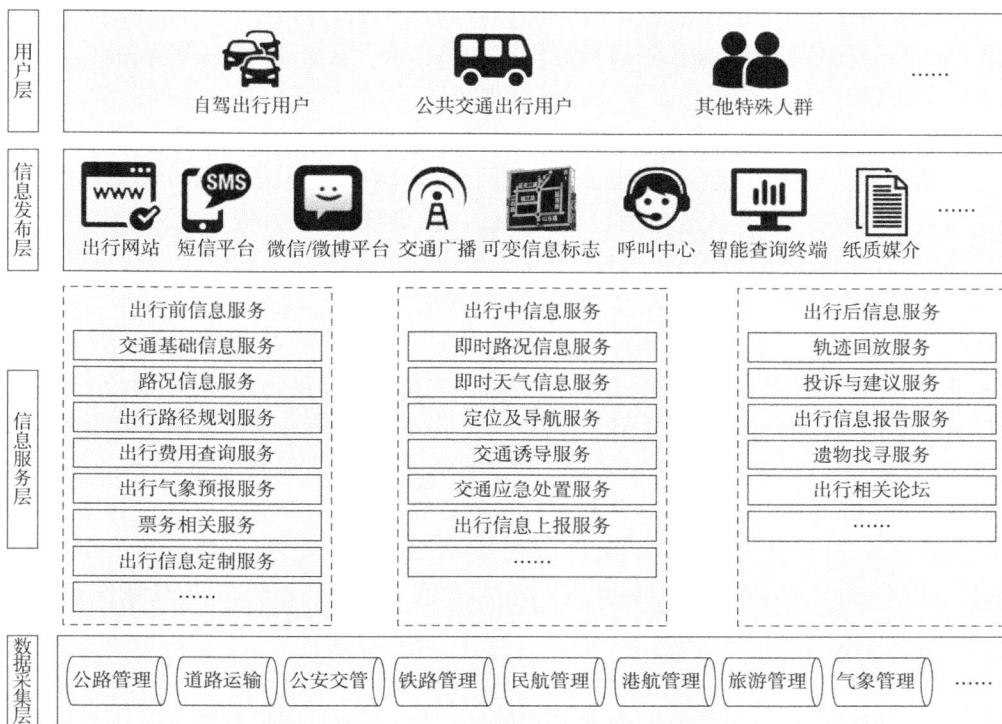

图6-7 出行信息服务体系架构

1)数据采集层

数据采集层阐述了出行信息服务平台的数据来源,主要包括公路管理数据、道路运输数据、公安交管数据、铁路管理数据、民航管理数据、港航管理数据、旅游管理数据、气象管理数据等。

2)信息服务层

信息服务层按照出行服务的对象可以划分为出行前信息服务、出行中信息服务、出行后信息服务等。其中,出行前信息服务的内容包括交通基础信息服务、路况信息服务、出行路径规划服务、出行费用查询服务、出行气象预报服务、票务相关服务、出行信息定制服务等;出行中信息服务的内容包括即时路况信息服务、即时天气信息服务、定位及导航服务、交通诱导服务、交通应急处置服务、出行信息上报服务等;出行后信息服务包括轨迹回放服务、投诉与建议服务、出行信息报告服务、遗物找寻服务、出行相关论坛等。

3)信息发布层

信息发布层主要阐述信息发布的相关介质。对于高速公路出行而言,涉及的信息发布介质包括出行网站、短信平台、微信/微博平台、交通广播、可变信息标志、呼叫中心、智能查询终端、纸质媒介等。

4）用户层

出行信息服务平台的用户包括自驾出行用户、公共交通出行用户以及其他特殊人群。

自驾出行用户拥有自己的驾驶工具，可以自由选择出行时间和出行路径，他们根据不同的出行目的对出行时间、出行路径、出行成本有较高的要求。他们最关心的信息包括：道路条件和即时路况（道路走向、路径里程长短，是否拥堵，是否有交通管制，限速要求，是否有施工占道情况，出行路径上是否为高速公路或其他道路，途中是否有突发事件影响，道路拥堵或阻断应如何绕行等）；道路气象（是否会受到雨、雪、风、霜、雾、路面结冰等气候条件影响）；出行路径相关服务信息（包括服务区、加油站、车辆维修救援、住宿、餐饮和旅游服务等）；出行成本信息（包括高速公路通行费标准、沿途加油住宿等消费标准，影响到路径选择的高速公路出入口收费信息等）。另外，驾驶货车出行的除最关注的通行费信息外，还比较关注出行路径桥梁或特殊路段的限高、限载、限行等交通管制信息。

公共交通出行者是指乘坐道路客运车辆（长途车、短途班车、旅游车等）的出行者。其可以自由选择自己要乘坐的交通工具，但由于不同公共交通工具的特点不同，出行者根据不同的出行目的对出行时间、出行方式、出行路径的选择不太灵活。由于公共交通是服务型行业，出行者对乘坐特点、时刻表、票价票制、失物招领信息的需求是共性的。

特殊人群是指老弱病残孕出行者及外籍出行者等，该类人群除了应提供普通人出行的一般服务信息外，还应该提供无障碍设施信息、无障碍通道信息、无障碍出租汽车等相关信息，以及在网站或固定信息终端上实现文字放大、中英文转换等功能，以方便特殊人群出行。

6.5.3 主要功能

出行信息服务平台通过接入的相关业务数据，通过系统自动审核或人工审核之后将以下交通客观情况发布给社会公众。出行信息服务平台的功能模块主要由四部分组成：交通信息服务管理、多渠道信息发布、车辆实时导航、交通流诱导等。出行信息服务平台功能架构如图 6-8 所示。

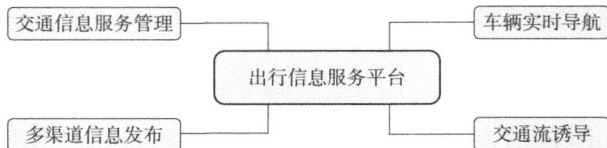

图 6-8　出行信息服务平台功能架构

1）交通信息服务管理

交通信息服务管理主要实现出行信息服务平台中所涉及的所有数据的内容服务管理。交通信息服务管理的内容包括：

（1）交通基础信息：向道路出行者提供如道路线形、收费站、服务区、桥梁、隧道、纵坡、路宽等交通基础信息。提供的方式可以是视觉（例如车载液晶屏）的，也可以是听觉（例如车内语音系统接收等）的，由于驾驶员在驾驶过程中要观察道路情况，因此采用语音效果比较好。

（2）环境气象信息：交通管理部门通过道路沿线设置的气象站、能见度检测器、摄像机等，检测并采集路面破损、潮湿、积雪等路面状况以及能见度等信息，向出行者提供环境气象信息，可较大概率地减少交通事故的发生。

（3）道路灾害信息：向出行者提供有关突发洪水、泥石流等淹没冲毁道路等的灾害信息，并根据灾害情况选择相应的控制方案，提供给驾驶员以方便其出行。

（4）路网条件信息：主要指道路内某段发生的交通事故、交通中断、交通阻塞等实时信息以及针对路段的交通管制信息，为其他路段的车辆选择路径提供参考。

（5）行驶路线导航信息：出行者往往系统对道路情况全面掌控，地理信息数据较好地实现了此功能，可提供给出行者合适的出行方案。路线导航将为驾驶员指示抵达目的地的行驶路线和方向。

除以上内容外，旅游信息、票务信息、通行费信息等也都是出行信息服务的内容，在此不一一介绍。交通信息服务管理整合应用所有相关数据信息，制作各类主题信息服务，为多渠道的信息发布提供后台内容管理。

2）多渠道信息发布

前文已经提到，出行信息发布的介质包括出行网站、短信平台、微信/微博平台、交通广播、可变信息标志、呼叫中心、智能查询终端、纸质媒介等。下面简单介绍其中的几种。

（1）出行网站：目前，各省级交通管理机构基本都建设了省（自治区、直辖市）内的出行信息服务网，即通过网站的方式将实时道路运行状况、实时天气、相关旅游目的地等出行相关的信息在网站上进行发布。

（2）呼叫中心：呼叫中心是交通管理部门提供的应急值班呼叫服务系统，提供出行咨询、紧急救援等一系列服务。用户通过拨打服务热线的方式来满足出行所需要的交通信息查询，也可为用户提供电话投诉、维修救援等相关服务。系统通过电话转接方式对公众出行过程中出现的紧急救援、车辆抢修、突发事件等情况进行快速有效的业务联动和协调处理。

（3）微信/微博：微信/微博是当下最为流行的互联网出行信息服务方式，其主要基于3G/4G/Wi-Fi等移动互联网，采取微信、微博关注的方式获取实时交通信息。它可以便捷地以文字、图片、视频等方式实时获得交通状况信息，并给出出行指导，互联网出行信息服务的兴起，大大提高了人们获取信息服务的实时性及便捷性，有效地解决了出行难等问题。

（4）可变信息标志：可变信息标志作为高速公路较为传统的信息发布方式，一直有效地存在。可变信息标志是动态标识板的一种，通常在道路口、关键路段、大桥、高架桥等设施之上。建立醒目的可变信息标志，用于指示驾驶员行车路线，及时提供最及时准备的信息。可变信息标志是高速公路最重要的信息发布渠道之一。

（5）交通广播：中国高速公路交通广播是由交通运输部和中央人民广播电台联合打造的国家级交通广播。中国高速公路交通广播按照"平时服务、突发应急"的原则进行建设，是国家应急广播体系的重要组成部分。在日常状态下，中国高速公路交通广播为行驶在高速公路上的驾驶员、乘客提供实时路况、天气、资讯、娱乐等信息服务。除了传统广播媒体基本功能外，还具有紧急广播和数据推送功能，可以实现基于位置的智能差异化交通信息服务，全面提升现有公路网络的信息服务水平和效率，提高应对公路突发事件和应急处置能力。中国高速公路交通广播致力于为人们便捷、轻松出行服务,成为交通行业和广电行业跨行业合作打造的服务品牌。

3)车辆实时导航

随着通信技术、网络技术的快速发展,车辆导航技术正逐步向动态网络导航演进。基于实时交通信息的动态导航服务已成为世界规模的热点研究课题,各国学术界和企业界开展了许多研究与应用实践工作。在日本、欧洲、美国等一些发达国家,已经建立起实时交通信息的发布系统,如日本的 VICS、欧洲的 TMC 等。

车辆实时导航是出行信息服务平台的重要组成部分。该系统应用地理信息系统技术、运用 GPS 定位技术等进行车辆定位,结合不同程度的实时交通信息来确定最优行驶路线,为出行者提供静态的或动态的最优出行路线信息,并在出行过程中以合适的方式(如语音服务)为驾驶员提供分步骤的路线指引。

4)交通流诱导

交通流诱导是通过 GIS、GPS、导航和现代无线通信等技术的集成,有效地引导车辆运行,减少车辆旅行时间,并最终实现交通量在整个路网中均衡分配的手段。交通流诱导主要表现在以下两个方面:

(1)为驾驶员提供实时的路线引导,从而避免迷路和错误驾驶,并降低交通事故率。

(2)根据用户出行的目的,向其提供优化的路线信息,从而极大地方便出行者。

交通流诱导主要通过对机动车辆进行诱导以及为出行者提供出行参考信息,来实现在控制范围内的最优交通流分布以及机动车辆的最优行驶路线规划为目的的动态路径诱导系统。它通过交通管理系统全面掌握道路网的实时交通状况,以实时动态交通分配及交通流预测理论为基础,为出行者提供到达目的地的最优路线,从而使道路网的交通流分布趋向最优。

6.6 相关专题扩展应用平台

1)重大节假日免费通行数据报送系统

该系统通过各地实际上报信息,实现重大节假日期间及前后几天省域所辖干线公路交通流量、小客车免费及收费信息等相关数据的采集,主要包括重要运输通道、重点旅游景区高速公路、普通公路的收费站出、入口日车辆总数等数据,以及北京、上海、广州、天津、重庆、南京、杭州、武汉、西安、成都等城市出、入境日车辆总数等数据。系统采用 B/S 系统架构,提供信息填报、信息查询、统计分析、系统管理等功能。

2)公路气象预报预警系统

公路气象预报预警系统依托科研项目研发并沿用至今,通过与中国气象局定期交换气象信息并导入叠加至系统进行处理,目前已开展公路气象预报、重大公路气象预警、节假日公路气象趋势预报,以及面向重大气象灾害时的公路气象灾情专报等服务。每日或不定期可以生成公路气象预报预警报告。

3)国家公路网综合养护管理系统

国家公路网综合养护管理系统主要包括"一个基础数据库""一个可视化平台""五个应

用系统"。

一个基础数据库是公路全资产数据库及数据集成，实现了管理国家公路网各类数据，包括公路路线、路面、桥隧构造物等，数据范围涵盖国家公路网各等级公路的属性数据、历史数据、路况数据、交通数据、决策数据等。

一个可视化平台是公路综合养护展示平台，可视化展示公路主要资产的基础属性、检测数据、评价数据、决策数据、养护历史数据、预警数据等公路养护管理需要的各类信息。

五个应用系统包括：公路养护投资决策系统主要是通过对路面、桥梁、隧道等主要公路资产养护资金需求分析及养护资金优化分配，实现国家公路网养护投资的科学决策；公路路面管理系统以国家公路网路况抽检管理为基础，结合通过数据库及数据集成系统获取信息开展路面技术状况评价、路面长期性能预测等分析；公路桥梁管理系统以国家公路网重点桥梁监测管理为基础，结合通过数据库及数据集成系统获取信息开展桥梁技术状况评价、桥梁养护需求分析等分析；公路隧道管理系统以国家公路网重点隧道监测管理为基础，结合通过数据库及数据集成系统获取信息开展隧道技术状况评价、隧道养护需求等分析；公路长大桥隧健康监测系统将统一汇总接入已建成的部分省级或省级以下的长大桥隧健康监测系统。

第7章 综合交通运输衔接技术

7.1 综合交通运输体系

7.1.1 综合运输体系背景介绍

随着经济全球化和科学技术迅速发展,作为社会经济系统运行支撑体系之一的交通运输系统也日益错综复杂,其突出表现是运输需求更加瞬息万变,运输市场的供给需求矛盾更加激烈,运输问题日益严重。各种交通运输方式在实现现代化的进程中,综合交通运输系统的容量大大扩展,运输服务质量和运输能力提高的同时,又付出了大量的投资和代价,各种运输方式间的竞争加剧,运输资源占有越来越庞大,系统运行成本不断提高,同时受资源和环境的影响十分明显。因此,建设满足需要和完善的综合交通运输系统,实现交通运输可持续发展不仅是社会经济发展的要求,而且是交通运输部门和顾客共同关注的重要问题。建立在铁路、公路、水运、航空和管道五种运输方式基础上的综合交通运输系统是依据运输发展需要和运输生产过程组织的特点逐步形成的,它强调运输资源的有效利用和运输方式之间的衔接,立足于国家对运输资源在各运输方式之间的合理配置,立足于完善客货运输过程的运输服务,立足于各运输方式间旅客运输实现"零距离换乘",立足于货物运输实现"无缝中转"。无疑,综合交通运输系统的构建、发展及相关问题,已成为包括交通运输工程学在内的多学科研究重点。

7.1.2 综合交通运输体系概念

交通运输是国民经济中基础性、先导性、战略性产业,是重要的服务性行业。

从交通运输发展历史角度来看,交通运输方式分为基本运输方式、高级运输方式两种。

1)基本运输方式

基本运输方式是指利用专属的基础设施和运输工具通过相应的组织管理手段完成人和物位移活动的运输方式。例如,在公路上利用汽车运送客货的运输方式称为公路运输方式;在人工铺设的铁路上利用机车牵引车辆运送客货的运输方式称为铁路运输方式;通过河湖江海等水路利用船舶在各港口之间运送客货的运输方式称为水路运输方式;使用航空器通过规定的空域航路在各机场之间运送客货的运输方式称为航空运输方式;在泵站储仓之间利用管道输送货物的运输方式称为管道运输方式等。这些基本运输方式都必须建立各自专属的基础设施,并且利用其专门的运输工具,通过相应的组织管理手段,在且仅在自己的基础设施上运行。因此,基本运输方式具有三大要素:专属的基础设施、专属的运输工具及相应的组织管理手段。

2)高级运输方式

高级运输方式是指整合两种以上的基本运输方式资源,依托基本运输方式的基础设施,利用原有的或新的运输工具和技术装备,以一票到底的运输组织形式,提供更高效率的客货全程无缝衔接运输服务的运输方式。高级运输方式是在基本运输方式发展相对成熟的基础上,通过对两种以上基本运输方式资源的整合创新而产生的。高级运输方式没有也无须建设自己专属的基础设施,但必须利用两种以上基本运输方式的基础设施;使用基本运输方式的运输工具或者自己专属的运输工具和装备(例如标准集装箱、公铁两用的铁路拖车等);运用全新的独特的运输组织管理手段来完成客货的位移活动,如北美地区的集装箱多式联运和欧洲的货物一体化运输完全具备高级运输方式的特征,是目前最典型的也是在欧美发达国家和地区应用最广泛的高级运输方式。

从体系建设角度,对应于交通运输方式,交通运输体系分为传统运输体系和现代综合交通运输体系。

传统的运输体系由铁路、公路、水路、航空和管道等基本运输方式组成。由于各种基本运输方式仅仅注重自成系统的发展而忽略相互间的联系,致使传统的运输体系内部结构松散,基本要素之间关联度弱小,整体功能缺失。所以说,传统的运输体系仅仅是各种基本运输方式的集合体,而不是一个有机整体。

现代综合交通运输体系是由基本运输方式(铁路、公路、水路、航空、管道等)与高级运输方式(多式联运、一体化运输等)的一种或几种共同组成的一个各运输方式相互关联(分工、合作、竞争)、整体运行高效、服务优质、资源节约和环境友好的交通运输有机整体。综合交通运输体系需要综合利用并发展各种运输方式,实现多层次衔接,以逐步形成一个技术先进、网络布局和运输结构合理的交通运输体系。

7.1.3　综合交通运输体系构成

综合运输体系由综合交通运输装备、综合交通运输网络、综合交通运输枢纽、综合交通运输的组织管理系统四部分构成。

1)综合交通运输装备

综合交通运输装备主要由固定设备和移动设备两部分组成。只有这两部分在综合运输能力的范围内协调配合,才能形成优化的综合运输能力。

(1)固定设备。

固定设备包括各种运输方式的线路、港站的土木建筑及其相关的技术设备,包括铁路及公路的线路、航道、管道、桥梁隧道、车站、港口码头、船闸、客货运设施、航空港、机场、管路、油气泵站、客货运设施以及相关的通信信号与控制等设备,以及连接各种运输方式,实现运输方式转换的旅客换乘或货物换装枢纽。

(2)移动设备。

运输系统的特点是使用机械动力驱动载运工具在线路上(包括铁路线、公路、航道与空中航线等)运送人员和物资,这些动力装置和运载工具称为移动设备,包括铁路的机动车辆、公路的汽车、城市的电车、水上的船舶。为发展综合运输系统,除了有固定设备外,还必须有相应的移动设备,特别是能够快捷方便地实现运输方式转换的货物运输的标准化载体,才能保证运输功能的实现。

2)综合交通运输网络

综合交通运输网络是在一定空间范围(国家或地区)内由几种运输方式的线路和枢纽等固定技术装备组成的综合体。综合交通运输网络是运输生产的主要物质基础,其空间分布、通过能力和技术装备体现了整个运输系统的状况与水平,在运输业发展中占有重要地位。

(1)运输线路。

根据综合交通运输网同国民经济和生产力地域组合的关系,可将组成国家综合交通运输网的各种交通线路,按照以下功能结构进行建设:

①骨干线路(主干线路)。

骨干线路是国家综合运输网的骨干和大动脉,它把全国主要工矿区、大城市、重要海港和主要粮食和商品、农产品基地联系起来,把各个大经济区、省(自治区、直辖市)连成一个有机的整体,骨干线路最明显地体现着这种物质基础的作用。

②开发线路。

开发线路是骨干线路向边疆地区和新开发区的延伸,这种线路对开发资源、改变原来生产力分布的不平衡性有重大意义,在国民经济中起先行作用。

③腹地线路。

腹地线路是分布在广大农村和工矿区内部的交通线,一般呈网状分布,像微血管一样分布于全国各地区。腹地线路一般为二级以下公路和小河航线,在城市工矿区有时也采用铁路和高级公路。

④企业专用线路。

企业专用线路是为工矿企业和乡镇、大型农场内部生产服务的交通线,既构成企业内部的生产线,又像微血管一样和企业外部的运输系统连通起来。

(2)综合交通运输网的层次结构。

综合交通运输系统的空间布局形成典型的网络结构,各种运输方式的线路、航道、道路、航线构成网络的边,这些边的端点及交叉点,如交叉口、车站、码头、机场和交通枢纽构成交通运输网络的节点。

各子系统内部也是由线路、道路、运输服务设施及库场站台、出入口等组成的复杂的网络子系统,这是区域、城市及各种运输方式共同具有的网络结构特点。综合交通运输网有其层次结构,交通运输网络的层次性是根据地理条件、行政区划分、交通设施等状况确定的,根据我国的具体情况,交通运输网络分国家级、省级及地县级三个层次。

3)综合交通运输枢纽

运输枢纽是在两条或两条以上运输线路的交汇、衔接处形成的,具备运输组织、中转、装卸、仓储、信息服务及其他辅助服务功能的综合性设施。服务于同一种运输方式的叫作单式运输枢纽,服务于两种或两种以上运输方式的叫作复式运输枢纽。运输枢纽集中了大交通

运输系统的多种运输方式,其基本功能是将一个或几个方向的客货流分送到另一个或几个方向,具体体现在以下方面:

(1)运输枢纽是多种运输方式的交汇点,是客货流中转、换乘、换装与集散的地点,是各种运输方式衔接和联运的主要基地。

(2)运输枢纽是同一种运输方式多条干线相互衔接,进行客货中转及对营运车辆、船舶等进行技术作业和调度的重要基地。

(3)提供满足多样化需求的各种运输服务与增值服务。从旅客到达枢纽到离开枢纽的一段时间内,为旅客提供舒适的候车(船、机)环境(包括饮食服务)提供货物堆放、存储场所,办理运输手续、货物称重、路线选择、路单填写和收费,旅客购票、检票,运输工具的停放、技术维护和调度。

4)综合交通运输的组织管理系统

综合交通运输的组织管理既包括各运输方式自身的管理体系,还包括综合的管理机制,且需要两者间以责、权、利统一的经济权责制为基础,通过分析各运输方式的组织管理情况和结合部的组织管理和运输协作问题,建立高效率的、相互衔接的、灵活运转的综合交通运输系统的组织管理体系,从而可以更好地发挥综合交通运输系统管理组织职能,提高综合交通运输系统管理效率和管理水平。

交通运输的首要组织管理任务就是迅速、快捷、准确地处理运输生产经济活动中的问题,通过各种手段和措施去组织交通运输系统的活动,协调各方面关系,以实现管理目标,执行管理决策,完成运输计划和任务,促进交通运输生产活动的正常运转。因此,综合交通运输方式的组织管理首先需要各种运输方式根据自己的情况,遵循各自的组织管理形式。

其次,重点解决综合交通运输中结合部的组织管理问题。所谓运输结合部,就是在运输生产经营活动中,为了共同的目的,有几个系统和系统的几个要素,共同负责、共同管理,形成相互交叉、相互依存的区域和环节。现代运输业的生产规模的不断扩大和分工的不断细化,使综合管理与协调工作日趋复杂和重要,而综合管理与协调工作又大量集中在各运输管理部门、各运输方式以及同一运输方式各区域、各工种之间的"结合部"上,使结合部的管理成为运输企业经营管理的一个突出问题,需要重点研究,加速推动结合部组织管理融合工作。

最后,需要加强运输协作的组织与管理,即加强运输生产经营活动的各方式、各部门、各企业之间的协作管理,它既包括运输企业与货主之间的协作管理,还包括各种运输方式或各个运输企业之间的协作管理,并且在此基础上进一步深入和提高,从运输过程某个环节的协作管理提升到涉及运输线和运输网络的协作管理,从而建立更深层次的产、供、运、销各部门、各企业之间运输过程的协作。

7.2　国内外综合交通现状与规划

7.2.1　国外综合交通运输现状

20 世纪 40 ~ 50 年代,由于高速公路、航空、管道等新兴运输方式的相继崛起和持续快速发展,为防止过度的竞争,造成运输资源的巨大浪费,综合交通运输思想在发达国家得到普遍的流传。其含义和内容也随着对这种对象研究的深化而变化。20世纪50年代,国外首先提出了综合运输的概念,认为综合运输是相对于单一运输方式而言的,是各种运输方式在社会化的运输范围内和统一的运输过程中,按其技术经济特点组成分工协作、有机结合、连接贯通、布局合理的交通运输体系。20世纪70~80年代,综合运输服务所表现出来的明显优势和强大的生命力,引起世界各国尤其发达国家的注意和重视,他们迅速加强综合交通运输在本国研究和实践的步伐,并取得了重大进展。

综合交通运输信息资源是国家信息资源的重要组成部分。发达国家都非常重视对各种交通运输信息资源建设、管理和服务工作。综合交通运输系统的信息资源主要包括铁路、公路、港口、航道、机场、管线与各种站场和结合部的基础设施信息,各种运输工具和技术装备数据,各种运输企业的生产经营数据,中介机构与信息服务机构的公益性基础性信息,以及政府信息等。20世纪90年代以来,随着信息技术的快速发展,发达国家已经建成了现代化的综合运输系统,使交通运输真正进入"虚拟世界""虚拟空间"。信息资源是国外综合运输系统的各个应用系统的核心,非常庞大,主要包括政府信息、企业生产经营数据以及公益性和基础性信息。比如,美国各城市交通管理中心所涉及的信息就非常庞大。他们除通过分析研究支持政府决策外,还向用户提供智能运输系统数据的网络在线服务。目前,国外许多交通运输机构,如美国运输部、美国运输研究委员会、俄罗斯联邦交通部情报所、日本铁路综合技术研究所、英国先进铁路研究等研究机构以及著名综合性数据库都建立了庞大的综合交通运输信息资源数据库,内容涉及公路、铁路、城市公共交通、航空运输、海运、道路交通安全、环境保护以及与交通运输相关的社会、人口统计资料等,其目标就是向从业人员和社会公众提供一站式运输信息服务。从国外综合运输系统的信息资源服务来看,综合运输系统的构建和形成首先以先进的交通管理理念为引导,以信息资源的开发应用为核心,以信息应用系统工程为突破口,以信息技术和装备的研发、生产与人才培养为支柱,以服务为最终的出发点和归宿,制定必要的政策和法规标准和规程,加以规范和约束。

7.2.2 国内综合交通运输现状

1)综合交通运输网络

截至2023年,中国的综合交通运输网络发展取得了显著成就,主要表现在以下几个方面:

(1)交通基础设施的完善:中国的综合立体交通网总里程已突破600万km,覆盖了全国超过80%的县(市、区),服务了全国90%左右的经济和人口。这包括铁路、公路、内河航道、港口和民用运输航空等多个领域。具体来说,铁路营业里程达到15.9万km,其中高速铁路超过4.5万km;全国公路通车里程为543.68万km,其中高速公路里程达到18.36万km;内河航道通航里程为12.82万km,港口生产性码头泊位达22023个,民用运输航空机场总数达到259个。

(2)交通固定资产投资:2023年,中国的交通固定资产投资超过3.9万亿元,创下历史新高。这些投资用于新改扩建高速公路超过7000km,以及其他交通基础设施的建设和改善。

（3）运输服务的发展：除了基础设施的建设，运输服务也在不断发展。例如，2023年全国快递业务量超过1320亿件，体现了寄递服务与人民群众日常生活的密切相关性。此外，国家邮政局等部门全力保障寄递渠道的安全畅通和行业安全稳定。

（4）新能源汽车和充换电基础设施的发展：新能源汽车的召回数量在2023年创下历史新高，显示出新能源汽车市场的快速增长。同时，政府也在推动电动汽车充换电基础设施的建设，如计划在公路服务区新增充电桩和充电停车位，以提升公路沿线的充电服务保障能力。

（5）民航运行效率的提升：民航业作为交通强国建设的重要组成部分，通过优化空域结构、完善运行标准和新技术的应用，不断提升运行效率和航班正常率。

总体来说，中国的综合交通运输网络在2023年表现出基础设施的大幅改善、运输服务质量的提升以及新技术的融合应用，为经济发展和人民生活提供了有力支撑。

2）当前存在的问题

中国的综合交通运输网络在近年来取得了显著的发展，但仍存在一些问题和挑战。

（1）基础设施建设短板：尽管中国的铁路、公路、水运、航空等基础设施建设取得了显著成就，但仍存在一些短板。例如，普速铁路发展不足，区域间高速公路通道能力有待提升，内河航道建设和水运体系联通存在不足，以及综合枢纽辐射能力不强。

（2）运输结构调整和物流成本：中国在运输结构调整和降低物流成本方面仍有改进空间。例如，物流全链条运行成本较高，资源配置效率、流通循环效率需要进一步提高，运输结构调整、多式联运发展需要进一步深化。

（3）农村地区物流服务：农村地区面临着快递进村"最后一公里"的问题。虽然邮政和快递服务在农村地区已基本实现全覆盖，但在运输过程中，干线运输和末端运输同样重要，仍需进一步优化和改进。

（4）关键核心技术问题：在交通运输领域，关键核心技术的"卡脖子"情况依然存在，这需要进一步强化科技创新和自主研发能力。

（5）高质量发展任务：交通运输高质量发展任务依然繁重，需要进一步深化供给侧结构性改革，推动交通运输高质量发展。

（6）安全保障体系：需要加强交通运输安全生产体系建设，推动安全生产向事前预防转型，加强行业安全生产监管。

（7）绿色发展：需要加快发展方式绿色转型，统筹发展和安全，推进高水平对外开放。

综上所述，尽管中国在综合交通运输网络的建设方面取得了显著成就，但仍需在基础设施建设、运输结构调整、物流成本降低、农村地区物流服务、关键核心技术、高质量发展任务、安全保障体系以及绿色发展等方面继续努力和改进。

7.2.3 国内综合交通运输规划

中国的综合交通运输规划在"十四五"期间有着明确的发展方向和目标。这些规划旨在加快建设交通强国，构建现代化高质量的国家综合立体交通网，以支撑现代化经济体系和社会主义现代化强国建设。

《国家综合立体交通网规划纲要》是这些规划的基础,其规划期为 2021—2035 年,并展望到本世纪中叶。该规划纲要强调创新的核心地位,注重交通运输创新驱动和智慧发展,以及统筹协调、绿色发展、高水平对外开放和共享发展等方面。到 2035 年,规划的目标是基本建成便捷顺畅、经济高效、绿色集约、智能先进、安全可靠的现代化高质量国家综合立体交通网,实现国际国内互联互通、全国主要城市立体畅达、县级节点有效覆盖。

《"十四五"现代综合交通运输体系发展规划》则着重于构建现代综合交通运输体系,以满足人民日益增长的美好生活需要。该规划强调统筹发展和安全,完善结构优化、一体衔接的设施网络,扩大多样化高品质的服务供给,培育创新驱动、融合高效的发展动能,强化绿色安全、开放合作的发展模式。

这些规划反映了中国在交通运输领域的战略布局和长远目标,旨在通过优化交通网络布局、提高运输服务质量、促进科技创新和绿色发展,来支撑国家的现代化进程和人民对更美好生活的追求。

1)完善基础设施网络化布局

(1)建设多向连通的综合运输通道。做好国内综合运输通道对外衔接。规划建设环绕我国陆域的沿边通道。

(2)构建高品质的快速交通网,以高速铁路、高速公路、民用航空等为主体,构建服务品质高、运行速度快的综合交通骨干网络。

(3)强化高效率的普通干线网,以普速铁路、普通国道、港口、航道、油气管道等为主体,构建运行效率高、服务能力强的综合交通普通干线网络。

(4)拓展广覆盖的基础服务网,以普通省道、农村公路、支线铁路、支线航道等为主体,通用航空为补充,构建覆盖空间大、通达程度深、惠及面广的综合交通基础服务网络。

2)推进一体化进程

(1)优化综合交通枢纽布局。

完善综合交通枢纽空间布局,结合全国城镇体系布局,着力打造北京、上海、广州等国际性综合交通枢纽,加快建设全国性综合交通枢纽,积极建设区域性综合交通枢纽,优化完善综合交通枢纽布局,完善集疏运条件,提升枢纽一体化服务功能。

提升综合客运枢纽站场一体化服务水平,科学规划设计城市综合客运枢纽。

促进货运枢纽站场集约化发展,按照无缝衔接要求,优化货运枢纽布局。

促进枢纽站场之间有效衔接强化城市内外交通衔接。

(2)提升客运服务安全便捷水平。

推进旅客联程运输发展,促进不同运输方式运力、班次和信息对接。推广普及电子客票、联网售票,健全身份查验制度,完善铁路客运线上服务功能。

完善区际城际客运服务,优化航班运行链条,着力提升航班正常率,提高航空服务能力和品质。拓展铁路服务网络,扩大高速铁路服务范围,提升动车服务品质,改善普通旅客列车服务水平。提升中心城区与郊区之间的通勤化客运水平。

发展多层次城市客运服务,大力发展公共交通,推进公交都市建设,进一步提高公交出行分担率。强化城际铁路、城市轨道交通、地面公交等运输服务有机衔接。

推进城乡客运服务一体化,推动城市公共交通线路向城市周边延伸,推进有条件的地区实施农村客运班线公交化改造。

(3)促进货运服务集约高效发展。

推进货物多式联运发展,以提高货物运输集装化和运载单元标准化为重点,积极发展大宗货物和特种货物多式联运。完善铁路货运线上服务功能。

统筹城乡配送协调发展,加快建设城市货运配送体系,在城市周边布局建设公共货运场站。加快完善县、乡、村三级物流服务网络。

促进邮政快递业健康发展,以邮区中心局为核心、邮政网点为支撑、村邮站为延伸,加快完善邮政普遍服务网络。

推进专业物流发展,加强大件运输管理,加快发展冷链运输,加强危险货物全程监管。

(4)增强国际化运输服务能力。

完善国际运输服务网络,完善跨境运输走廊,有效整合中欧班列资源,加强港航国际联动,拓展国际航空运输市场,完善国际邮件处理中心布局。

提高国际运输便利化水平,进一步完善双多边运输国际合作机制,推动国际运输管理与服务信息系统建设,促进陆路口岸信息资源交互共享,依托区域性国际网络平台,加强与"一带一路"共建国家和地区在技术标准、数据交换、信息安全等方面的交流合作。

鼓励交通运输走出去,推动企业全方位开展对外合作,积极开展轨道交通一揽子合作,提升高速铁路、城市轨道交通等重大装备综合竞争力。

(5)发展先进适用的技术装备。

推进先进技术装备自主化,提升高速铁路、大功率电力机车、重载货车、中低速磁浮轨道交通等装备技术水平,加快城市轨道交通装备关键技术产业化,积极发展公路专用运输车辆、大型厢式货车和城市配送车辆,发展多式联运成套技术装备,继续发展大型专业化运输船舶。实施适航攻关工程,积极发展国产大飞机和通用航空器。

促进技术装备标准化发展,加快推进铁路多式联运专用装备和机具技术标准体系建设。积极推动载货汽车标准化,加快推进内河运输船舶标准化,建立共享服务平台标准化网络接口和单证自动转换标准格式。

3)提升交通发展智能化水平

(1)促进交通产业智能化变革。

实施"互联网＋"便捷交通、高效物流行动计划。将信息化智能化发展贯穿于交通建设、运行、服务、监管等全链条各环节,推动云计算、大数据、物联网、移动互联网、智能控制等技术与交通运输深度融合,实现基础设施和载运工具数字化、网络化,运营运行智能化。利用信息平台集聚要素,驱动生产组织和管理方式转变,全面提升运输效率和服务品质。

培育壮大智能交通产业,以创新驱动发展为导向,针对发展短板,着眼市场需求,大力推动智能交通等新兴前沿领域创新和产业化。鼓励交通运输科技创新和新技术应用,加快建立技术、市场和资本共同推动的智能交通产业发展模式。

(2)推动智能化运输服务升级。

推行信息服务"畅行中国",推进交通空间移动互联网化,建设形成旅客出行与公务商务、购物消费、休闲娱乐相互渗透的"交通移动空间"。支持互联网企业与交通运输企业、行业协会等整合完善各类交通信息平台,提供综合出行信息服务。完善危险路段与事故区域的实时状态感知和信息告警推送服务。推进交通一卡通跨区(市)域、跨运输方式互通。

发展"一站式""一单制"运输组织,推动运营管理系统信息化改造,推进智能协同调度。研究铁路客票系统开放接入条件,与其他运输方式形成面向全国的"一站式"票务系统,加快移动支付在交通运输领域的应用。推动使用货运电子运单,建立包含基本信息的电子标签,形成唯一赋码与电子身份,推动全流程互认和可追溯,加快发展多式联运"一单制"。

(3)优化交通运行和管理控制。

建立高效运转的管理控制系统,建设综合交通运输运行协调与应急调度指挥中心,推进部门间、运输方式间的交通管理联网联控在线协同和应急联动。全面提升铁路全路网列车调度指挥和运输管理智能化水平。开展新一代国家交通控制网、智慧公路建设试点,推动路网管理、车路协同和出行信息服务的智能化。建设智慧港航和智慧海事,提高港口管理水平和服务效率,提升内河高等级航道运行状态在线监测能力。发展新一代空管系统,加强航空公司运行控制体系建设。推广应用城市轨道交通自主化全自动运行系统、基于无线通信的列车控制系统等,促进不同线路和设备之间相互联通。优化城市交通需求管理,提升城市交通智能化管理水平。

提升装备和载运工具智能化自动化水平,拓展铁路计算机联锁、编组站系统自动化应用,推进全自动集装箱码头系统建设,有序发展无人机自动物流配送。示范推广车路协同技术,推广应用智能车载设备,推进全自动驾驶车辆研发,研究使用汽车电子标识。建设智能路侧设施,提供网络接入、行驶引导和安全告警等服务。

(4)健全智能决策支持与监管。

完善交通决策支持系统,增强交通规划、投资、建设、价格等领域信息化综合支撑能力,建设综合交通运输统计信息资源共享平台。充分利用政府和企业的数据信息资源,挖掘分析人口迁徙、公众出行、枢纽客货流、车辆船舶行驶等特征和规律,加强对交通发展的决策支撑。

提高交通行政管理信息化水平,推动在线行政许可"一站式"服务,推进交通运输许可证件(书)数字化,促进跨区域、跨部门行政许可信息和服务监督信息互通共享。加强全国治超联网管理信息系统建设,加快推动交通运输行政执法电子化,推进非现场执法系统试点建设,实现异地交换共享和联防联控。加强交通运输信用信息、安全生产等信息系统与国家相关平台的对接。

(5)加强交通发展智能化建设。

打造泛在的交通运输物联网,推动运行监测设备与交通基础设施同步建设。强化全面覆盖交通网络基础设施风险状况、运行状态、移动装置走行情况、运行组织调度信息的数据采集系统,形成动态感知、全面覆盖、泛在互联的交通运输运行监控体系。

构建新一代交通信息基础网络,加快车联网、船联网等建设。在民航、高速铁路动车组列车等载运工具及重要交通线路、客运枢纽站点提供高速无线接入互联网公共服务。建设铁路下一代移动通信系统,布局基于下一代互联网和专用短程通信的道路无线通信网。研究规划分配智能交通专用频谱。

推进云计算与大数据应用,增强国家交通运输物流公共信息平台服务功能。强化交通运输信息采集、挖掘和应用,促进交通各领域数据资源综合开发利用和跨部门共享共用。推动交通旅游服务等大数据应用示范。鼓励开展交通大数据产业化应用,推进交通运输电子政务云平台建设。

保障交通网络信息安全,构建行业网络安全信任体系,基本实现重要信息系统和关键基础设施的安全可控,提升抗毁性和容灾恢复能力。加强大数据环境下防攻击、防泄露、防窃取的网络安全监测预警和应急处置能力建设。加强交通运输数据保护,防止侵犯个人隐私和滥用用户信息等行为。

7.3 路网衔接技术

7.3.1 交通路网衔接方式构成

(1)点到点的运输,即枢纽到枢纽之间、城市到城市之间等同量级的交通运输。随着装备革新、技术改革,点到点的运行速度逐年上升。

(2)点到线的疏解,即枢纽场站向其他运输方式的换乘转乘、集疏运的衔接,目前我国疏散不畅的问题较为凸显,总体呈现"中间快、两头慢"的状态。

(3)线到线的转运,即城市内外通道、跨区域通道、国际通道等需要切换多种运输方式的交通衔接方式。

7.3.2 路网衔接面临问题

在路网衔接所面临的问题中,比较突出的是以场站枢纽为中心,向周边运输道路疏散不畅的问题,由于我国铁路、民航、公路、城市交通的枢纽站场大多按照各内的生产和服务要求各自规划、分别建设,造成枢纽缺乏整合、功能单一。在客运枢纽方面,由于缺乏统一规划、统筹建设,形成了以单一运输方式为主体的客运站场,缺乏其他运输方式,尤其是城市轨道交通、公共交通系统的衔接,制约了航空运输、高速铁路、公路客运等快速客运系统的功能发挥,导致各种运输方式衔接不畅,旅客运输换乘、转乘极不便利,增加了旅行时间和出行成本。在货运枢纽方面,货运枢纽"最后一公里"和集疏运问题依然突出,疏港铁路能力明显不足,部分主要港口没有铁路衔接;集装箱干线港与高速公路网之间缺乏快速集疏运通道连接,疏港交通与城市交通相互混杂,大大影响了运输效率;部分港口的内河集疏运通道开发滞后,与港区的衔接不畅;铁水联运、江海联运的运输组织水平有待进一步提高。

此外,运输网络分割严重,是交通运输体系管理中的一大难题。跨区域协同、跨部门协同等方面仍存在较大的差距,从总体上看,旅客对客运服务的需求、物流对货运服务的需求早已打破了城乡和区域的界限,但是,运输服务的市场却在城乡间、区域间存在着分割,这种局面不尽快加以扭转,上述问题将更加突出。

7.3.3 路网衔接技术发展趋势

根据现阶段我国综合运输体系建设的现状,结合我国经济发展的特点,未来我国综合运输体系发展将呈现以下几大趋势:

(1)综合运输体系中通道布局日趋合理,各种运输方式的通道间实现优势互补,各种运输方式结构不断优化,逐步走向协调发展之路。

(2)运行高效、换乘便捷的综合客运枢纽作为综合运输体系发展的重要切入点,将在全国各地主要枢纽城市快速形成。

(3)为充分提高运输系统的整体效益,促进交通运输业的可持续发展,计算机技术、通信技术、信息技术等先进的科学技术手段将在综合运输体系中得到广泛应用,综合运输管理将逐渐向智能化方向发展。

其中,信息产业将在综合运输体系中扮演越来越重要的角色,以互联网电商产业为例,中国电子商务行业的发展很大程度上成为过去数年内快递业发展的重要刺激因素,在解决"最后一公里"的问题上,电商产业充分利用自身信息平台的信息流构建出的"菜鸟驿站""农村电商"等补充环节应运而生,为运输与枢纽的配合提供思路。

7.3.4 信息化综合交通对路网的要求

1)基础设施环境

综合交通信息化需建立在基础设施相对完善的基础上,完善生产力布局,增强土地利用,交通网络分布与运载能力需要相互适应,没有道路、枢纽设施的建设,就谈不上一体化的运输系统,应当加强交通基础设施建设衔接,加强铁路、内河水运等薄弱环节建设,加强建设综合客运枢纽、货运枢纽的集疏运体系。

通过对装备设施的建设和区域划分,确定其辐射影响面,各个运输单位需承担起对自身管理地区的运量、流量等数据信息的采集。

2)运输信息资源

推进铁路、公路、水路、民航联网建设,向集成平台开放数据采集,提供大数据运算的平台,数据是一切信息化技术的前提和基础,需要各管理部门开放数据权限。当前,港口、船公司、铁路、海关、国检等相关单位的信息数据难以实现共享,阻碍了海铁联运的无缝衔接,如要真正提高运输企业的综合交通信息化服务质量,就必须积极参与到信息平台建设中来,开放相关数据提取机制,如此才能通过交通信息共享平台使各级决策部门和管理部门对交通信息进行深入分析。

3)新型运营管理

当前运输服务的运营市场化程度不高,造成多式联运的市场不完善,联运市场过度竞争,运营不规范,要引入跨区域跨部门的集成信息化管理平台,需要引进新型的运营管理形式,向一体化服务靠拢。

要加强运输服务衔接。统筹协调铁路、公路、水路、民航的运输政策、技术标准,完善促进一体化运输发展的相关法规和政策,建立促进一体化运输制度。推进单证票据的通用化、标准化,逐步实现客运"一票式"联程服务和货运"一单制"联运服务目标。完善铁路水路联运的标准和制度,加强电子数据交换等先进技术的研发和推广,促进铁路水路联运整体水平的提升。

另外,信息化的集成平台需要铁路、公路、水路、民航等运输单位建立应急协调机制,成立专门的机构或部门负责协调,虽然交通各个部门单位不具备强制约束力,但建立有效的沟通桥梁,对综合交通信息共享与应急协调有着积极的意义。

7.4　信息集成技术在路网衔接中的作用

7.4.1　信息集成服务建设

随着综合交通运输体系的推进,路网运行监测与安全服务平台的建设应该要考虑从以下三个方面考虑:关键路网节点建设、适应性管理机制和 IT 集成技术。

(1)关键路网节点建设。

从狭义角度来说,关键路网节点建设主要是国家路网层面关注的路网节点,如重点桥梁、重点隧道、交通枢纽级互通立交、大型城市主要出入口、重要景区出入口等。

(2)适应性管理机制。

适应性管理机制是指要把关键路网节点及其辐射半径区域作为一个管理单元,建立相应的管理机制。

(3)IT 集成技术。

充分利用 IT 先进的信息技术,实现异构信息服务系统的集成对接。参考本书第 3 章的异构系统接入内容,为了实现对系统数据来源跨区域性、跨部门性、跨系统性的多源数据进行整合、交换与共享,多源异构接入系统主要需要实现各分中心现有数据、其他部门其他系统现有数据以及新建系统生产数据的传输、整合、存储功能。

7.4.2　交通信息服务介绍

信息化智能化手段是提升交通运输服务保障能力和水平的必由之路,信息集成技术的基础和前提在于对信息的采集和管理,构建成熟的交通信息服务。

1)信息采集

交通信息数据的采集,对于政府决策机构主要是提供展示交通运输资源和运行状况的平台,为交通运输发展战略决策的制定提供基础数据支持;对于交通运输方式各个负责部门,主要是为了保障运输安全,为提高快捷运输和服务质量提供必要的基础数据支持;对于社会大众而言,交通信息数据则为其提供交通信息资源查询、交通动态信息查询等建议信息。

2)信息管理

管理是综合交通信息化的核心,是智能交通运输系统的最高形式。为了实现信息管理一体化,要构建一个交通信息管理平台,对综合枢纽的各种运输方式的运营和辅助决策进行管理。

交通信息共享平台是综合交通信息管理的一种信息载体,对各种交通信息进行抽取、转换和处理,建立统一的信息共享和交换标准,最终为信息使用者提供正确和规范的交通信息,实现综合交通信息和资源的统一管理,实现交通信息一体化。

信息提取是把综合交通运输方式的交通信息接入信息共享平台入口。由于共享信息平台是一个独立的信息环境,它的信息来源于综合交通各种运输方式信息系统,通过从不同的交通运输方式网络、不同的交通信息操作平台、不同的交通信息库及信息格式中提取信息,再对信息进行汇总、过滤、分类、转换等,最后将有用的交通信息加载到综合交通信息共享平台信息库中,按照不同的交通信息类型以及不同的交通信息和不同的交通信息状态进行分类储存,最后对交通信息处理,使信息能够在交通应用系统中得以应用。

信息交换是实现交通信息共享平台的关键环节,要实现综合交通各种运输方式的信息交换,就要有一个统一的信息标准,通过把各种运输方式的交通信息转换为标准的交通信息格式,通过信息共享平台传输给其他的子系统。

信息集成是对交通信息共享平台中多源的信息进行进一步加工和融合,要最大限度地保留有用信息,除去多余信息,使得不同用途所需的不同信息能被有效地保留下来。通过对各种运输方式的子系统信息源进行规范和无缝集成,最终完成从实时采集交通信息到平台信息准确的转换,为信息共享和发布提供依据。

交通信息共享平台使这些交通信息相互协调、相互联系,以达到综合交通运输高效化和一体化。通过交通信息共享平台可以使各级决策部门和管理部门对交通信息进行深入分析,为决策提供支持。根据用户需求对信息共享平台信息库中的信息进行分析统计,进行交通运输模拟和预测,从而起到控制管理作用。

7.4.3 信息集成技术应用

我国综合交通信息一体化建设处于发展阶段,并由分部门信息处理方式阶段向综合信息一体化阶段过渡。依据智能化交通技术,构建综合交通信息一体化结构体系,将实现交通信息采集、管理、发布等全过程的自动化,极大地提高综合交通信息处理能力,提升交通服务水平。以下为信息集成平台在道路路网中的应用。

1)交通信息查询

交通信息查询是信息集成平台面向公众日常使用的一个重要环节,用户可以在各种终端设备的浏览器上进行浏览、查询操作,提出交通服务的请求,系统接收到请求后,进行分析、处理,以 HTML 等页面形式返回到各种终端设备,并显示于浏览器中;用户也可以借助电话或手机通过公众通信网连接到呼叫中心,由计算机语音自动应答设备或人工坐席将顾客需要检索的交通信息直接反馈给顾客。

2)交通信息发布

交通信息发布将交通信息以合适的方式发布,主要是向包括综合枢纽交通信息系统的使用者和管理者、出行者、驾驶员等发布交通状况信息,如航线畅通、道路畅通等和诱导信息最佳路径、货运站场空闲、交通方式到站时间等,以促使出行者选择合理的运输方式,使运输资源分布均匀,以提高运输效率等。

3）路网运行分析

路网运行分析面向职能人员，查看分析城市交通、高速公路、国道、省道等干线路网的运量速度、拥堵程度、运行指数，根据长期积累的运行数据可分析出路网分布情况是否满足通行需求，并根据拥堵情况通过上述交通信息发布服务向公众传达讯息。同时可针对性制定由运行情况引起的突发事件，从而缓解路网压力。

开放接口访问页面面向公众，对出行道路的通畅与否，获取直观的图形信息，促使用户对行车路线、出行方式作出合理选择。

4）路网决策分析

路网决策分析是面向交通管理部门的综合性辅助决策功能，集成运营业务管理、应急指挥调度、监测预警、分析研判于一身，满足常态下监测监管、应急态下协同处置指挥调度的需要，全面提升交通管理部门智能化决策能力，发挥交通资源最大效益。路网决策分析可广泛应用于城市交通、公路交通、轨道交通等领域。

7.5 综合交通关键场景

针对综合交通衔接，集成平台需要有相应的能力和技术，以下将综合交通的重点难点拆分成跨部门协同、跨区域协同、运输方式衔接、场站枢纽功能单一四个方面，具体分析集成平台是如何运作、提供相应的技术支持，最终达到交通效能提高，运行效率提升，缓解交通拥堵、路网衔接不畅的目标。集成平台服务在综合交通中的应用如图 7-1 所示。

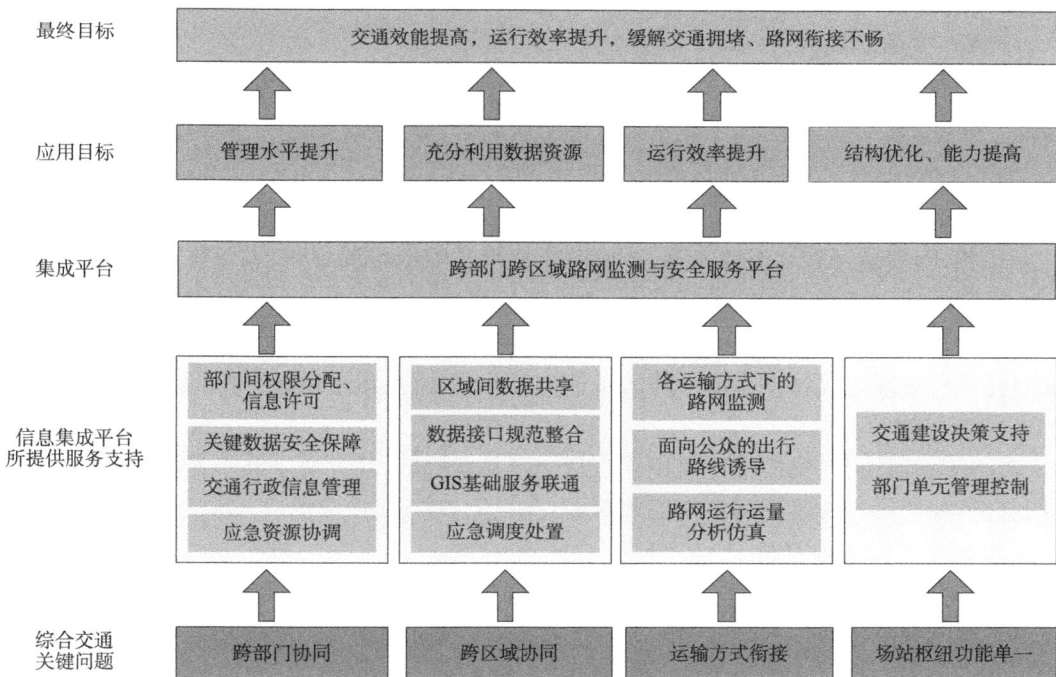

图 7-1 集成平台服务在综合交通中的应用

1) 跨部门协同

当前综合交通大环境下,交通管理部门对跨部门信息共享存在较为强烈的需求,但由于管理部门较多,沟通协调存在一定障碍,跨部门信息沟通服务效率相对较低。另外,各部门对交通信息管控内容涵盖面广,尤其是与应急指挥相关的系统,对安全保障机制的要求更高,若安全保障不到位,部门之间很难建立起信任感,无法实现有效的数据共享。

因此,集成平台对部门间权限分配、信息安全、部门间行政管理在跨部门合作中体现了重要价值,从而推动相关政府部门、事业单位加快交通公共数据开放,推进政府部门、运输企业间的合作。

(1)部门间权限分配、信息许可。

通过集成平台的权限分配服务,使相关部门分别获取自己所需要的信息、相关的业务功能和行业数据,令许可证件数字化,实现信息共享,提升信息服务水平。

(2)关键数据安全保障。

鉴于信息共享服务下所存在的一定程度的安全隐患,集成平台需要对各类关键信息进行数据加密处理,提升数据安全性。

(3)交通行政信息管理。

对于跨部门的管理处置,集成平台需提供对相关部门行政信息的数字化管理,例如对应急机构信息的存储,可支撑于事故发生时刻的快速调遣查阅。在相对僵化的交通职能部门中引入现代信息化理念,可在一定程度上推动营运市场化,形成有效竞争机制,推进一体化进程。

同时,对人员部门增强成效评价,也可让参与的各方激发工作的积极性,能将合作成果及时反馈给各方,对部门间合作的促进作用很大。

(4)应急资源协调。

应急资源协调是跨部门合作中最高发的场景,集成平台应协助管理部门建立政府和应急部门之间的合作机制,用信息化手段统筹协调应急资源展开处置工作。

图7-2所示为应急事故处置过程中的多部门协作过程。

2) 跨区域协同

在当前的综合交通运输体系下,运输网络分割严重是一大难题,无论旅客对客运服务的需求,或跨区域事件对处置方的需求,都早已超出明确的网格界限,在当前环境下,集成平台应重点建设完善部级、省级、中心城市交通综合运行协调与应急指挥系统,跳出网络分割区域的局限性,集成多区域多运输形式的日常运行监测、重点运行指标分析,促进区域间合作。

(1)区域间数据共享。

对于跨区域协作,集成平台需建立信息交换共享机制,双方协定共享交换的内容、用途、适用范围,并明确相应数据的安全保障服务。

(2)数据接口规范整合。

由于各个区域的业务系统建设需求不同,区域间系统互相独立,数据接口、存储方式差异较大,技术标准不统一,信息采集,处理加工均自成体系,成为跨区域信息协同的重大技术障碍。针对此情况,集成平台需统一数据标准,统一定制合理的接口,及时处理、清洗数据,形成通用的查询/反馈机制。

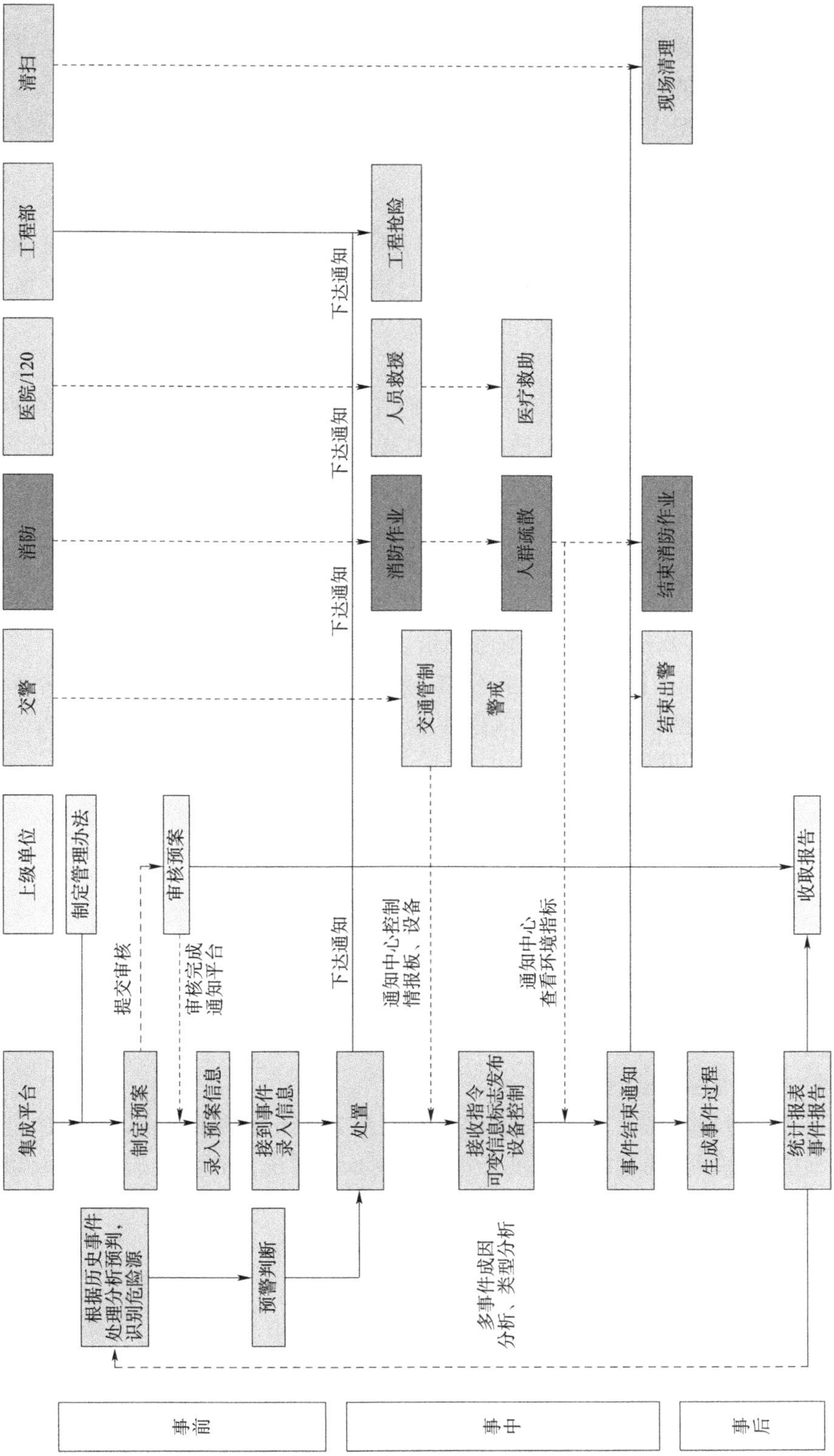

图7-2 应急事故处置过程中的多部门协作过程

（3）GIS 基础服务联通。

在传统的省级交通信息平台中，往往 GIS 服务只有沿着省界为界限的基础数据，这种展现形式不仅不利于对公众提供查询服务，也会在跨区域事件的应急指挥中造成障碍。而跨区域集成平台将在地图服务上打破省界，实现基础信息共享，并在仿真分析中分析事件所波及的省/市区域，快速分析，制定联合方案。

（4）应急调度处置。

跨区域组织管理体系中，需涉及的服务部门多，且各方关系平等，需要共同决策、商议的问题较多，各方机构并不存在行政上的强制约束力，集成平台可搭建各方沟通的桥梁，使得参与的各方在指定调度处置上减少冲突，加强监督。

3）运输方式衔接

在《"十四五"现代综合交通运输体系发展规划》中，国家强调了以"三衔接"为重点的推进策略，即强化互联互通和一体衔接，以推进城市群和都市圈交通现代化。这一策略旨在加强不同交通方式之间的协同和融合，提升整体运输效率和服务质量。"三衔接"策略主要包括以下三个方面的内容：

（1）交通基础设施与运输服务的衔接：指交通基础设施（如道路、铁路、机场、港口等）与运输服务（如公共交通、货运、快递等）之间的有效对接和协同。目的是确保交通基础设施能够满足运输服务的需求，提高运输效率和服务质量。

（2）不同交通方式之间的衔接：指铁路、公路、水运、航空等各种交通方式之间的顺畅衔接和协同运作。通过优化换乘接驳系统、信息共享、票务一体化等措施，实现不同交通方式之间的无缝连接，提高多式联运的效率。

（3）交通发展与经济社会发展的衔接：指交通运输体系的发展要与经济社会发展需求相匹配，包括支撑区域经济发展、城乡一体化、产业布局优化等。通过交通规划与城市规划、产业发展规划的协同，确保交通发展能够促进经济社会的全面发展。

"三衔接"策略的实施，旨在通过加强这三个方面的衔接，构建一个更加高效、便捷、安全、绿色的综合交通运输体系，以支撑国家的现代化建设和经济社会的高质量发展。在此目标下，综合路网信息集成平台需要发挥其支撑作用，提供数据查询、分析整合提供给公众以及相关职能部门。

（1）各运输方式下的路网监测。

集成平台可查看分析城市交通、高速公路、国道、省道等干线路网的运量速度、拥堵程度、运行指数，根据长期积累的运行数据可分析出路网分布情况是否满足通行需求，以此数据确立运输方式衔接基础建设中的理论支撑，对改善网络结构、缓解路网压力产生积极效果。

（2）面向公众的出行线路诱导。

开放公众查询接口，并利用交通信息发布功能向出行者提供航线通畅、道路通畅和诱导信息，分析计算出最佳路径诱导出行者选择合理的运输方式，从而提高运行效率。

（3）路网运行运量分析仿真。

使用集成平台的大数据分析，可依据现有路网运行运量，仿真获得各运输线路综合运力,从而为建设部署基础装备提供指南。

4)场站枢纽功能单一

我国铁路、民航、公路、城市交通的枢纽站场大多按照各自的生产和服务要求各自规划、分别建设,造成枢纽缺乏整合、功能单一。客运枢纽缺乏其他运输方式尤其是城市轨道交通、公共交通系统的衔接,货运枢纽疏港铁路能力明显不足,衔接方式中由点到线的疏散能力问题凸显。集成平台应协助枢纽内多种运输方式资源的优化配置,促进运输方式之间运力匹配,集散协调,提升枢纽运行效率和安全水平。

(1)交通建设决策分析。

集成平台向管理部门提供综合性的辅助决策功能,集成运营业务管理、应急指挥调度、监测预警、分析研判等,提升交通管理部门智能化决策能力,发挥交通资源最大效益,进一步加大对综合枢纽体系建设的支持力度。

(2)部门单元管理控制。

每一个客运枢纽或货运枢纽为一个部门单元,集成平台可配合制订管控单元的工作内容与流程,从信息化的角度提升枢纽运营能力。

图7-3所示为港口枢纽场站实例化应用图。

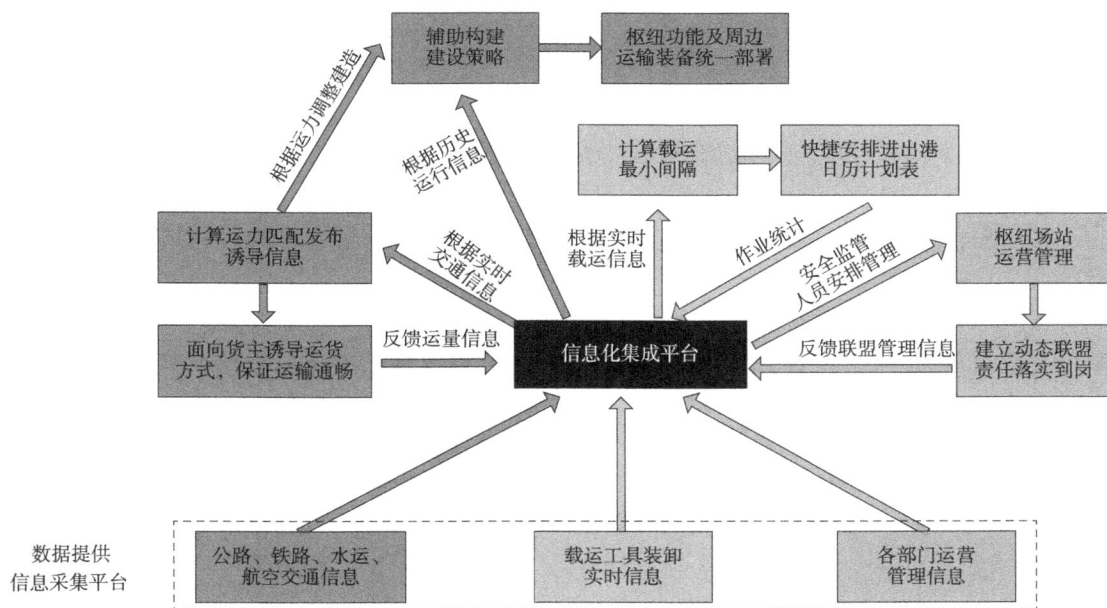

图7-3　港口枢纽场站实例化应用

第8章 典型案例——京港澳高速公路驻马店至信阳（豫鄂省界）段智能管控科技示范工程

8.1 概述

京港澳高速公路驻马店至信阳（豫鄂省界）段（简称"京港澳高速公路驻信段"）是国家高速公路网及河南省公路网主骨架的重要组成部分，向北直至首都北京，向南至广东、香港等沿海地区，是承载国家南北运输的公路大动脉，也是河南省承接外部经济辐射、加强区内经济联系的最主要通道，具有重要的战略地位。京港澳高速公路驻信段全长 136.879km，自 2003 年建成运营以来，交通量以较快的速度递增，而公路服务水平逐渐下降。此外，京港澳高速公路驻信段有连续 30km 的长大纵坡，跨越特大桥 8 座，大桥 30 座，且有多处团雾多发路段。虽然已经开展了机电系统相关设计，增加了一些现代化交通管理手段，但京港澳高速公路驻信段离主动交通管理和精细化信息服务的需求还有一定差距，对打造高速公路智能交通系统、提升智能管控和服务水平尤为迫切。

2014 年初，河南省交通运输厅向交通运输部递交了《关于推荐京港澳高速公路驻马店至信阳段申报交通运输部"高速公路智能管控科技示范工程"的请示》（豫交〔2014〕20 号）。2014 年 4 月 18 日，交通运输部《关于京港澳高速公路驻马店至信阳段智能管控科技示范工程的批复》（交函科技〔2014〕237 号）原则同意了"京港澳高速公路驻马店至信阳段智能管控科技示范工程"实施方案。2015 年，河南省交通运输厅组织专家对修改完善后的"京港澳高速公路驻马店至信阳段智能管控科技示范工程"实施方案进行了审查，以豫交文〔2015〕281 号《关于京港澳高速公路驻马店至信阳段智能管控科技示范工程实施方案的批复》对实施方案进行了批复，建议尽快按照批复意见组织实施，确保示范工程各项主要目标任务按期高质量完成。

京港澳高速公路驻信段智能管控科技示范工程，以交通运输部科技示范工程要求为指导，针对通道级高速公路交通管理与服务总体需求，依托高速公路改扩建机电工程达到的"可视、可测"为基础，以"可控、可服务"为示范工程目标，应用通道型高速公路多要素预警、一体化决策支持平台、主线均衡控制及不良行车条件主动干预等技术成果，建设通道型高速公路智能管控系统，全面提升京港澳高速公路大通道河南段的智能化管理和服务水平，为通道型高速公路运行管控技术提供全面的示范应用，该示范工程将为河南全省乃至我国中西部地区高速公路下一阶段"智慧交通"的建设树立示范样板。

本项目的建设目标为：

高速公路智能管控系统总体建设目标:发挥科技信息化的引领作用,以高速公路安全管理和高效服务为核心,在高速公路现有机电设施的基础上,通过系统的升级改造,建立全方位的信息感知、深度的数据挖掘、科学的决策支持、快速的应急响应、精细化的信息服务、安全可靠和标准规范完善的信息化体系,满足高速公路提高运行效率、提高服务质量、保障行车安全的需求,为构建"可视、可测、可控、可服务"的智能化高速公路奠定基础,支撑"四个交通"建设。

全方位的信息感知:应用多种传感技术、物联网感知技术和手段,实现对高速公路基础设施状态信息、交通流信息、交通气象环境信息、车辆运行状态信息、驾驶员信息、交通保障信息等多种要素的全面感知和潜在风险的自动预警,并通过多种接入方式将感知的信息传输至高速公路通信网络。

深度的数据挖掘和科学的决策支持:整合高速公路各种信息资源,搭建基于云计算的数据中心,实现海量数据的综合管理、高效处理和智能化分析,提升信息资源的深度开发与综合利用水平,促进信息技术与高速公路管理及服务的深度融合。

快速的应急响应:在全方位信息感知、一体化通信平台和科学决策支持系统等的基础上,构建高效的紧急事件应急处置体系,提升对高速公路交通事件的自动发现、快速处置等业务能力,转变当前高速公路管理"监而不控"的模式。

精细化的信息服务:从出行者的基本需求出发,根据出行者的出行方式及层次化的信息服务需求,构建出行信息一体化发布平台,通过网站、广播、可变信息标志等发布方式,面向客运、货运车辆提供普适的信息服务;通过微博微信、手机 App、Wi-Fi 等,向用户提供差异化、可定制的信息服务。

安全可靠:依据国家信息系统和信息安全相关要求,采取技术体系、策略体系、组织体系和运作体系紧密结合的方式,对应用、数据、集成和基础设施等进行全面管控,确保信息系统和信息的安全可靠。

标准规范完善:建立健全智能管控系统相关的标准规范和规章制度体系,支撑高速公路信息化工作的全面推进。标准规范体系主要涵盖智能管控系统相关的各种业务、技术标准和建设规范框架等;规章制度体系主要涵盖保障智能管控系统顺利运行的规章制度体系框架及该体系的内容组成要求。

8.2　功能分析

8.2.1　用户分析

根据京港澳高速公路驻信段业务现状以及相关行业和社会公众的潜在需求,从用户业务角度分析,本项目的目标用户分为八类,分别为出行者、驻信监控人员、设备管理和维护人员、路政巡查人员、路政养护人员、驻信监控中心管理者、上级管理部门(河南省交通运输厅、河南高速公路发展有限责任公司、河南省高速公路联网监控收费通信服务有限公司)及其他相关单位(公安交管、消防、医疗等)。用户需求分析如表8-1 所示。

用户需求分析 表 8-1

用户		功能需求
出行者	出行前	通过京港澳高速公路驻信段交通信息服务 App、京港澳高速公路驻信段的官方微博、京港澳高速公路驻信段微信平台等查询路况、施工、气象、交通事故等信息,以便在出行前合理规划路线及出行时间
	出行中	通过高速公路沿途可变信息标志、京港澳高速公路驻信段交通信息服务 App、京港澳高速公路驻信段的官方微博、京港澳高速公路驻信段微信平台、服务区综合信息查询终端等查询路况、施工、气象、交通事故、周边旅游景点、服务区、高速公路费用等信息,以便安全快捷地到达目的地
	到达前	通过京港澳高速公路驻信段交通信息服务 App、京港澳高速公路驻信段的官方微博、京港澳高速公路驻信段微信平台查询目的地旅游景点位置、住宿、餐饮等信息
管理者	驻信监控中心监控人员	(1)接收外场巡查人员和公众的上报信息; (2)进行全线交通流、视频、气象数据的日常监测与预警信息发布与管理; (3)向河南省交通运输厅上报突发事件信息,以及日常监测信息共享
	驻信监控中心管理者	(1)负责全线运行状态监测与预警等工作,进行突发事件、恶劣气象状况等警情的发布审核与决策制定; (2)负责全线高速公路运行状态综合评估与决策,为交通运行管理部门提供科学决策提供支持; (3)负责应急指挥调度与处置,开展高效、准确的应急资源调度,应急事件处理等工作
	设备管理和维护人员	负责高速公路沿线外场设备工作情况管理、监控中心机房设备运行状态监测、设备故障预警、设备维护记录生成、查询和统计
	路政巡查人员	(1)外场机电、交安设施等路产的日常巡查; (2)道路交通路产路权等事件信息上报
	养护人员	(1)接收外场巡查人员和公众上报的路况信息; (2)道路沿线基础设施相关信息; (3)养护计划、养护决策支持等信息
	上级管理人员	(1)实现河南省交通运输厅层级应急指挥决策等信息的下达与信息共享; (2)基于 GIS 的高速公路信息展示与发布系统,以地图形式直观展示信息发布内容,能够快速实现道路交通信息的查询与定位,为高速公路监控、应急、辅助决策提供支持
	其他单位	进行高速公路交通事件信息的共享

8.2.2 业务流程分析

该项目构建科学合理的业务系统流程设计,主要包括信息采集、信息监测与分析、系统响应、信息服务等业务流程。

(1)信息采集:在全程断面交通流检测、全程视频监控等监测系统基础上,建立基于视频的交通事件监测系统,实现对交通事件的自动识别和快速报警;建立基于专用短程通信(DSRC)的道路交通流数据获取系统,实现对高速公路旅行时间的估计;建立基于高密度的气象检测设备和气象状态监测预警系统,实现对高速公路沿线气象环境状态的感知以及低能见度、路面结冰预警等功能。

(2)信息监测与分析:开发高速公路运行状态综合评估与辅助决策支持系统,实现高速公路运行状态的量化分析,并为高速公路日常业务管理、应急处置决策提供直观、有效的数据分析依据。此外,建立设备运行维护管理系统,实现外场、机房设备,应用系统的运行状态实时监测与管理。

(3)系统响应:通过开发主线交通均衡控制系统实现高速公路交通流均衡、稳定运行;通过建立雾区行车主动诱导系统,提升高速公路不良环境下的行车安全性;面向紧急事件应急处置的需求,研发应急指挥调度和处置系统,提升对高速公路交通事件的及时响应和快速处置的能力。

(4)信息服务:构建出行服务信息管理平台,对发布信息进行管理、审核,并能为 VMS、微博微信、手机 App 或小区推送提供统一的信息来源和发布接口;建立基于 VMS 的信息联动发布系统,根据交通事件对交通流影响衰减规律,生成面向地理信息的交通信息发布方案,实现路侧可变信息标志的联动发布管理;借鉴微博微信等自媒体手段,研发交通信息服务 App 软件,实现高速公路交通信息的众包式获取和交通信息的差异化、定制化播发;利用服务区触摸式查询终端、基于 Wi-Fi 的智能手机应用等方式,提升服务区的信息服务能力和休闲娱乐功能。

该项目日常监测、应急处置等应用系统的业务流程如图 8-1、图 8-2 所示。

图 8-1　业务系统流程设计——日常监测

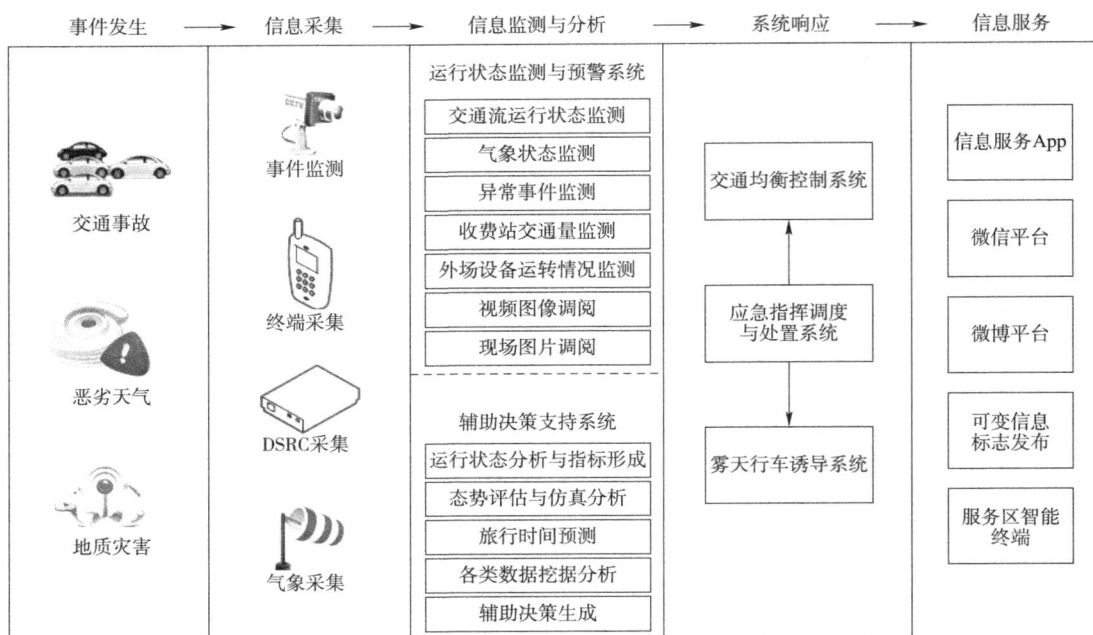

图 8-2　业务系统流程设计——应急处置

8.2.3　主要功能

该项目充分利用现有设施,研发高速公路运行状态监测与预警系统、辅助决策支持系统、应急指挥调度和处置系统、一体化的信息发布系统等,实现京港澳高速公路交通运行状态全方位动态感知、科学决策支持、主动交通安全管理和精细化的信息服务。

1)日常监测预警与应急处置系统

通过专用短程通信(DSRC)、微波车检、视频能见度检测、气象状态检测、视频事件检测等多种类型的数据感知技术及数据融合算法实现京港澳高速公路驻信段的日常运行监测管理、各类异常突发事件、警情的快速发现及传递,通过建立应急资源管理、事件处置、应急指挥调度等辅助手段完成突发事件从接报到快速处置响应的全过程可视化管理。

2)京港澳高速公路驻信段监控管理子系统

监控管理子系统以道路示意图的形式,模拟展现微波车检器、气象检测器、能见度检测器、事件检测器等外场设备采集的实时数据以及摄像机采集的实时视频信息,并提供可变信息标志日常发布功能。

3)京港澳高速公路驻信段出行信息服务管理系统

京港澳高速公路驻信段出行信息服务管理系统对出行信息的发布方式、发布内容、发布范围、发布时间、发布优先级以及发布流程进行管理和规范,同时提供了服务区智能终端、微博、微信、交通信息服务 App 等多种信息服务方式,建立统一的高速公路出行信息发布渠道,以辅助公众出行前及出行中及时、便捷地获取相关道路信息,提高公众出行的可靠性及安全性。

4)统计分析与决策支持系统

通过构建通道型高速公路运行状态评估指标体系和综合评估方法,基于各类综合感知采集手段,实现高速公路交通运行状况的综合评估;基于交通态势推演模型,实现异常交通事件对交通流时空影响范围的确定;通过合理的阈值设置,对可能或将要发生突发事件的情况进行及时预警,通过合理的分析,采取有效措施,实现日常运行管理和协调调度。

5)GIS基础服务管理系统

整合京港澳高速公路驻信段相关外场设备及沿线设施的点位信息,构建二维、三维GIS基础服务平台,为各个应用系统提供地图服务支撑,实现整个智能管控系统位置信息服务及基于统一GIS平台的页面展示。

6)设备运维监控系统

设备运维监控系统实现京港澳高速公路驻信段沿线布设的外场设备的运转情况、监控中心机房服务器、交换机等设备的实时状态监测、设备故障预警、设备维护记录生成、设备运转信息查询与统计分析等,有助于相关操作人员做好设备的运行维护。

8.3　数据流程设计

本项目以数据为原始驱动,以系统为业务流导向,一套应用系统和两大应用支撑平台的系统数据流程总图如图8-3所示。

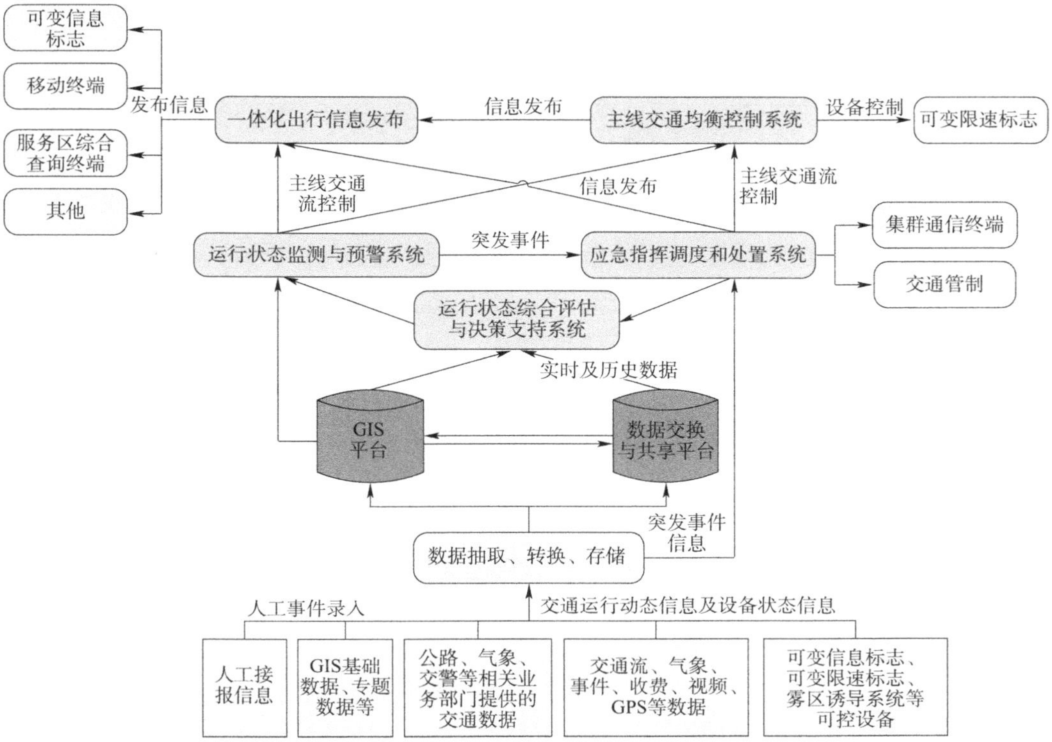

图8-3　一套应用系统和两大应用支撑平台系统数据流程总图

8.4 建设成效

8.4.1 京港澳高速公路驻信段智能管控系统集成平台

该平台实现了多个业务系统的整合与管理保证系统运行效率,提高可操作性及系统集成性。平台包括统一用户管理、业务功能集成、数据功能集成、虚拟化平台等。平台的总体架构如图 8-4 所示。

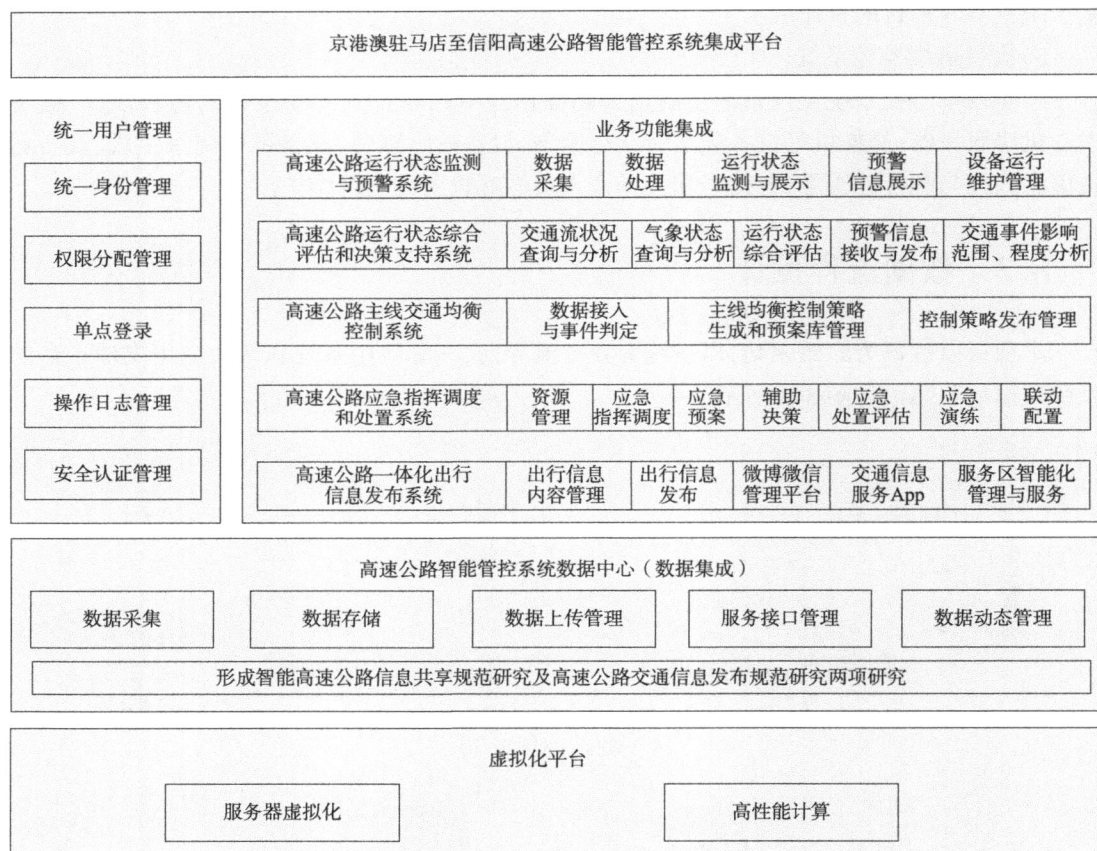

京港澳驻马店至信阳高速公路智能管控系统集成平台						
统一用户管理	**业务功能集成**					
统一身份管理	高速公路运行状态监测与预警系统	数据采集	数据处理	运行状态监测与展示	预警信息展示	设备运行维护管理
权限分配管理	高速公路运行状态综合评估和决策支持系统	交通流状况查询与分析	气象状态查询与分析	运行状态综合评估	预警信息接收与发布	交通事件影响范围、程度分析
单点登录	高速公路主线交通均衡控制系统	数据接入与事件判定		主线均衡控制策略生成和预案库管理		控制策略发布管理
操作日志管理	高速公路应急指挥调度和处置系统	资源管理	应急指挥调度	应急预案	辅助决策	应急处置评估 / 应急演练 / 联动配置
安全认证管理	高速公路一体化出行信息发布系统	出行信息内容管理	出行信息发布	微博微信管理平台	交通信息服务App	服务区智能化管理与服务

高速公路智能管控系统数据中心(数据集成)				
数据采集	数据存储	数据上传管理	服务接口管理	数据动态管理
形成智能高速公路信息共享规范研究及高速公路交通信息发布规范研究两项研究				

虚拟化平台	
服务器虚拟化	高性能计算

图 8-4 智能管控系统集成平台架构图

集成平台的功能界面如图 8-5 所示。该平台集成了综合监控、信息服务、统计分析、运行状态监测预警与应急处置系统、智能养护、运维监控、系统管理七大系统的统一跳转入口。

系统管理的主要实现功能包括:

(1)统一身份管理:指用户在企业范围内的全局身份信息的管理,包括用户名(ID)、口令、年龄、地址、联系方式、工作角色等。本功能提供了用户由管理员添加和由用户自行注册两种方式来完成用户数据建立;提供通过搜索条件查询、定位和编辑相应用户信息。

(2)权限分配管理:根据用户角色,配置每一类角色的细粒度权限分配管理。

(3)单点登录:面向用户提供一个访问接入集成平台内不同信息系统的统一身份认证(登录)入口,包括登录、退出页面等,用户只需在统一身份认证(登录)入口完成一次身份认证(登录)即可进入其被授权访问的所有应用而无须再次登录。用户登录后,系统将通过安全方式维护用户的登录状态和身份相关信息。

(4)操作日志管理:集成平台支持操作日志的记录,即哪个操作者,在什么时间,对什么对象,进行了哪项子功能的操作,以及操作的类型等日志信息。

(5)安全认证管理:包括支持应用系统的注册功能,应用系统管理员通过在集成平台中进行应用系统注册,将自身应用系统的相关信息记录在平台数据库中以便于应用系统的统一展示以及在用户同步时的安全检查等。注册至平台的应用系统同步用户的时候进行 IP 地址等安全认证,以保证注册并集成的应用系统获取用户数据的安全性,并记录日志。

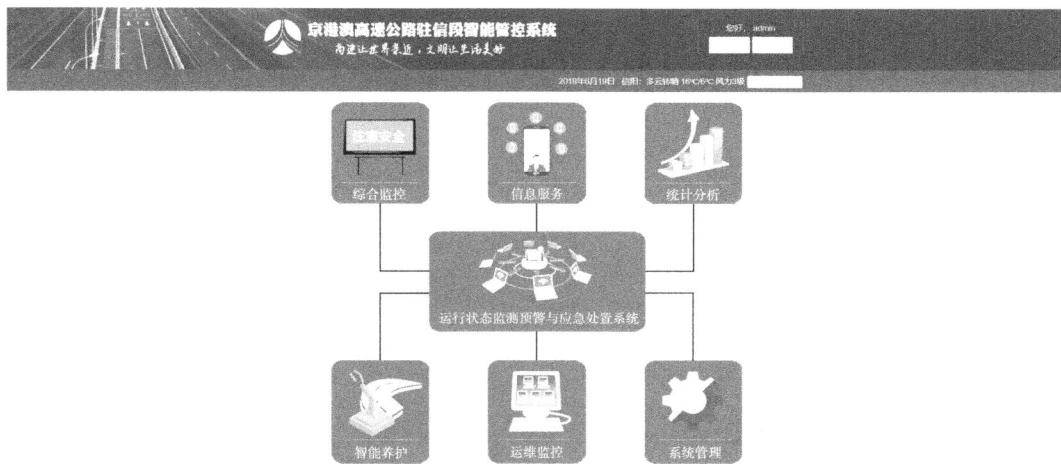

图 8-5 智能管控系统集成平台功能界面图

8.4.2 京港澳高速公路运行状态监测预警与应急处置系统

该系统基于专用短程通信(DSRC)的道路交通流数据、全程断面交通流监测数据、气象状态监测数据、视频事件检测数据等多方位的数据获取技术,研发基于 GIS 平台的运行状态监测、运行态势分析展示、预警信息展示等功能,实现京港澳高速公路驻信段高速公路运行状况及沿线气象状况的实时监测功能,同时针对交通突发事件、恶劣气象状况等警情,实现快速发现、快速响应、及时预警、及时发布等功能。此外,还可实现高速公路应急资源管理、应急指挥调度、应急预案管理等,高速公路突发异常事件的快速接报、快速响应及应急处置流程的可视化管理等功能。

对填报事件、电话接报事件、事件检测器事件等多源事件,进行多条件查询、处置等,相关示例界面如图 8-6 所示。

根据填报事件中事件类型及事件级别的不同,系统提供不同的处置预案流程,相关示例界面如图 8-7 所示。

应急事件查询　　　　　　　　　　　　　　　　　　　　　　　　　　×

| 已确认事件查询 | 电话接报查询 | 事件检测器查询 | 移动终端查询 | 北斗手持终端上报查询 |

查询条件

事件类型：全部　全部　　　起始桩号：900　　终止桩号：1010　　事件等级：全部

处置状态：全部　　　发生时间：● 今天　○ 最近1小时　○ 自定义　2015-09-01 00:00:0 -- 2016-09-02 23:59:5

🔍 查询

查询结果

编辑/查看　图片　归档信息　事件处置

	事件描述	事件类型	事件等级	发生时间	处置状态	起点桩号	终点桩号
1	因驻马店以北有雾，信阳分公司所辖	恶劣天气 雾	一般	2016-08-15 02:52:00	未处置	873	926
2	信阳分公司所辖京港澳高速K945+5	事故灾难 多车事故	一般	2016-08-14 13:00:00	未处置	945	946
3	接路警通知，灵山收费站上道因雾实	恶劣天气 雾	一般	2016-04-21 06:44:00	未处置	988	1010
4	因驻马店以北有雾，信阳分公司所辖	恶劣天气 雾	一般	2016-04-20 23:48:00	未处置	873	926
5	"因湖北有雾，湖北高速交警在京港澳	恶劣天气 雾	一般	2016-04-18 04:20:00	未处置	1007	1010
6	接路警通知，信阳收费站上道因雾实	恶劣天气 雾	一般	2016-04-12 05:52:00	未处置	968	968
7	因驻马店以北有雾，信阳分公司所辖	恶劣天气 雾	一般	2016-04-12 04:20:00	未处置	873	926
8	因驻马店以北有雾，信阳分公司所辖	恶劣天气 雾	一般	2016-04-09 06:12:00	未处置	873	926
9	接省公司值班室通知，信阳分公司所	交通管制 交通管制	一般	2016-01-30 19:20:00	未处置	875	988
10	接省公司值班室通知：因雨雪天气，	恶劣天气 路面结冰	一般	2016-01-11 17:43:00	未处置	873	926

10 ▼ ｜◀ ◀ 第1 共1页 ▶ ▶｜ ○　　　　　　　　显示1到10,共10记录

图 8-6　应急事件查询

| 事件处置 |

处置方式选择

开始时间：2016-09-11 20:57:19　　　　　　事件来源：电话接报
起点桩号：7　　　　　　　　　　　　　　终点桩号：7
影响方向：信阳方向　　　　　　　　　　事件类型：事故灾难 单车事故
事件级别：一般　　　　　　　　　　　　路损情况：无损失
事件内容：2016-09-11 20:57:19，-，信阳方向，事故灾难：单车事故，无损失，预计恢复时间: 2016-09-11 20:57:19

处置方式选择：预置预案处置　　　预案选择：一般单车事故预案2　　　使用此预案

　　　　　　　　　　　　　　　　　　　　一般单车事故预案2
预置预案处置　　　　　　　　　　　　一般单车事故预案

任务编号	任务类型	执行对象	操作
1	电话通知	信息保障组	执行
2	电话通知	路政	执行
3	联动配合	医疗部门	执行
4	联动配合	交警	执行
5	联动配合	拖车	执行
6	信息发布	情报板	执行
7	信息发布	APP	执行
8	主线均衡控制	限速限行	执行

全部执行　　事件处置完成　　应急处置效果评估

图 8-7　应急事件处置

8.4.3　京港澳高速公路运行状态监测综合监控管理系统

京港澳高速公路驻信段综合监控管理系统以京港澳高速公路驻信段示意图的形式显示各类外场设备采集的实时信息、监控视频级可变信息标志日常发布功能。系统展示京港澳高速公路驻马店南到九里关所有收费站、服务区、桥梁、互通立交、摄像头、微波车检器、DSRC、气象检测器、能见度检测器、事件检测、交通运行状态、示意图放大、示意图缩小和可变信息标志发布等设备及相关设备信息。主要给监控人员提供快速、简单、直观的各类设备的信息。相关页面如图 8-8 所示。

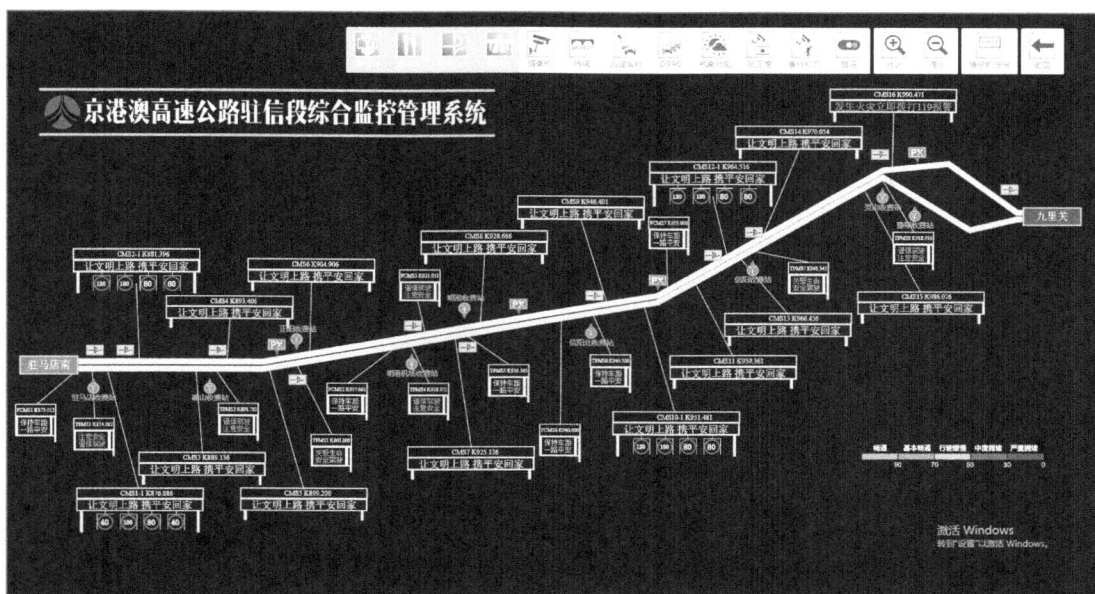

图 8-8　综合监控主页面

8.4.4　京港澳高速公路运行状态综合评估与决策支持系统

高速公路运行状态综合评估和决策支持系统主要通过构建通道型高速公路运行状态评估指标体系和综合评估方法,实现高速公路交通运行状况的综合评估。系统通过多种外场设备采集多种实时信息,包括交通量信息、DSRC 信息、可变信息标志发布信息、气象检测器监测信息、视频能见度监测信息以及收费信息。通过对以上信息的采集、加工、分析、挖掘,实现了京港澳高速公路驻信段各类信息的统计报表、收费业务数据的交通量分析、货车运量分析、交通运行状况分析、交通事件分析及气象状况分析,统一在运行状况综合评估与决策支持系统中进行展示。统计分析主页面如图 8-9 所示。

8.4.5　京港澳高速公路设备运行维护管理系统

高速公路设备运行维护管理系统面向京港澳高速公路驻信段设备管理和维护人员,开发沿线外场设备运行维护管理子系统,实现公路沿线外场设备管理、监控中心机房设备运行状态监测、设备故障预警、设备维护记录生成、查询和统计,以及查询或统计结果的图形化展示等功能,同时实现故障设备基于 GIS 的动态化提示功能。故障报告界面如图 8-10 所示。

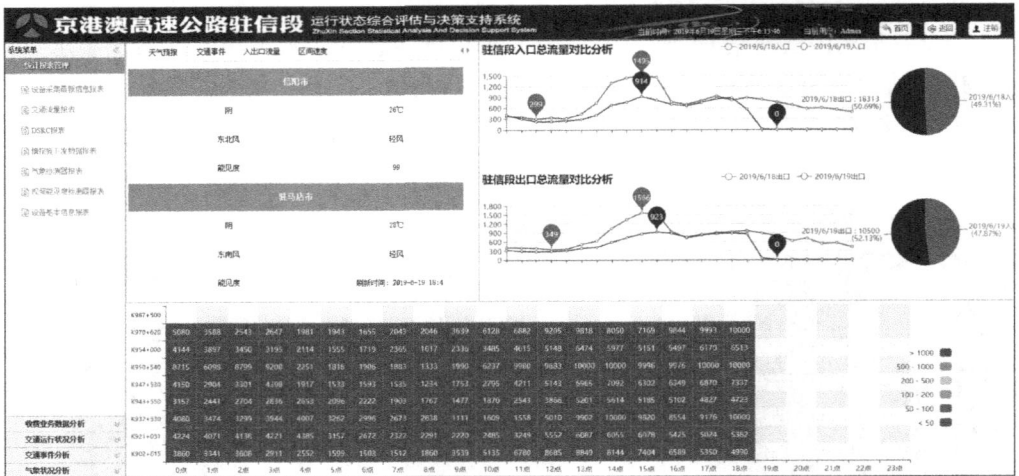

图 8-9　统计分析主页面

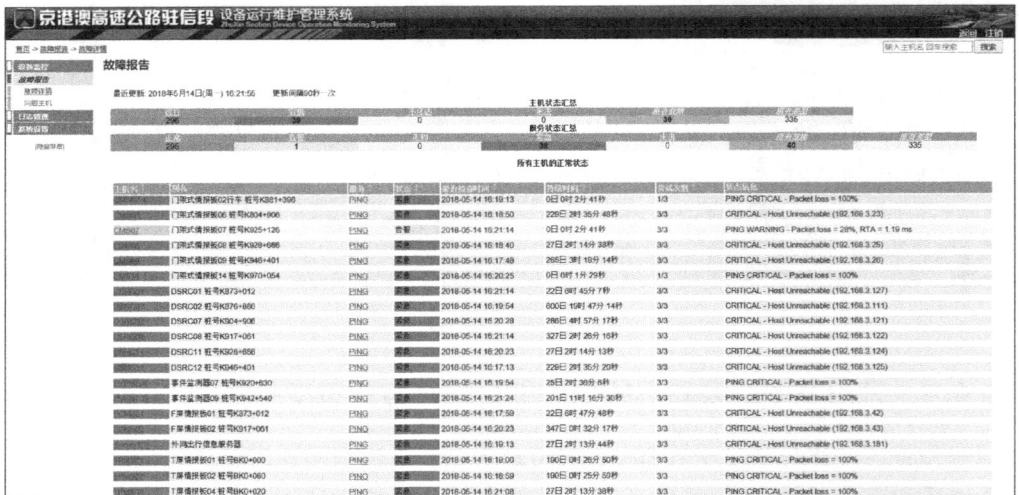

图 8-10　故障报告界面

　　系统实现的设备监控功能主要是将被监测设备的硬件、网络以及服务运行状态以不同形式、不同粒度展现给用户。设备监控状态汇总界面如图 8-11 所示。

8.4.6　京港澳高速公路一体化出行信息发布系统

　　一体化出行信息发布系统主要向社会公众提供高速公路运行状态信息、交通突发事件信息、道路施工养护信息、交通管制等动态信息,同时向社会公众提供服务区、加油站等道路沿线设施查询、事故点预警、报警电话查询、收费信息查询、抓拍点查询以及天气情况、旅游信息等静态信息。

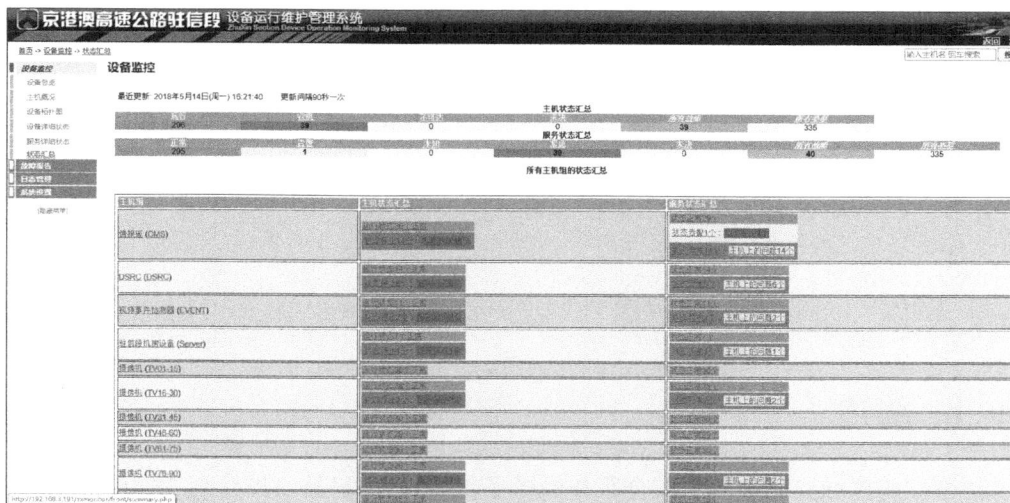

图 8-11　设备监控状态汇总界面

该系统包含出行信息发布子系统、出行信息内容管理子系统、微博(微信)管理平台、交通信息服务 App 以及服务区智能化管理与服务系统共五大分项系统。其中微博(微信)管理平台、交通信息服务 App、服务区智能化管理与服务系统为公众服务功能。

出行信息发布子系统是出行者在出行过程中最直接、最便捷地获取前方道路基本信息、路况信息、交通阻断信息、交通管制信息及突发紧急事件信息的来源,是高速公路一体化出行信息发布系统的重要组成部分。

出行信息发布管理可对对外发布的历史数据信息进行修删查改,同时通过多方式多路径对外发布各种公众信息,如图 8-12 所示。

图 8-12　信息发布界面

用户可以自定义交通事件发布方式,并可同时选择 App、微信平台、短信平台、微博平台、智能终端平台进行发布。

第9章 典型案例——跨部门跨区域路网监测与安全服务保障平台

9.1 概述

"跨部门跨区域路网监测与安全服务保障平台"为国家科技支撑计划二期课题二专题五的建设内容。课题二为"高速公路网运行状态智能监测与安全服务保障关键技术研发及系统集成",该课题面向国家公路网可视、可测、可控、可服务的战略需求,重点攻克并集成应用高速公路网运行状态感知与态势分析、路网运行预警与交通流组织、信息推送服务等关键技术,研发高速公路运行状态综合感知、路网运行态势分析、路网监测与安全服务保障平台等系统,研制公路传感网自组织节点设备、定向交通信息推送设备、异构系统间专用安全互操作设备等,建成协同高效的部省两级路网监测与安全服务保障平台,实现高速公路网运行状态的全时空监测,多尺度态势分析、研判、预警,跨区域协同管理和跨部门联动预警及安全信息主动推送服务。依托交通运输部公路网运行监测与服务系统工程和典型省(自治区、直辖市)公路网运行监测与服务系统工程开展示范应用。

其中,本项目依托课题二专题五的建设内容,该专题主要目标是建设一套基于云计算技术的跨部门跨区域的路网监测与安全服务应急保障平台,以实现对课题二中专题一、专题二、专题三、专题四等的研究成果进行统一集成。

9.2 功能分析

9.2.1 用户分析

跨部门跨区域路网监测与安全服务保障平台主要面向公路网各级主管部门,根据岗位职责的不同,可以具体划分为以下10类用户:

(1)交通管理部门主管领导。

需要在日常情况下,实时掌握公路网的实际运行状况。

需要在应急状态下,能够及时获得突发事件信息,能够获得有针对性的应急资源调配方案和应急处置方案,辅助作出科学的处置决策。

(2)运行监测人员。

需要通过各类监测监控系统、基层公路管理部门报送、应急联动单位(如公安交管、气象局等)报送等手段,获取到公路动态运行情况,包括公路交通运行情况、环境状况、公路基础设施的技术状况信息、预警预测信息、风险隐患监测信息等,实现对全省(区、市)干线公路日常运行情况的统一掌握,以便于提高整个公路网的运行管理能力,并为应对公路突发事件提供有力支持。

(3)运行管理人员。

需要在日常情况下,根据干线公路的运行监测信息,针对公路网的实际状况,采取合理措施,对公路网运行进行统筹调度,通知并协助公安交管部门对交通进行合理组织和疏导,从而提高公路网运行效率,避免或延缓突发事件的发生。

(4)应急值守人员。

需要在应急状态下完成各类干线公路交通突发事件的应急信息接报、事故定位、事故信息核实。按照应急值守相关工作制度,将突发公共事件的发生信息及时上报,并根据应急预案相关规定,通知相关应急指挥人员到位。

(5)应急资源管理人员。

需要汇总各类应急物资、装备、车辆、船舶、专业应急队伍所在位置信息,储备资源的种类、数量、技术状态等信息,为应急处置奠定重要基础。

(6)应急预案管理人员。

需要实时对各类型、各级别的预案库进行管理,并在事件满足条件时,启动相应的预案。

(7)应急指挥人员。

需要进行及时、便捷、有效的语音通信和数据通信,完成部门内部以及跨部门、跨区域的各类应急管理机构和人员之间的及时沟通和交流。

需要及时判断事件的发生情况,及时获取事件的救助需求,及时掌握路网运行情况,及时掌握各类应急资源的分布情况和技术状态,充分利用已有的应急预案、应急处置方案、专家经验、专业处置模型,及时制定有针对性的应急资源调配方案和应急处置方案。

需要在应急处置过程中,实现各类指挥调度命令的及时下达,并对执行过程中的各类反馈信息进行收集和统一汇总。

需要将联动任务及时通知应急联动单位,收集各联动单位联动任务开展的情况信息,及时协调与联动单位之间的相关工作内容。

需要通过应急处置方案效果评估,及时总结应急处置过程中的成功经验,吸取失败教训,并通过原因分析和措施建议,为相关人员的奖惩提供重要依据,为未来的应急处置工作提供重要借鉴。

(8)信息发布人员。

需要根据突发事件信息上报相关工作制度,实现将不同类别、级别的突发事件发生信息、救助进展情况信息等及时上报给相关单位和个人。

需要及时发布路况、道路阻断、施工绕行、突发事件、处置进展、交通诱导、公众安全防护措施等信息,为社会公众提供及时、丰富、权威的信息服务。

(9)事件信息管理与评估人员。

需要通过灾害损失情况评估,及时统计事故损失,为灾害恢复、补偿等善后工作提供依据。

需要通过应急处置效果评估,及时咨询专家意见,调整应急预案。

(10)统计分析人员。

主要实现各类突发交通事件的时间分布、地域分布特征特点,事件类型、事件级别、事件影响程度等的统计分析,以及单次突发交通事件的损失统计。

9.2.2 业务流程分析

跨部门跨区域路网监测与安全服务保障平台的业务流程如图9-1所示。

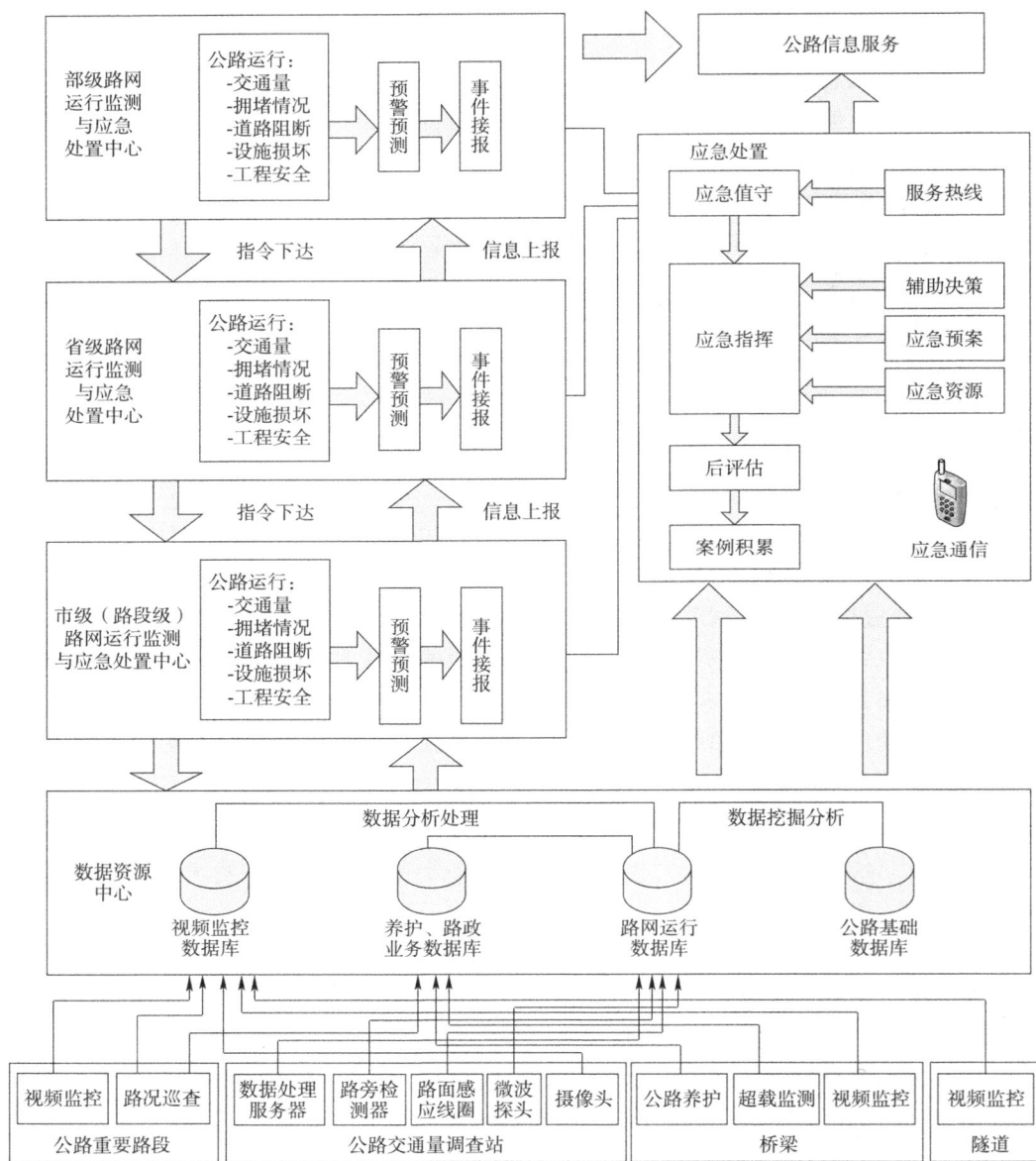

图9-1 跨部门跨区域路网监测与安全服务保障平台业务流程

跨部门跨区域路网监测与安全服务保障平台顶层逻辑功能主要包括路网运行监测、公路应急处置及信息服务三个方面。其中,路网运行监测的对象主要包括数据输入的公路基础设施、交通状态和道路环境,以及输出的公路管理相关业务处室、路网中心等;公路应急处置的对象主要有路网中心、应急装备物资储备中心等;同时上传数据支撑公路出行信息服务,为社会公众服务。

从横向上看,跨部门跨区域路网监测与安全服务保障平台在部门间联动方面,需要实现与应急相关单位(如公安、安监、气象、卫生、消防等部门)间的联动。在业务间联动方面,需要实现路网监测与安全服务、数据分析与决策支持间的信息共享。

从纵向上看,需要实现部级路网运行监测与应急处置中心、省级路网运行监测与应急处置中心、市级(路段级)路网运行监测与应急处置中心三级联动,系统主要负责实现交通基础设施、运行环境、风险源、交通事件、应急资源等动静态信息的采集,通过信息资源的整合、集成,实现各级资源的平台化,并利用资源服务和业务协同软件,开展信息资源的共享服务,实现区域间、部门间管理服务的业务协同。

本项目跨部门跨区域路网监测与安全服务保障平台除实现顶层逻辑功能外,将实现与课题中其他各相关专题的功能集成。

9.2.3　主要功能

跨部门跨区域路网运行状态监测与安全服务保障平台,将课题二涉及各专题所建设的公路基础设施安全畅通管理信息系统、部局交通气象数据交换共享与服务系统、基于电子地图的数字化交通设施管理信息系统、基于多源数据的交通流综合感知系统、公路网运行状态评估与态势分析系统、重大节假日收费公路网数据分析与报送系统、跨区域大范围路网协同运行控制系统、公路交通信息服务平台、云计算管理平台等应用软件系统进行统一集成,利用部省联动数据转换与传输模块实现江苏、安徽、河南等示范省(自治区、直辖市)相关区域的交通信息与部级系统平台的信息交换与共享,基于大数据与云计算基础平台的建设,实现对示范区域路网的多方位感知、多尺度态势分析、跨区域联动预警和主动高效服务,实现为高速公路网状态智能监测与安全服务提供技术支撑和组织保障。本平台在整个项目中担负着统一集成的重要角色。系统包括统一用户管理模块、业务功能集成模块、数据功能集成模块、云计算管理平台集成模块等。

跨部门跨区域路网监测与安全服务保障平台的主要功能如图9-2所示。

9.3　数据流程设计

跨部门跨区域路网监测与安全服务保障平台的数据流程设计如图9-3所示。

跨部门跨区域路网监测与安全服务保障集成平台

- 设施信息管理
  - 数据采集模块
  - 同步模块
  - 故障报警及定位模块
  - 数据校验及存储模块
  - 数据查询分析模块
  - 关键监测点辨识模块
  - 传感器阵列查询及优化模块
  - 结构安全综合评估模块
  - 系统管理模块
- 气象共享服务
  - 部省气象系统接入
  - 部与气象局数据交换模块
  - 交通气象监测产品制作模块
  - 交通气象预报预警模块
- 数字化设施管理
  - 基础数据管理模块
  - 电子标签数字管理模块
  - 交通设施数据管理模块
  - 数据化编码模块
  - 电子地图管理模块
  - 道路巡逻车管理
  - 电子审批模块
  - 交通设施维护模块
- 交通综合感知
  - 多源交通流数据接入模块
  - 多源交通流数据处理模块
  - 多源交通流数据分析模块
  - 数据输出模块
- 状态评估分析
  - 路网实时运行状态填报系统
  - 路网运行状态监控模块
  - 路网运行状态评估模块
  - 路网运行态势分析模块
  - 路网运行预警模块
- 节假日分析报送
  - 多源数据处理模块
  - 路网通行态势对比分析模块
  - 数据报送模块
  - 多级用户安全控制模块
  - 系统管理模块
- 路网协同运行控制
  - 计划事件下路网交通组织管理优化模块
  - 突发事件下路网交通流调度模块
  - 路网协同运行控制措施实施效果评估
- 公路交通信息服务平台
  - 公路交通广播信息服务管理系统
    - 出行信息服务管理
    - 交通广播信息管理
    - 广播设备运行状态管理
  - 高速公路可定制交通信息处理与推送系统
    - 信息获取
    - 用户个性化定制
    - 基于旅行时间的信息服务
    - 规则引擎
    - 信息发布子系统
- 云计算管理平台
  - 资源管理模块
  - 调度管理析模块
  - 虚拟化管理模块
  - 云存储管理模块
  - 云安全管理模块
- 跨部门跨区域多层级的路网运行监测与安全服务保障平台
  - 统一用户管理模块
  - 业务功能集成模块
  - 数据功能集成模块
  - 云计算管理平台集成模块
    - 统一身份管理
    - 权限分配管理
    - 单点登录
    - 操作日志管理
    - 安全认证管理

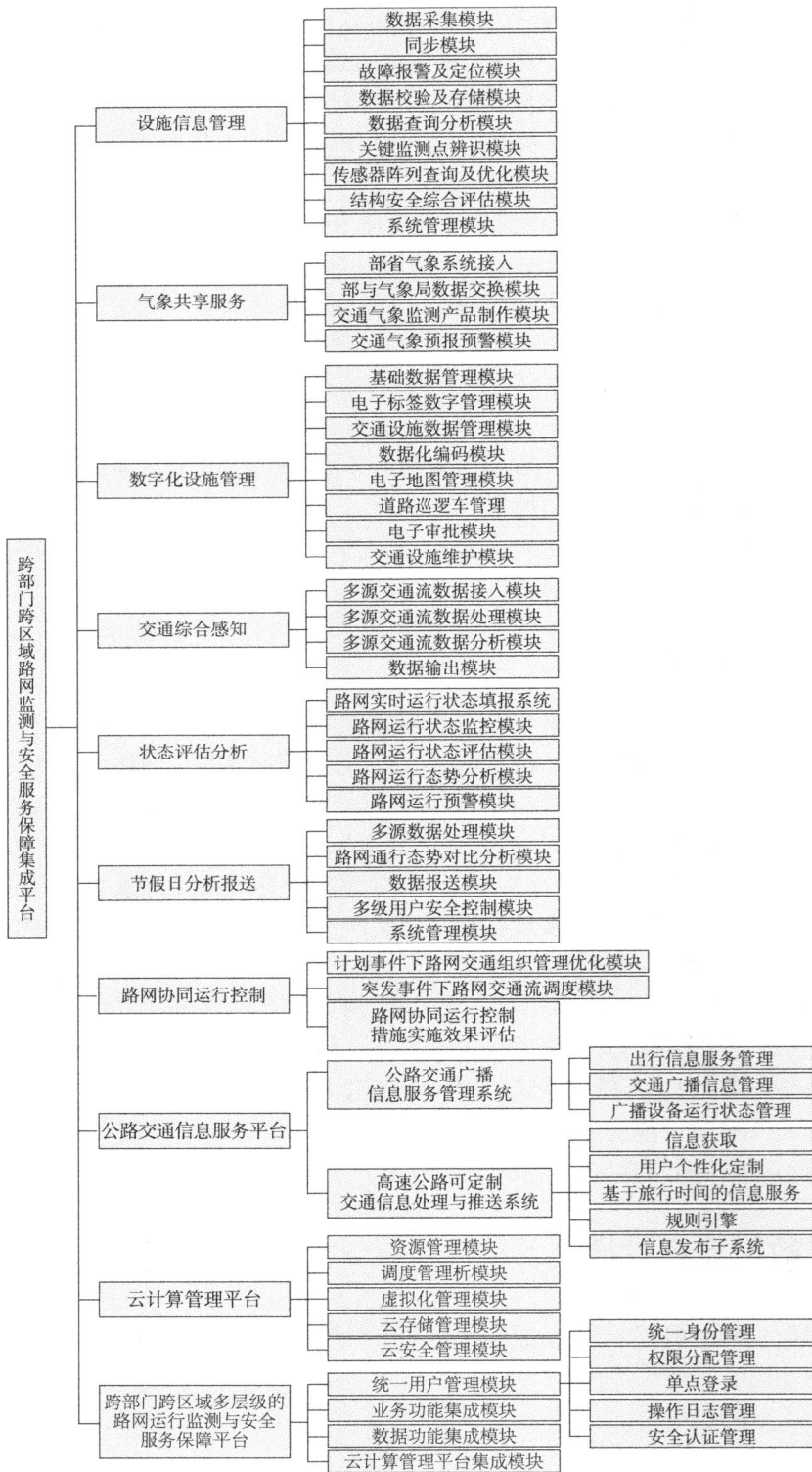

图9-2 跨部门跨区域路网监测与安全服务保障平台主要功能

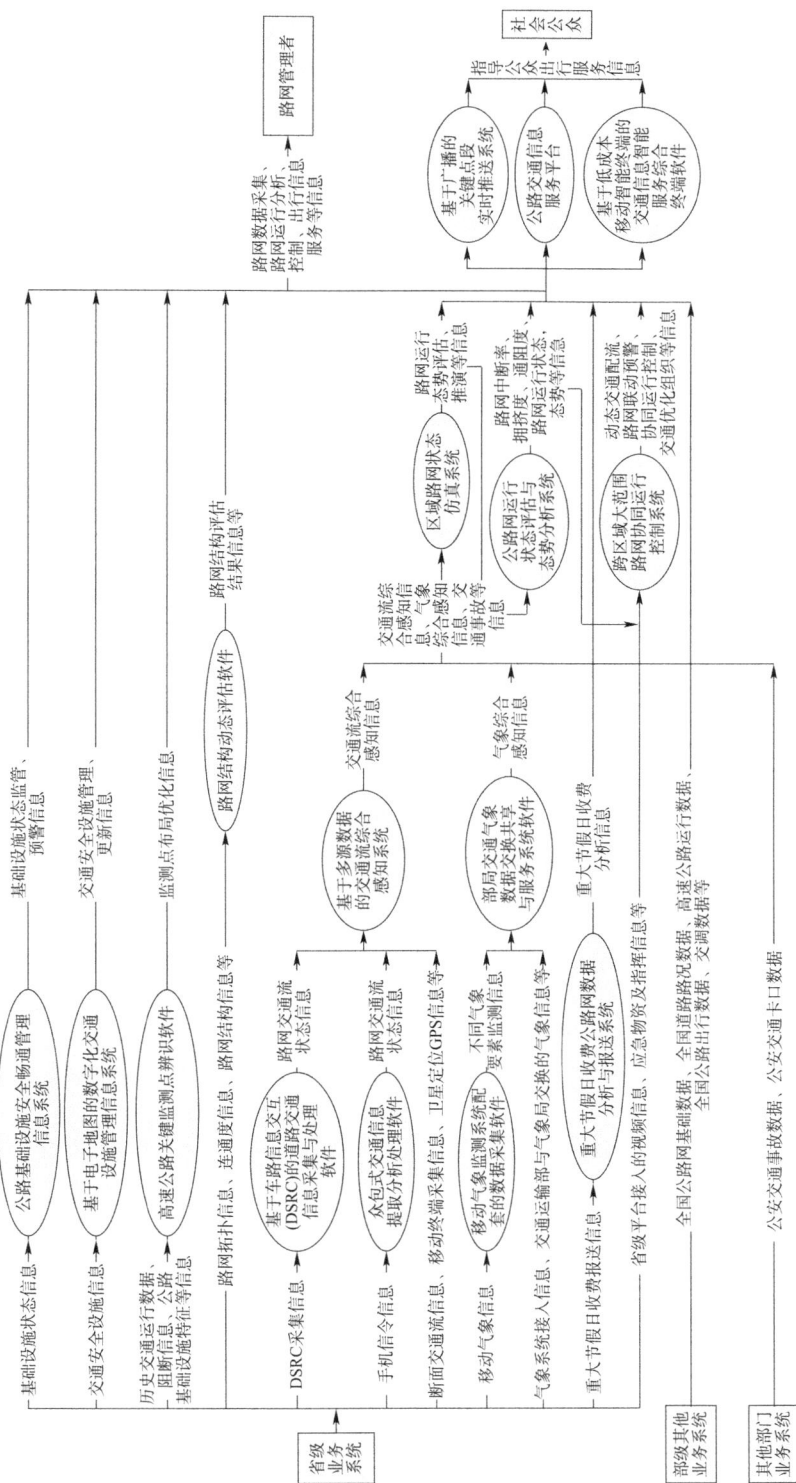

图9-3 跨部门跨区域路网监测与安全服务保障平台的数据流程设计

9.4 建设成效

9.4.1 平台集成方式

跨部门跨区域多层级的路网运行监测与安全服务保障平台采取松耦合与紧耦合相结合的方式实现系统集成,如图9-4所示。

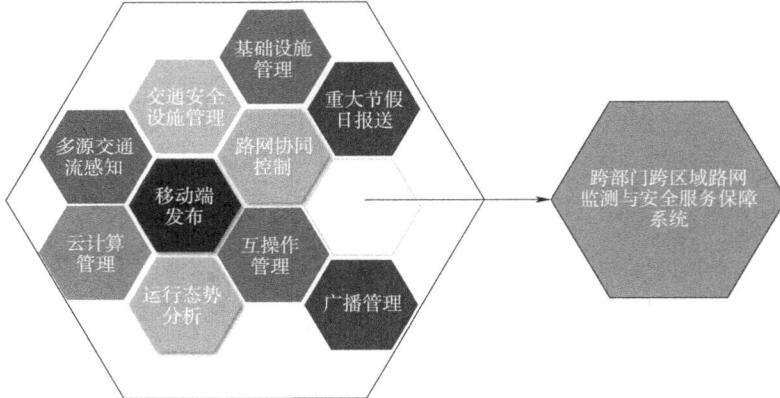

图9-4 松紧结合的跨部门跨区域多层级的路网运行监测与安全服务保障平台

1)松耦合

建设大集成平台,采取链接的方式,集成以下五个系统:

(1)云计算管理之设施管理平台(实现 IaaS 层基础设施管理)。

(2)云计算管理之资源管理平台(实现高性能计算管理)。

(3)信息服务管理之广播信息平台。

(4)信息服务管理之信息推送系统。

(5)跨部门跨区域路网运行状态监测与安全服务保障系统等。

2)紧耦合

建成跨部门跨区域路网运行状态监测与安全服务保障系统,采取界面集成方式,用来集成以下系统:

(1)公路基础设施安全畅通管理信息系统。

(2)部局交通气象数据交换共享与服务系统。

(3)基于电子地图的数字化交通设施管理信息系统。

(4)基于多源数据的交通流综合感知系统。

(5)公路网运行状态评估与态势分析系统。

(6)重大节假日收费公路网数据分析与报送系统。

(7)跨区域大范围路网协同运行控制系统。

在紧耦合的系统平台中,各专题所研发的子系统以 Web Service 服务接口的方式发布到跨部门跨区域路网监测与安全服务保障软件集成平台中,集成平台通过调用 Web Service 服务接口的输出数据以统一的效果在 GIS-T 上进行界面展示。如各应用系统有特殊的展示需求,也可以超链接的形式在集成平台中进行专题研究成果的展现。跨部门跨区域路网监测与安全服务保障软件平台的集成方式如图9-5所示。

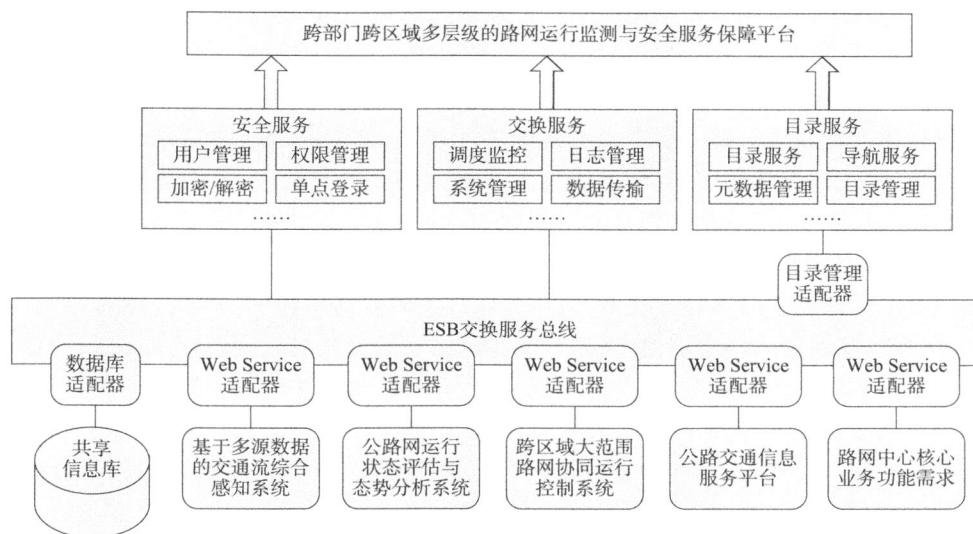

图9-5　跨部门跨区域路网监测与安全服务保障平台集成方式

9.4.2　平台建设成效

跨部门跨区域路网监测与安全服务保障平台包括系统管理和分系统登录两部分功能,分系统包括路网监测与服务保障平台、设施管理平台、资源管理平台、互操作管理平台、广播发布平台、移动端发布平台、多源交通流综合感知平台、交通安全设施管理平台、基础设施管理平台、运行态势分析平台、路网控制方案管理平台、重大节假日分析报送平台12个分系统。

以松耦合为例,松耦合的跨部门跨区域路网监测与安全服务保障平台的建设效果如图9-6所示。

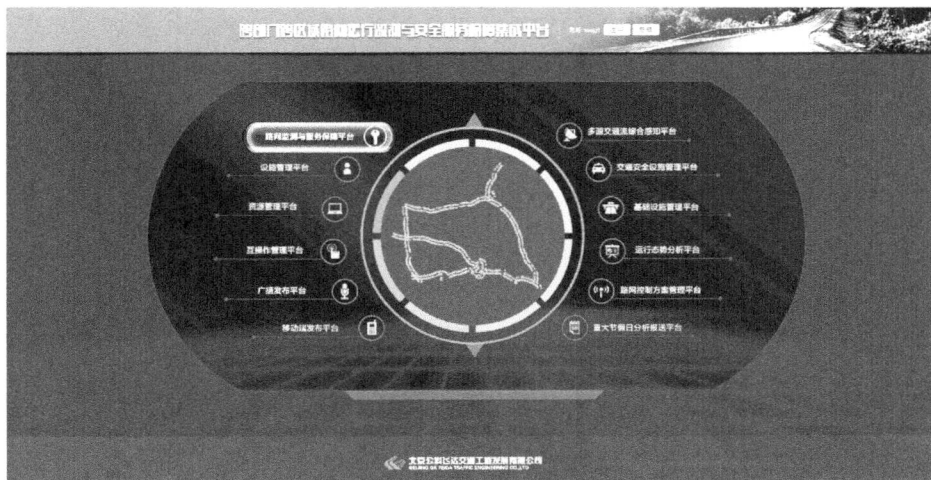

图9-6　跨部门跨区域路网监测与安全服务保障平台建设效果

9.4.3 平台特性

跨部门跨区域网监测与安全服务保障集成平台实现了如下功能特性：

（1）采用分层提供面向服务支持的设计思想使建立的系统能最大限度地适应今后技术发展的变化。将系统划分为基础技术支撑层、应用系统层、系统部署层，以及安全保障体系、标准与研究体系。系统对每一层定义明确的功能接口，同时在层次内实现组件化的接口实现。层次化、模块组件化的实现，使系统具备了最大程度的灵活度，从而能对业务需求的变化作出快速的反应，使系统具有很好的扩展性。

（2）采用服务器虚拟化技术与分布式实时数据库技术保证大数据量环境下的访问速度。

通过基于云计算平台虚拟化技术，应用分布式实时数据库技术，将若干服务器的内存集中起来，组成高容量的内存资源池，将部分需实时访问的数据加载到内存中，进行内存计算。计算过程本身不需要读写磁盘，而是定期将数据同步或异步方式写入磁盘。在分布式虚拟机集群中保存多份数据，任何一台机器故障，其他机器上还有备份数据，以避免数据丢失，并且采用磁盘数据作为备份。同时，支持把内存数据持久化到后台传统的关系数据库和其他文件系统中，保证数据的完整性和安全性，有效提升资源访问速度。

（3）采用角色的权限控制技术与多重安全防御技术搭建统一的集成平台。

搭建统一的集成平台，将零散的软件系统功能进行有效组合，采用基于角色的权限控制技术实现标准的 RBAC（Role Based Access Control）模型，实现用户与访问权限的逻辑分离。每个角色都可以独立设置权限，角色的权限细化粒度可以到用户的每个操作上，可依据实际需求轻易实现页面级、子类级甚至于操作级的权限控制；采用多重安全防御技术，针对常见的 Web 应用程序攻击方式：SQL 注入、跨站脚本攻击、跨站请求伪造、越权操作、信息泄露等，通过全局安全配置、身份验证及授权、数据编解码、数据有效性验证等多重方式构建一整套安全防御体系，即使恶意用户即使突破了一道防线，也会有其他安全措施来保证系统的安全性。

（4）提供完善的安全管理，支持多应用系统的单点登录。

本集成平台采用加密存储的方式，实现了多应用系统的单点登录。

参考文献

［1］本书编委会. 智慧高速公路建设探索与实践［M］. 北京：人民交通出版社股份有限公司,2014.

［2］冉斌,陈祥辉,张健. 智慧高速公路理论与实践总论［M］. 北京：人民交通出版社股份有限公司,2015.

［3］江西省公路管理局. 普通公路路网运行监测与应急处置平台建设及应用知识读本［M］. 北京：人民交通出版社股份有限公司,2017.

［4］王劼耘. 公路水路交通信息资源整合与服务体系建设［M］. 北京：科学出版社,2013.

［5］赵光辉,朱谷生. 互联网＋交通智能交通新革命时代来临［M］. 北京：人民邮电出版社,2016.

［6］吴应良,滕雪宏,袁博阳. 区域一体化信息服务体系生态系统的运行机制与管理模式［J］. 服务科学和管理,2014(2):1-9.

［7］杨传堂,李小鹏. 深化供给侧结构性改革建设现代综合交通运输体系［J］. 交通节能与环保,2017(1):1-4.

［8］任福田,刘小明,荣建,等. 交通工程学［M］. 北京：人民交通出版社,2005.

［9］张文博. 道路交通检测技术与应用［M］. 北京：人民交通出版社,2010.

［10］李颖宏,张永忠,王力. 道路交通信息检测技术及应用［M］. 北京：机械工业出版社,2014.

［11］王云鹏,吴新开,于贵珍,等. 城市路网过饱和交通状态感知与优化控制［M］. 北京：科学出版社,2017.

［12］张文刚. 公路路基健康检测指标选取及检测方法研究［D］. 西安：长安大学,2012.

［13］杨静,李孝兵. 路面检测技术现状及未来发展趋势［J］. 公路交通科技(应用技术版),2012(1):104-106,118.

［14］高奎刚. 智能化技术在高速公路监控系统中的应用［J］. 交通世界(运输·车辆),2013(8):126-127.

［15］赵晨晖. 医疗信息系统集成问题研究及实践［D］. 杭州：浙江大学,2010.

［16］方艾芬,赵新勇. 跨部门跨区域跨路网交通安全信息融合与集成技术研究［J］. 交通信息与安全,2013(1):73-76.

［17］高秦. 信息化在高速公路管理中的应用研究［D］. 西安：长安大学,2017.

［18］王以好. 开启浙江高速智慧畅行新引擎［J］. 浙江经济,2016(19):44-45.

［19］张云. 云南省"智慧高速"建设发展研究［D］. 大连：大连海事大学,2017.

［20］崔颖超. 我国高速公路收费技术的发展历程［J］. 知识经济,2014(3):87.

［21］宋莺. 动态导航交通信息服务平台系统［J］. 计算机系统应用,2013(12):39-42,60.

［22］王铁军. 地理信息系统(GIS)在交通工程中的应用探讨［J］. 科技创新与应用,2012(5):38.

［23］董延红,高瑛,陈敏,等.陕西省"一张图"数据制作关键技术研究［J］.测绘技术装备,2011(3):13.

［24］美国交通部联邦公路管理局.美国高速公路运营管理手册［M］.卢毅,译.北京:人民交通出版社,2009.

［25］徐立冰,腾云——云计算和大数据时代网络技术揭秘［M］.北京:人民邮电出版社,2013.

［26］国家工业信息安全发展研究中心.大数据优秀产品、服务和应用解决方案案例集(2016)［M］.北京:电子工业出版社,2017.

［27］曲大义,陈秀峰.智能交通系统及其技术应用［M］.北京:机械工业出版社,2017.

［28］张锦,王如龙.IT项目管理:从理论到实践［M］.2版.北京:清华大学出版社,2014.

［29］任永昌.软件项目管理［M］.北京:清华大学出版社,2012.

［30］李柏丹.跨区域水上交通管控信息协同服务机制研究［J］.中国水运,2014(9):46-47.

［31］章颖,孙瑜.综合客运枢纽交通技术要点分析［J］.现代交通技术,2014(5):40-42.

［32］邹展.综合枢纽的交通一体化［D］.大连:大连交通大学,2008.

［33］谢志明.日本综合客运枢纽交通衔接设计经验及启示［J］.城市交通,2016(5):56-62.

［34］马广文.交通大辞典［M］.上海:上海交通大学出版社,2005.